MESSENGERS

情報発信者《メッセンジャー》の武器

なぜ、人は引き寄せられるのか

S・マーティン
J・マークス 著
安藤清志 監訳
曽根寛樹 訳

MESSENGERS
Who We Listen To,
Who We Don't,
and Why

誠信書房

おそらく，社会における最も重要な情報発信者《メッセンジャー》は教師と親である。

本書を最高の教師と最高の両親に捧げる。

ロバート・チャルディーニへ。あなたは素晴らしい科学者であり，忍耐強い指導者であり，刺激的な同僚であり，温かく信頼できる友人でもあります。あなたと知り合えたのは，本当に幸運でした。

ヒラリー・マークスとリチャード・マークスへ。長年にわたるサポート，さまざまな金言と素晴らしいユーモアに感謝します。息子から見て，あなたたちふたりは最高のお手本です。

MESSENGERS
: Who We Listen To, Who We Don't, and Why
by Stephen Martin and Joseph Marks

First published as Messengers by Random House Business Books,
an imprint of Cornerstone.
Cornerstone is part of the Penguin Random House group of companies.

はじめに――カサンドラの呪い

表面的に見れば、カサンドラは有能なメッセンジャーの特徴をたくさん備えていました。まず、トロイアの王プリアモスとその後妻へカベー王妃の娘という社会的地位《ステータス》がありました。また、美しくもありました。背が高く気品に満ち、ダークブラウンの巻き毛が細い肩まで優雅に伸びていました。髪と同じ色の瞳は、しばしばほかの人たちが途方に暮れるほどの強い力で、彼らの注意を引きました。けれどもおそらく、カサンドラの最も印象的な特徴は、ほとんどの人にとって夢でしかないもの、予言の才能です。

カサンドラの「神々の意思と通じ、それを解釈する」力は、アポロンからの贈り物（彼女を誘惑するための努力の一環）だと言われました。カサンドラはトロイアの門の外に残された巨大な木馬に敵が隠れていることを予知しました。アガメムノン王の死を予告しました。いとこのアイネイアースがローマに新たな国を建てると予言しました。自らの死さえも予見していました。しかし、アポロンから授けられたその力には呪いがかかっていたため、カサンドラはひどい苦しみを味わい、ついには狂気と死へ追いやられてしまいました。この素晴らしい力と引き換えにアポロンに身を捧げると約束しておきながら、そのあとでアポロンを拒絶したために、このうえなく残酷な罰が下ったのです。アポロンはカサンドラに無理矢理口づけをして、彼女の口の中に唾を流し込み、二度と誰からも信じてもらえなくなるという呪いをかけました。「私を自分のものにしようとするアポロンに、一度は頷いた」とカサンドラは泣きながら言いました。「でもそのあとで約束を破ってしまった。それ以来、私の話には誰も耳を貸さなくなった」[1]。

神話上の人物ではあるものの、カサンドラは大変興味深い矛盾を示す例です。彼女には知識があり、その話を聞くことで利益を得られそうな人々にそれを伝えましたが、少しでも注意を払ったり、信じたりする人は一人もいませんでした。これは私たちが日々遭遇する矛盾です。正確な予言を行ったり、手に入る証拠を注意深く吟味したうえで提案を行ったり、非常に賢明な見解を持っていたりしながらも、不運にも注目されない、場合によっては馬鹿にされさえするという人はたくさんいます。彼らを苦しめるのは「カサンドラの呪い」として知られる現象です。

トロイの木馬《ホース》からウォール街の下げ相場《ベアー》へ

一九九〇年代後半、米国の株式市場は絶好調で、資本家たちはドットコム株に際限のない投資を続けていました。まるで、比類なき富が生まれつつあるという考えをウォール街の関係者全員が信じているかのようでした。とはいえ、一人だけ例外となる投資家がいました。そして、その人物は最も注目される投資家でもありました。ウォーレン・バフェットは当時六十九歳。投資会社バークシャー・ハサウェイの創設者兼会長として精力的に活動していましたが、自らが市場の「不合理な活気」と呼ぶものには一貫して軽蔑の念を示していました。バフェットの言葉です。「この種の浮かれた経験をすると、普段は分別のある人たちが、舞踏会のシンデレラのような行動を取るようになってしまう……祭りの場に長居をすれば、結局、現れるのはカボチャとネズミだ」[2]。

バフェットの悲観的な解釈と「バブルが弾けつつある」という不吉な警告には、多くの批判が寄せられました。ドットコム企業の擁護者たちは、テクノロジー嫌いで有名なバークシャー・ハサウェイ会長が、今後生まれる莫大な利益を取り逃してしまうだろうと論じました。しばらくのあいだ、市場も同じ意見でした。九〇年代の終わり、バークシャーの株価は下落しました。それでもバフェットは方針を変えず、中堅どころのエネルギー供給会社と家具のレンタル企業を自社のポートフォリオに加えたため、時代遅れの頑固者という評判がさらに強まりました。バフェットの悲観的な予言をカサンドラの予言に引っかけて、投資家たちはバフェットを「ウォール街のカサンドラ」と呼びました。

もちろん、結局は実際に市場が弾け、それまで尊大に振る舞っていた（バフェット以外の）投資家たちは評判を落としました。愚かだったのはバフェットを「ウォール街のカサンドラ」と嘲笑していた者たちのほうだったと証明されたわけです。また、長期的に見れば、そのあだ名自体も正確さを欠いていました。最終的には、バフェットの正しさが誰の目にも明らかとなり、それ以後ずっと、彼の信用はほとんど神聖不可侵のレベルで高止まりしています。彼はウォール街の予言者につきものの、生きているあいだは顧みられないという呪いを破ったのです。

「ウオール街のカサンドラ」という不名誉な称号がよく当てはまる人物は別にいます。その人物は真にカサンドラの呪いの犠牲者であり、その名が知られるようになったのは、ひとえにマイケル・ルイスという敏腕ジャーナリストの調査能力のおかげです。[3]

本当の「ウォール街のカサンドラ」は名前をマイケル・バーリといい、一九七一年にニューヨークで生まれました。カリフォルニア大学ロサンゼルス校で医学を学び、それからテネシー州ナッシュビルで医学士の学位を取得しました。スタンフォードで研修医を務めるかたわら、時間を見つけて自らのヘッジファンドを立ちあげると、すぐに頭角をあらわし、やり手の投資家として成功を収めました。ドットコム・バブルが弾けた直後の二〇〇一年、S&P五〇〇種指数は一二パーセント近く下落しました。その年、バーリの投資先は五〇％以上値を上げました。ビギナーズ・ラックじゃないか、ですって？　しかしその翌年、S&Pが二二％下落するなか、バーリは一五％以上の利益を出したのです。株式市場が上向き始めた二〇〇三年でさえ、バーリはマーケットよりも断然良い成績を残しています。市場の上昇が二八％だったのに対し、バーリの選んだ銘柄は五〇％も値を上げました。

二〇〇〇年代半ば、バーリは投資の焦点を移しました。そして、サブプライム住宅ローン債の下落を見込んだポジションを取り始めました。その当時、そのような賭けを行う正規のやり方はなかったというのにです（そのため、バーリは独自の手法を考え出さねばなりませんでした）。バーリが非凡だったのは、サブプライム住宅ローン市場の根底に存在する、十分に認識されていない、きわめて危なっかしい問題に着目したところでした。そして、空売りを仕掛けたのです。彼が市場に向けて発していたらしいメッセージは、「大災害がすぐそこに迫っている」というものでした。それは確かな根拠のありそうなメッセージであり、確信を伴って発せられていました。バーリは自腹を切りました。自身の富をその方針に投じ続けたのです。

バーリの鋭い洞察が、最終的に過去七十年で最大のものとなった金融危機の到来を告げる予言になると理解できた人はいたのでしょうか。実のところ、ほとんどいませんでした。九〇年代末の投資家たちがウォーレン・バフェットの警告を聞いたうえで却下したのとは異なり、バーリの予言はまったく聞いてもらえませんでした。メディアにも、金融業界にも。耳を貸す人はほとんど誰もいなかったのです。

おそらく、バーリの状況は、カサンドラよりもさらに厳しかったはずです。カサンドラの抱えた大きな困難は、予言を信じさせる能力の欠如だけでした。バーリはほかの困難も抱えていたのです。彼はコミュニケーション自体が不得手でした。また片眼がありませんでした。二歳になるかならないかという頃に腫瘍ができて摘出したためです。この肉体的ハンデのせいで、彼は相手と向き合って話をするのに苦労しました。良いほうの目で相手を見ようとすると、ガラス製の義眼が必ず変なほうを向いてしまうのです。この義眼の扱いにくさは大学時代に至るまでずっとついてまわり、そのせいで友達はほとんどできませんでした。バーリは変わり者だと見られていました。高校でも、大学でも、スタンフォード病院で研修医をしていたときも、そしてウォール街に足を踏み入れたときも。恰好からして変わっていました。オーダーメイドのスーツ、糊の利いたシャツ、ウィンザーノットのネクタイという業界規範に反して、ショートパンツにTシャツという出で立ちで仕事に行ったのです。

金融恐慌ののち何年も、バーリの完全に正確な予言はほとんど知られないままでした（それによって彼のファンドが七二六％もの純益を上げたにもかかわらずです）。おそらく、バーリがどれほどカサンドラのようだったかを示す最もわかりやすい出来事が二〇〇八年にありました。ブルームバーグニュースが、金融恐慌を予言していた先見の明がある人々を長いリストにして解説した記事を掲載しました。そこにマイケル・バーリの名前はありませんでした。誰も彼の話を聞きに行きませんでした。誰も今後に関する彼の予言を求めませんでした。バラク・オバマ大統領が二〇〇八年の金融経済危機の原因調査のために設置した超党派の金融危機調査委員会でさえ、バーリと話すことに関心を持ちませんでした（少なくとも最初のうちは）[*]。

その代わりに委員会が呼んだのはジャーナリストのマイケル・ルイスでした。

なぜ金融危機調査委員会は、恐慌の前になされた警告的予言の説明を聞くためにマイケル・ルイスと接触したのでしょうか。どう考えても、そうした予言の主な情報源の一人（マイケル・バーリ）と直接話すほうが筋が通っていたはずです。マイケル・ルイスは実に素晴らしいジャーナリストですが、バーリのように実践的な専門知識を持っているとは言えません。

ありそうな答えが見えてくるのは、認知科学の専門家たちが**焦点化**、あるいはもっと一般的に**フォーカシング・イリュージョン**と呼ぶものを通して、金融危機調査委員会の動きを眺めてみたときです。[4] 人間には、メッセンジャーごとの相対的価値を測る際に、最も目立つ著名なメッセンジャーに、不当なほどの重要性と原因性を割り当てるという生来の傾向があります。これは、そうした人々にしばしば備わっている特徴が、彼らを信頼できそうに見せるからですが、そうした特徴は実際に話す内容とまったく関係ない場合もあります。そのメッセンジャーはたまたま有名なだけかもしれません。あるいはたまたまカリスマ性があるだけかもしれません。あるいはお金持ちだったり、支配力があったり、好感が持てたりするだけかもしれません。

これで説明できるのが、ある種の（つまり注目を浴びている）メッセンジャーが、成功であれ失敗であれ、結果に対して実際よりずっと大きく関与したと見なされがちな理由です。[5] そうなってしまうのは不公平な話ですが仕方ありません。いくつかの提案の相対的価値を判定する際、それを聞く側はしばしば困難な課題に直面します。満足のいく答えに辿り着くため、互いに矛盾する、膨大な量の情報を処理しなければならないのです。考えてもみてください。「どの候補が大統領に最もふさわしいか」「EU離脱で英国の未来は本当に明るくなるのか」「サブプライム住宅ローン市場の暴落に賭けるのは理屈に合っているだろうか」といった問いに答えるのは大変です。そのため、ある考えを検討するときに、そのメリットにではなく、それを示した人物への評価に従って判断を下してしまうのは、

＊　原注　金融危機調査委員会は最終的にマイケル・バーリとの面談を行った。面談の最初に彼らはこう述べている。自分たちがバーリと話そうと決めたのは「『世紀の空売り』であなたのことを読んだからです」【訳注：邦訳はマイケル・ルイス（著）東江一紀（訳）（二〇一〇）『世紀の空売り――世界経済の破綻に賭けた男たち』文藝春秋】。

やむを得ないと言うしかありません。私たちはメッセージの内容とその発信者とを分けられないのです。この、普段は見落とされている観点（メッセージの受け手は、たいていこれに気づかず、そのせいで、結果としてその場にいる専門家を無視してしまいます）から浮かんでくるのが、優秀なメッセンジャーの基本的特徴です。

優秀なメッセンジャーはメッセージになるのです。

おそらくはこれが理由で、金融危機調査委員会は、バーリ本人からではなく、マイケル・ルイスから話を聞こうと考えたのです。ルイスのほうが著名で、しかも話しやすいメッセンジャーでした*。調査委員会に話した見識の源ではなかったにせよ、雄弁で知的で経済学の素養があり、投資銀行のソロモン・ブラザーズで債券セールスマンとして働いた経験を持つジャーナリストでした。また、名も知られていました。こうした特質に注目すれば、金融危機調査委員会の面々がなぜマイケル・ルイスをカサンドラ的なバーリよりも優秀なメッセンジャーだと考えたかは簡単に理解できます。彼らはメッセージの質に関する判断を、メッセンジャーの質に基づいて行おうとしました。目立っている人物に目を向けるほうがずっと簡単だからです。

しかし、無視されたのはバーリではなく、彼の発したメッセージだったとは考えられないでしょうか。そもそも、サブプライム住宅ローン市場の崩壊が差し迫っているという噂は、多くの人にとって、信じるのはもちろん、検討すらしたくない考えでした。バーリが世界一のカリスマ性を備えた人物だったとしても、伝えるメッセージが受け入れがたいものであれば、人々から無視されたのはほとんど当然の帰結です。けれども実際に起きたのは、そういうことではありませんでした。多くの人が無視することにしたのはバーリ本人でした。実際、バーリと付き合いのある投資家のなかには、サブプライム市場が瓦解する前から、彼を見限ろうとしていた人もいました。しかし、彼の分析を受け入れた投資家たちは、バーリよりもメッセンジャーらしさが備わっていたため、同じ話をもっと説得的に売り込めました。ドイツ銀行のサブプライム担当筆頭トレーダーだったグレッグ・リップマンが、その代表例です。バーリほど頭が切れるわけでも深い洞察を持っているわけでもありませんでしたが、彼にはバーリにはない自信と支配力《ドミナンス》がありました。その結果、ドイツ銀行と同行の株主たちは彼の話に耳を貸しました。バーリは正しかった（だけでなく実際に自らの洞察からかなりの利益を得た）わけですが、正しいタイプのメッセンジャーではありませんでした。そのためごく限られた範囲にしかメッセージが届きませんでした。リップマンは正しいだけでなく、正しいタイプのメッセンジャーでもありました。それゆえに彼と彼の銀行、そしてその銀行の投資家たちは相応の利益を得ました。

＊ そして少なくとも、彼は実在の人物だった。『インターナショナル・スタディーズ・パースペクティブス』と『フォーリン・ポリシーアナリシス』で編集主幹を務めたダグラス・A・ヴァン・ベルは二〇〇八年の著書『ア・ノヴェル・アプローチ・トゥ・ポリティクス』で、次のように述べている。「近年、最も人気のあった民主党所属の米国大統領」は実のところ、ただの一日たりとも大統領執務室で仕事をしなかった。当時、米国の外交政策のいくつかに反対の声が高まったことを踏まえれば、なぜ架空の大統領（ドラマ『ザ・ホワイトハウス』でマーティン・シーン演じるジェド・バートレット）が多くの米国市民からより良いリーダーだと考えられたのかは簡単に理解できる。

した。まれに見る大成功を収めた年の終わりに、リップマンは四千七百万ドルのボーナスを受け取りました。

誰かが考えを発信するとき、受け手が判断するのは、発信されたメッセージの一貫性と妥当性だけではありません。メッセージの送り手に関するあらゆる側面が検討されます。この人物は自分が話している内容についてわかっているように見えるだろうか。話の内容に関連した専門知識や経験を持っているだろうか。誠実そうだろうか、それともこちらを騙そうとしているのだろうか。言っていることをやり遂げるだけの根性があるだろうか。本当の狙いを隠してはいないか。自分はこの人物を信頼できると考えているだろうか。これらは重要な疑問であり、誰かとベッドをともにする（比喩的な意味であれ文字どおりの意味であれ）前に、しっかりと検討しておかなくてはなりません。

そして、こうした疑問を、バーリやリップマンからサブプライム住宅ローン債市場の崩壊に賭けるべきだと聞かされた投資家たちが検討したのは確実です。バーリとリップマンはどちらも同じ話をしました。サブプライム市場は非常に危険な状態にあり、おそらく金融危機が津波のように押し寄せるだろうと。どちらの人物の主張も徹底的な調査のうえで発せられた信頼できるもので、歴史は二人の正しさを証明するように進みました。しかし投資家たちに話を聞いてもらえたのはリップマンだけでした。

マイケル・バーリは「ウォール街のカサンドラ」だったのです。*

メッセンジャー vs. メッセージ

本書で見ていくのは、なぜあるメッセンジャーとそのメッセージは聞く耳をもってもらえ、受け入れられ、それに基づいて行動してもらえるのか、そしてなぜ別のメッセンジャーとメッセージはそうならないのか、ということです。私たちは「メッセンジャー」を情報発信を行う主体と定義します。それは個人の場合も、グループの場合も、メディアプラットフォームや組織の場合もあります。ここで言う情報はごく単純なデータの場合もあります（たとえば、気象予報士が発信する本日の気温）。見解の場合もあります（ジャーナリストやブロガーが書く論説など）。なんらかの反論という形を取るかもしれません（たとえば、ツイッターやフェイスブックに、あるニュースがフェイクだという主張

＊　バーリは自分がアスペルガー症候群かもしれないと言ったことがあるが、そう考えれば、彼が他者との交流に困難を覚えていた理由はさらに説明しやすくなる。アスペルガー症候群の人たちは情報の体系化に秀でる一方、おうおうにして社会的知性の面で苦労する。無視されること、あるいは状況のコントロールができないのを意識することは抑うつにつながる。そしてこれは投資家たちから批判され、自分の予言が支持を得るどころか聞いてすらもらえなかったときに、バーリが経験したことでもある。話を聞いてもらえるという体験は、人が尊厳を手に入れるうえで欠かせない構成要素なのだ。ときとして、友人への怒りやご近所さんに対する懸念や同僚に対する不安を口に出すという些細な行為だけで、気分が楽になることもある。また、話を聞いてもらえれば、影響を与えたり場を支配したりすることもできるようになる。他者の助けなしに、個人が何らかの偉業を成し遂げることはほとんどない。

を投稿する)。あるいはセールスキャンペーンの場合もあります(「インフルエンサー」を雇って商品プロモーションを行うなど)。さらには、政治的見解やヴィジョンや世界観の形を取って、受け手が何に注意を向けるかだけでなく、何を考えるか、何を信じるか、そしてその結果、どんな人間になるかにも影響を与えようとするかもしれません。本書で言う「受け手」とは、個人から特定可能な集団(大きいものも小さいものも含みます)までの、メッセージの送り先すべてを指しています。そして私たちは「メッセンジャー効果」という言葉を、特定のメッセンジャーが発したという理由で、受け手に対するメッセージの影響力やインパクトの強さが変わる効果という意味で使っています。

重要なのは、その影響力やインパクトが生まれる原因は必ずしもメッセージ自体の内容や英知にあるわけではない、ということです。そうしたものが生じる原因はむしろ、メッセージを発するメッセンジャーに備わっていると見なされた特質にこそあります。本書では、八つの基本的な特質を詳しく見ていきます(これらの特質はメッセンジャーに備わっている場合であれ、備わっていると思われているだけの場合であれ、確実に、メッセンジャーが話を聞いてもらえるかどうかに影響を及ぼします)。そのうちのいくつかは読者にお馴染みのものでしょう。その一方で、それほど馴染みがないと思われるのが、メッセンジャーはそうした特質の一つ、もしくはいくつかを持っていると受け手に伝える諸特徴です。それらは目立たず、検出しにくいため、しょっちゅう見逃されていますが、メッセージに対する受け手の反応を大きく左右します。

もう一つ気づいておくべき大切なことがあります。メッセージの作成者はメッセンジャー本人とは限りません。巨大企業は広告で商品を宣伝するために俳優を雇います。経営者はコンサルタントを招いて悪いニュースを伝えさせたり、新しいやり方を支持させたりし、その結果、アドバイザーについての一般的な見方が強まることになります（「連中は必ずしもクライアントより知識がなきゃいけないってわけじゃない。必要なのはスーツとブリーフケース、それからどこかよそからやってきたって事実だけだ」）。高い講演料を取る講演者は、調査員（本当に重要な話題の場合ならスピーチライター）を雇ってメッセージの中身を執筆させます。敵同士は調停者を通じて信書のやり取りをします。離婚調停中の夫婦は弁護士を通してメッセージを伝え合います。子どもは友達に頼んで、クラスにいる好きな女の子や男の子に探りを入れます。メディアはニュースを報じるときに使うコメントを取るために、最も興味深いメッセンジャーにかなりの大金を払います。もっと安い金額で同じ内容の話ができる人がいるときであってもです。

発信元を問わず、メッセージが発せられたときには、興味深い事態が生じます。メッセンジャーが、受け手の心のなかで、メッセージの内容と結びつけられるのです。[6] そのメッセージを作成したのがメッセンジャー本人でなくてもそうなります。この結びつきは、その後メッセンジャーとメッセージを評価する際に驚くべき効果を発揮します。これを踏まえるとわかりやすくなるのは、たとえば、「使者を殺すな」《ドント・シュート・ザ・メッセンジャー》という言い回しが生まれた理由です。この言い回しが生まれたのは、戦争中の将軍たちが悪い知らせを持ってきた斥候や使者を罰していた時代だと考えられています。伝説によれば、アルメニア王ティグラネス大王は、ローマの執政官ルクッルス率いる軍勢が迫っているとの知らせをもたらした使者の首を刎《は》ねました。それ以後もたらされた知らせはすべて、もっと楽観的なものになったと考えるのは推測でしかありませんが、ルクッルスがティグラネス軍を打ち負かし続けたことは指摘しておく価値があります。[*]

　使者が危険にさらされるのは、将軍に悪い知らせを伝えるときばかりではありませんでした。王に仕える使者たちも君主からのメッセージを伝える際に同じ危険に直面しました。とりわけ、かつてイングランド王の代弁者を務めていた町の触れ役は、王室からのメッセージが気に入らず腹を立てた群衆に襲われる危険がありました。町の触れ役に対する暴力が頻発したため、彼らを守る法律ができたほどです。町の触れ役を少しでも傷つければ、王に危害を加えたものと見なされました。つまり反逆罪になりました。それではその罰則は？　死刑です。[7]

　もし、私たちがメッセンジャーとそのメッセージとをそれほど強く結びつけているなら、重要なのは「私たちが生活のなかで出くわす大勢のメッセンジャーについて、特質に基づいた推論をどう行っているのか」と「これらの特質のなかで最も重要なのはどれか」を理解しておくことです。私たちはどうやって、あるメッセンジャーが何を知っているのかを判断しているのでしょう。どうやって、彼らが持っているスキルを評価しているのでしょう。どうやって、彼らの人柄を見極めているのでしょう。

　私たちが交流や交換を繰り返しながら、時間をかけて他の人に対する見方を組み立てたり修正したりしているのは確かですが、その一方で、相手に対する信用や意見は極端に短い時間でできあがりもします（ときには千分の一秒のうちに）。二〇一三年に白血病で早すぎる死を迎えるまで、**スナップ・ジャッジメント**（見た瞬間に決まる印象）に関する多くの研究で草分け的存在だったスタンフォード大学の心理学者ナリニ・アンバディは、人間が実はごく短時間の観察からおおむね正確な印象を形成することにとても長けていると決定的に実証しました。[8] 彼女の研究によれば、見ず知らずの人間に対する私たちの第一印象は、ほかの人たちがその人物を短時間見たときの第一印象とだけでなく、自分の性格に関するその人物自身の自己診断とも合致する場合が多いのです。

このような判断と密接に結びつくのが、個人の情報発信の巧拙に対する私たちの認識です。ハーバード大学の心理学者ロバート・ローゼンタールと実施した共同研究で、アンバディは十三名の教師の動きを収めた一連の動画を実験参加者に見せました。[9] それぞれの動画は十秒ほどで音声は入っていません。それを見たあと、実験参加者は教師たちの人柄をどのように感じたか、十五項目について（自信、熱意、支配力、暖かみ、魅力、前向きさ、有能さ、プロらしさ、など）評価するように言われました。アンバディとローゼンタールが発見したのは、参加者たちの判定が信じられないほど一致し

＊ 二〇一七年八月、複数の信頼できるニュースメディアは、米国大統領のドナルド・トランプが一日に二度、よく写っている自分の写真と自身に関する嬉しくなるようなニュースをたっぷり詰め込んだ自尊心をくすぐる資料を受け取っていると報じた。気になるのは、悪い知らせを届ける役目を避けたがったティグラネスの王宮の使者たちとは逆に、トランプのホワイトハウスの職員たちが、支配者に良い知らせを届ける係になりたがったかどうかということだ（https://news.vice.com/en_ca/article/zmygpe/trump-folder-positive-news-white-house）。

ているということでした。ある人から「好感が持てる」と評価された教師は、たいていほとんどの人から同じ評価を受けていました。しかし話はまだ終わりません。教師たちが実験参加者から受けた評価は、それぞれの教師が担当している学生たちから学期末に受けた評価とも驚くほど一致していました。考えてみてください。教師たちの動画を（音が入っていなかったのをお忘れなく）十秒間見ただけの人々に、教師たちの人柄を判定させたら、なんとその判定が、実際に教えている学生たち、つまり何カ月も講義を受けていた学生たちが学期末に行った教師への評価と、かなりの相関を示していたというのです。

奇跡でも起きたのかと思ってしまいますが、実際のところ、動画を見た人たちはただ、十三人の教師それぞれが発した身体的手がかりに反応していただけでした。アンバディとローゼンタールが、第三者的立場の研究者二人に、動画を見て教師一人ひとりの身体言語を秒単位で分解するよう依頼してわかったのは、教師たちが下を向いたり、首を振ったり、身振りを増やしたり、熱心になったり、ただ微笑んだりするたびごとに、そうした動きが観察者の目に留まり、それが重なっていくことで、観察者たちの抱く印象がつくられるということでした。最終的に高評価を得ていたのは、活発で熱心に見えた教師たちでした。評価が低くなった教師たちは、しかめっ面をしていたり、下を見過ぎているせいで自信なさげに見えていました。そうした行動を取る教師たちは学期末の学生からの評価も芳しくありませんでした。

アンバディの研究が示しているのは、私たちが第一印象を形成するうえで、目に映るもの以上に大事なものは何もないかもしれない、ということです。私たちはしばしば、一瞬の観察から、誰が自信を持っているか、誰が優しく熱心か、主導権を握っていたり、支配力を持っているのは誰か、あるいは信頼できるのは誰か、好感を持てるのは誰か、誰が権威主義者で誰が専門家かといった推測をしています。こうした人物認識プロセスは自動的で、知らない人と初めて顔を合わせたときに五十ミリ秒以内に生じると考えられています[10]。そして、このあとご紹介するように、こうしたプロセスの発現は多くが非常に幼いころから見られます。

もちろん、人間の交流は、第一印象と非言語的行動だけで決まるわけではありません。一目見ただけでは、本当の敬意やつながりの感覚といったものは生まれません。相手への理解は時間とともに深まります。また、相手への感情は変化します（ときにはポジティブに、ときにはネガティブに、そしてときにはその両方が入り交じって）。そしてその変化も相手の話を聞いてみようという気持ちに影響を与えます。一般論を言えば、相手に敬意とつながりの気持ちを覚えているときには、話を聞いたり、従ったりする気を起こしやすくなります（もっとも、あとで見るように、これには多くの例外があります）。また、学習によって自分が発するシグナルをうまく使えるようにもなります。コミュニケーションコーチ、あるいはメディアトレーナーは、私たちのスピーチや表現、それに物腰をもっと好意的に受け取られるようにするやり方を教えてくれます。また、難度は確実に高くなりますが、自己呈示能力を鍛えるのは独学でもできます。ただ、メディアコーチと自己鍛錬活動の両方に欠けているのは、驚くほど広範で魅力に富んだ科学への理解です（科学は優秀なメッセンジャーの特徴と、とても些細で一見取るに足りない手がかりに私たちがどれほど頻繁に影響されているかを教えてくれます)。

さまざまなメッセンジャー、ハード型とソフト型

一九八二年、高名な二人の学者、エドワード・ジョーンズとセイン・ピットマンは、ある概念的枠組を開発し、メッセンジャーが受け手の印象を操作する手段として使える五つの方略を説明しました[11]。それによれば、メッセンジャーは自分の印象を、有能そう(自己宣伝)、道徳的に立派そう(示範)、怖そう(威嚇)、良い人そう(取り入り)、気の毒そう(哀願)、のなかから選ぶことができます。また、ジョーンズとピットマンは、どの印象を選ぶにしても、それがすべての状況で力を発揮するわけではない、とも述べました。教師が新しく担当するクラスへ入っていく場面なら、(たとえば、態度に問題のある生徒に厳しく注意することで)威嚇のスタイルを採用し、見くびられるつもりはないという合図を送ってもよいでしょう。しかし、同じスタイルを異なる状況で採用するのは(たとえば、交際相手の両親と初めて会うときなど)、おそらく自滅行為になります。同じ相手とのやりとりのなかであっても、状況次第では「良い人そう」から「怖そう」へ、あるいは「有能そう」から「気の毒そう」へと印象を変化させるのが得策になるかもしれません。

ジョーンズとピットマンの枠組はそれなりによくできていますが、いくらか不完全なところもあり

ます。そして、もちろん、過去四十年のあいだには、この枠組を超えるたくさんの研究が出てきています。本書では、より現代的で説得力のある枠組を提供しますが、その基本的な考えはメッセンジャーを大きく二種類（ハード型とソフト型）に分けることです。ハード型のメッセンジャーは、上位の**ステータス**を持っていると受け手に思わせるので、メッセージが受け入れられやすくなります。これに対して、ソフト型メッセンジャーのメッセージが受け入れられるのは、受け手とのあいだに**つながり**があると見なされたときです。このあとの各章では、この二種類に大別したメッセンジャーの諸特質を順番に検討していきます。

第I部では、ハード型メッセンジャーについて分析します。彼らが持っている（場合によってはただ、持っていると主張する）のは、高いステータスです。高いと見なされるステータスを持つメッセンジャーは社会に対して大きな影響を及ぼします。その地位が明確な同意に基づいて獲得されたものかどうかは問われません。どちらにしても、まわりの人にとって価値のある権力と資質を備えていると信じられているからです。政党の党首やスポーツチームのキャプテンがそうです。一般的に、私たちはステータスを職場の序列と結びつけていますが、そうなるのは無理もありません。はっきりと定義される組織構造のトップにいる人々というのは、重要な決定を下し、職場のリソースを管理し、そしてほとんどの場合、最も高い報酬を得ている人々だからです。実際、彼らにステータスがあるという事実自体、彼らが人並み以上に尊敬され、求められる以上の価値を組織にもたらしていると判断されていることのあらわれなのかもしれません。しかし、ステータスによる序列が存在するのは職場だけではありません。学校、家族集団、友人や同僚のネットワーク、それに地元の共同体や、もっと広い範囲の社会でも見つかります。第I部では、個別に、あるいは組み合わさって、ステータスを原動力とするメッセンジャーの成功に貢献している四つの重要な特質、すなわち社会経済的地位、有能さ、支配力《ドミナンス》、魅力のそれぞれに一章ずつ割り振って分析していきます。

第II部では社会のソフト型メッセンジャーを取りあげます。優秀なメッセンジャーはお金持ちや有名人ばかりではありません。また、必ずしも専門家だったり、支配的だったり抗しがたい魅力の持ち主だったりするわけでもありません。ソフト型メッセンジャーの目立った特質は受け手との**つながり**です。人間は社会的な動物なので、つながりをつくる、つまり他者と絆を結んだり協力したいという強い欲求が備わっています。人々はいつも専門家やCEOからの情報を当てにするわけではありません。ときには友人や信頼する人、そして「自分と似た」人々の話のほうを好むこともあります。5章〜8章では、よりソフトな特質を原動力にして成功を収めるメッセンジャーたちの助けとなっている四つの基本的な要因、すなわち温かみ、弱さ、信頼性、カリスマ性を取りあげます（これらもやはり個別に働くときと、組み合わさって機能するときとがあります）。

「まとめ」では、ハード型のメッセンジャー効果とソフト型のメッセンジャー効果とのさまざまな相互作用を検討し、ハード型、つまりステータスを原動力とするメッセンジャーのほうが好まれやすい状況と、ソフト型、つまりつながりを原動力とするメッセンジャーが勝利を収める状況との見分け方を考えます。それから、これらのメッセンジャー効果が持つ、職業、政治、そして社会への影響に目を向けます。もし、こうしたメッセンジャー効果が、社会の基本構造そのものや、そのなかにある私たちの居場所、私たちのもつ価値観、支持する政党、誰を信じ誰を信じないか、どのグループに加わり、どのグループを斥《しりぞ》けるかという判断に影響するほど根本的なものだとするなら、それらの効果が社会に及ぼす広範な影響を制御するために何ができるでしょうか。本書ではさまざまなグループ（政治家、効果的な情報発信を設計したり組み立てたりする専門家、教育者、親など）に役立つと思われる、二つの主要なアイデアを提供します。それらの狙いは故意に論争を引き起こすことではなく、私たちが誰の話に耳を傾け、誰の話に耳を貸さないかということに影響を与える重要な要因についての議論を始めることです。そうしたい理由はたった一つしかありません。

それは、社会のさまざまなメッセンジャーたちの特質を知っておくのは非常に重要だから、ということです。なぜなら、彼らはただ私たちが誰に耳を貸すかと私たちが何を信じるかということにだけでなく、私たちが何者になるかということにも根源的な影響を与えるからです。

目次

第Ⅱ部　ソフト型メッセンジャー

第I部

ハード型メッセンジャー

ツイッターのシャンパンタワー

ツイッターの魅力は理解できます。誰もが（文字数制限こそあるものの）自分の意見を世界と共有できるのですから。また、ツイッターは組織化する性質も備えています。ツイートは、メッセージに使われるハッシュタグに基づき、トピックごとに整然と分類されます。ツイートで表現された見解に同意したなら、「いいね」で支持を伝えられます。リプライを投稿すれば話に参加できます。メッセージをリツイートすれば、フォローしてくれている人とそれを共有できます。そのため、ときにツイートは一瞬のうちに拡散されます。世界中の何百万という人々が、ソーシャル・ネットワークやソーシャルメディアのプラットフォームを通じて、同じメッセージを見ることができます（ほかの手段では、やり取りをしたりつながったりする機会が決してなかった人物の書いたものです）。

ツイッターは素晴らしく民主的なのです。

しかし、よく知られているように、無駄なおしゃべりでもあります。メッセージを発信した誰かによって話は始まるのですが、そのメッセージは示唆に富んでいるとは限りません。また、必ず真心がこもっていたり、感動的であったり、皮肉が効いていたり、面白かったりするわけでもなく、そしてもうこれはうんざりしつつも受け入れている気がしますが、最低限の正確性や真実味にすら欠ける場合もあります。ただ、注意を引きつけることだけは間違いありません。たとえ、束の間にすぎないとしても。もし、ツイッターに人格があったなら、きっと落ち着きのない三歳児と似ているはずです。そして、かっかきている両親の差し出すおもちゃを片っ端から放り捨てながら、「これだけ？　ほかに何かないの。ねえ、もっと楽しませてよ」という顔をしていることでしょう。

二〇一七年、コロラド大学のハルシャー・ガンガドハーバトラは、ツイッター社のソフトウェアエンジニア、マスード・ヴァラファールと研究チームを組みました。調べたかったのは、ツイッター上の情報が信念と意見にどう影響するのかということでした。[1] 二人はツイッターのアクティブユーザーを無作為に三十万人選び、一カ月間、メッセージ、投稿、そしてアクティビティを追跡しました。そうすることで、ツイッターのユーザーたちがマスメディアから（つまり直接的に触れていたテレビ番組や新聞やオンライン記事から）影響を受けているのか、あるいは、特定のタイプのメッセンジャーによって流布されたメッセージに反応しているだけなのかを読み取ろうとしたのです。結果は後者でした。どうやら、オピニオンリーダーたちのつくる緊密なコミュニティがあるようなのです。彼らは傾向として、ツイッターでお互いをフォローし合い、自分たちが接しているメディアの情報に基づいて、ひとまとまりになった信念と態度を形成したあと、自らの意見を投稿します。そうした投稿に、ほかのユーザーは目を留め、反応したり返信したりします。シャンパンタワーで、いちばん上のグラスにずっと「注《つ》ぎ足し」がなされ、下のグラスにどんどん供給されていくのに少し似ていますが、選ばれた一群のツイートは、全員のグラスが満たされるまで滝のように流されていきます。

ガンガドハーバトラとヴァラファールの研究が重要なのは、伝統的なメディアとは異なり、参入障壁のほとんどない情報共有プラットフォームでさえ、メッセージの発信については、一部のメッセンジャーが他を圧倒するほど大きな力を持っているということを示しているからです。極めて単純に言えば、ツイートがリツイートされ、人々の態度や考えに大きな影響を与えられる人たちは、必ずしも深い洞察があったり面白かったり賢かったりする人々ではありません。そうではなく、ただ、ある種のステータスが備わっているだけということもよくあるのです。

この点を完璧に例証するようなツイートが、二〇一七年八月十二日、午後四時五十九分、ロビー・マクヘイルによって投稿されました。彼はそのツイートが大きな反響を呼ぶかもしれないと思っていました。拡散の見込めるいくつかの特徴が備わっていたからです。第一に、かなりいい時間帯での投稿でした。これは、ツイッターでメッセージに少しでも注意を引こうと思ったら、絶対に欠かせない条件です。ツイートがタイムラインに登場するタイミングとそれが投稿される状況は、ときにはツイートの内容自体よりも重要になります。第二に、マクヘイルのツイートは米国だけでなく、世界の大部分で何百万という人々が話題にし、注意を向けていた問題を扱っていました。シャーロッツビル事件†です。それは人々を釘付けにした話題でした。誰もが事件について話しました。ニュースフィードを追いかけ、フェイスブックページで事件について論じていました。第三に、ロビー・マクヘイルのツイートはよく練られていました。ドナルド・トランプ大統領のキャンペーン・スローガン（米国を再び偉大に！）に巧みな捻りを加えて、米国が再び偉大になるのに必要なのは、憎悪と分断ではなく理解と協力だという考えを述べたのです。

「米国に暮らす人々は、人種に関係なく折り合いをつけ、一つになり、協力して働くべきだ。この国を偉大にするために」と彼はツイートしました。そしてこのメッセージに #Charlottesville というハッシュタグを添えました。

この発言に同意しない人などいるでしょうか。

それなのに、ロビー・マクヘイルが米国の人々に向けメッセージを発した十三日後の八月二十五日金曜日までに受け取った反応は一件だけでした。マクヘイルのツイートへのコメントを投稿した人が一人いただけでした。「いいね」は一つもつかず、リツイートもされませんでした。月間利用者数が三億三千万人を超えるツイッターで、マクヘイルのツイートに反応したのはたったの一人だったのです。誰も耳を貸しませんでした。狙いもタイミングも良かった（そして、間違いなく何百万もの人が同意する）彼のメッセージは、例の落ち着きのない三歳児が無関心に放り捨てたおもちゃのように、放り捨てられたわけです。

マクヘイルの投稿からちょうど七分後に、別の人物がマクヘイルととてもよく似た気持ちをあらわすメッセージをツイッターに投稿しました。そのツイートには無視されるツイートの特徴がほとんど揃っていました。文脈がそれほど明確ではないうえに、ツイートの投稿者は、マクヘイルのように自らの言葉を用いるのではなく、二十年以上も前の一九九四年に書かれたネルソン・マンデラの自伝

『自由への長い道』を初出とする一節、「肌の色や育ちや信仰の違う他人を憎むように生まれついた人間などいない」[‡]を引用していました。

それにもかかわらず、このツイートはすぐ大勢に拡散されました。

確かに、この二つ目のツイートには拡散の見込める特徴も一つか二つは備わっていました。投稿者のオリジナルではないにせよ、言葉自体は感銘を与えるものでした。また、見る人の気分を高揚させるような投稿者自身の写真が添えられていました。その人物が笑顔を浮かべて見上げた先には開いた窓があり、そこから多様な民族的バックボーンを持つ子どもたちが外を見ていました。しかし、写真に写っていた投稿者こそが決定的な要因でした。二〇一八年のはじめまでに、前米国大統領バラク・オバマが投稿したそのツイートは百六十万回以上リツイートされ、四百四十万のユーザーが「いいね」を押しました。ツイッターの広報担当者によれば、それは当時、史上最多の「いいね」を集めたツイートでした。[2] おそらくまだ記録は破られていないでしょう。

今もなお高い人気を誇る、前大統領のツイートが四百四十万以上の人から支持を受け、今も支持を増やしているのに、ロビー・マクヘイルはたったの一人からしか支持されなかったのは、驚くべきこ

† 訳注　二〇一七年八月十二日バージニア州シャーロッツビルで白人至上主義者の団体と人種差別に反対するグループが衝突した事件。白人至上主義者の運転する車が群衆に突入し一人が死亡、三十人が負傷した。

‡ 引用はネルソン・マンデラ（著）東江一紀（訳）（一九九六）『自由への長い道――ネルソン・マンデラ自伝（下）』NHK出版。

とでしょうか。決してそうとは言えません。バラク・オバマはツイッターで一億人以上からフォローされています。つまり、オバマが投稿を行うたび、ツイッターの全登録ユーザーの三割近くが、そのメッセージをホーム画面で目にする可能性があるわけです。当然、ロビー・マクヘイルのツイートは、前米国大統領によって掻き消されることになりました。つまりホーム所有者たちの団体†に属する前大統領によって、掻き消されることになったわけです。

　また、一見民主的で親しみやすいツイッターというプラットフォームが、本当は非常に非民主的で階層的だということにも驚きはありません。確かにツイッターという環境では誰もがメッセージを発信でき、あらゆる声に聞かれる機会が与えられます。しかし、そうした人々のなかで耳を傾けてもらえるのはごくわずかだというのも、また確かなのです。そして、そのごくわずかな人々には、おうおうにして、なんらかのステータスが備わっています。

　ステータスは「ハード型メッセンジャー」効果の一つであり、信じられないほど強力です。高いステータスを持っていると見なされた人々は、**道具的価値**を備えていると認識されます。つまり、本人の成功を助けるばかりでなく、ほかの人の役にも立つような特徴や資質があると見られるのです。その結果、私たちは、そうした人の話には耳を貸す価値があると考えるので、彼らの影響力は大きくなります。初めての人と会ったときに、実によくある会話の始め方が「それで、あなたは具体的に何をなさっているんですか？」である理由はここにあります。

　ある人物のステータスがわかれば、その人に関するほかの多くの特徴について推測ができるようになります（正確な場合も、不正確な場合もありますが）。[3] ステータスが、「この人物の話は聞くに値するか」という非常に重要な問いへの答えを教えてくれるのです。

第I部では「ハード型メッセンジャー」が持つ非常に重要な特質を四つ論じます。それらの特徴を備えたメッセンジャーは、高いステータスを有していると認識され、その結果、ほかの人の注意を引くのに有利な立場に立てます。その特徴とは、社会経済的地位、有能さ、支配力《ドミナンス》、魅力です。

このあとの四つの章で見ていくように、ステータスは大いに価値があります（ツイッターだけに限らず、私たちが遭遇するほとんどすべての社会的文脈と状況においても）。

† 原文 a Home Owners' Association（HOA）は米国の物件所有者による管理組合のことだが、ここではホーム画面を持っている人たちの団体＝ツイッターユーザーの集合を指す。

1

社会経済的地位

名声、富、そして識別されることなく識別されること

多くの人にとって、有名人になるという考えは魅力的です。有名人になればついてくる評価と称賛の数々を想像してみてください。ただ、有名人自身にとっては、有名であることは痛し痒《かゆ》しの恵みです。映画『素敵な人生の終わり方』では、罵《のの》り言葉だらけの長台詞で、エミネムが有名ゆえの問題について嘆いています。「ベスト・バイにも行けない」と彼は不平を漏らします。「腐れウォルマートにもKマートにも。腐れた場所がどこかなんてどうでもいい。どこであっても、おれはそこに行けやしない。その腐れた場所にいるどいつもこいつもが、こっちを馬鹿みたいに見てくるか、腐れ写真を撮りたがるかするからだ」。米国のコメディアン、アジズ・アンサリは、大変人気のあるポッドキャスト『フリーコノミクス・レディオ』で、スティーヴン・ダブナーからインタビューを受けた際に同様の問題点を指摘しました。[1] アンサリは有名であることの長所もはっきりと認識しており、次のように述べました。「有名であることのいちばん良い点は、知らない人がとても親切にしてくれることです。

みんながなんとなく、親切にしようと思ってくれているようです。知らない人が近づいてきて、作品を褒めてくれます。『あなたの作品が大好きだ』と言ってくれるんです。本当にありがたい話だと思います」。ですがそのあと、アンサリは有名であることの否定的側面について語りました。

（……）ある段階まで来ると、道を歩いていて気づかれることが多くなります。そして、しょっちゅう呼び止められるようになります。写真撮影に毎回応じることもできますし、私自身かつてはそうしていました。でも、私の場合は、だんだん気難しい人間になっていきました。断りはしないんですけど、不機嫌に応じるようになったんです。恋人と一緒でも一分ごとに呼び止められます（……）。知り合いのなかには有名になりすぎて、もう外を歩けない人もいます。彼らはいつも黒い車の中にいます。どこに行くときも、黒い車で移動です。普通の人たちのようには暮らせません。私は普通の暮らしを失いたくありません。その辺を歩けるままでいたいし、その辺の兄《あん》ちゃんでいたいんですね。つまり、ただの人でいたい。

どうやらアンサリは、有名であるのが良いことなのは、ある段階までの話であり、それを超えると、有名人であるせいで、いろいろと問題が出てくると言っているようです。

有名人であることの長所ははっきりしています。お世辞を言われたり、他者の称賛と承認から生じる温かな満足感に浸ったりするのが嫌いな人はほとんどいません。興味深い研究によれば、私たちの多くはお世辞に真実味がほとんどないときであっても、それを喜んで受け入れます。[2] そうしたお世辞の受け手は褒めてくれた相手に好感をもつという研究もあります。[3] おそらくはこれが理由で、ある日刊紙のウェブサイトでは、切れ者の執筆者が、有名人には必ずその人の最新作がどれほど好きかということを告げてから、「一緒に写真を撮ってください」と頼もう、順番を逆にしてはいけない、とアドバイスしています。[4]

　影響力を確立するという見地から考えると、有名人であることの短所は、ほぼ確実に長所よりも参考になります。有名人というのは、地元のグループからだけでなく、もっと広い世間からも注目され（そして、たいていは称賛もされ）るに値すると見なされてきた、ごくごくまれなタイプの人たちです。人々は彼らがいるところに居合わせたくて仕方ありません。彼らはなんとなく一流中の一流だと考えられています。そして、彼らの手にする名声、注目、放送時間が増えれば増えるほど、この思い込みはいっそう堅固になります。二〇〇九年に英国で実施されたある調査では、十歳の子どもたちに将来何になりたいかを尋ねました。多かった回答はポップスター、スポーツマン、それに俳優でした。やはり英国で実施された別の調査では、子どもたち（このときも平均年齢は十歳）の二二％が大きくなったら「お金持ち」になりたいと答え、一九％が「有名」になりたいと言いました。[5] こうした結果からわかるのは、有名人が私たちの社会に対してもつ、信じられないほど強い影響力です。彼らが名声についてくる関心を嫌っているとしても、その関心は彼らが実績を打ち立てた分野をはるかに超えて広がる権力と影響力を彼らに与えています。

このことを踏まえれば、映画スターであれ、ポップスターであれ、スポーツ界のスターであれ、あるいはそのときどきの国のトップであれ、有名人が力強いメッセンジャーになりやすいのは当然です。彼らは関心を集めるのです。ですが、忘れてはいけない大切なことがあります。私たちが彼らに耳を貸すのは、ただ彼らが有名だからというだけではありません。私たちは彼らの名声にしっかりと組み込まれた社会経済的ステータスに反応してもいるのです。ごく単純に言えば、私たちが彼らの話に耳を傾ける気になるのは、彼らが階層構造になった樹形図の高いところにいる、つまり、彼らにステータスが備わっているからです[6]。ですが無名であっても、ステータスの備わった人はたくさんいます。つまり、有名でなくても、関心と敬意を集めることはできるのです。

識別されることなく識別されるには

一九六七年のある晴れた日の朝、アンソニー・ドーブとアラン・グロスはそれぞれの車に乗り込み、カリフォルニア州北部のパロアルトとメンローパークをドライブしました。どちらの車にも、同乗者一名がほかの車から見えないように後部座席に身を潜ませていました。この秘密の同乗者は二つのストップウォッチとテープレコーダーを一台、車に持ち込んでいました。ドーブとグロスは何か男子大学生のやりそうないたずらでもするつもりだったのでしょうか（なんといっても、スタンフォード大学はすぐ近くです）。答えはノーです。実のところ、二人は興味深い疑問（「交差点に入っていくのを邪魔されたときに、カリフォルニアのドライバーがクラクションを鳴らす割合はどの程度か」）に対する、科学的裏付けのある答えを出そうとしていたのです。

アンソニー・ドーブは狭い道の交差点に車を停めました。ちょうど計画どおり、交差点に入っていく前に信号が赤になったので、交差点の入り口に陣取る形になりました。赤信号のあいだに、数台の車が後ろに並びました。一分が過ぎ、信号が青に変わります。しかし、ドーブは発進しません。エンジンをかけたまま、そこにとどまっています。アラン・グロスはといえば、町の反対側の、やはり信号のある交差点で、まったく同じことをしていました。

ドーブとグロスは、実験場所に選んだ交差点の青信号が平均で十二秒継続することと、ほかの車が彼らをよけていくには道幅が狭すぎることを知っていました。したがって、二人には、自分たちが動き出さずにいれば、後ろに並んだドライバーたちがいらいらし始めるのもわかっていました。そうなったときに、具体的に何人くらいが、いらいらを吐き出すためにクラクションを鳴らすのでしょう。ドーブとグロスがそれぞれの後部座席に潜ませた協力者はテープレコーダーを回し、答えを得ました。六八％の人が少なくとも一度クラクションを鳴らしました。クラクションを鳴らすのではなく、車を発進させて研究者たちの車の後部バンパーにぶつけた人も二人いました。

ところで、こうした状況でクラクションを鳴らす人の割合を明らかにするのは、実験の一部にすぎませんでした。ドーブとグロスにはほかにも知りたいことがありました。邪魔になっている車の種類が違っても、ドライバーたちは同じようにクラクションを鳴らすのでしょうか。

その日曜日の朝、二人は異なるタイプの車に乗っていました。一台は黒いハードトップのクライスラー・インペリアル・クラウンの新車。洗車してワックスがけもされた、ステータスの高い車でした。もう一台は一九五四年型のフォードのステーションワゴンで、錆が浮き出た中古車でした。実際のところ、その車はあまりにもみすぼらしかったため、ドーブとグロスは数回実験を行ったあとで車を変更しなければなりませんでした。後ろに並んだ人たちから、邪魔をしているのではなく故障しているのだと思われないか、心配になったためです。フォードの後釜はランブラーの一九六一年型セダンで、色は灰色でした。みすぼらしい外観で、洗車もされていなければワックスもかけられていません。つまり、そのランブラーはステータスの低い車でした。

実験に先立って、ドーブとグロスは大学の心理学科の学生グループに、黒い一九六六年型のクライスラー、もしくはランブラーのみすぼらしい灰色の一九六一年型セダンの後ろで信号待ちをしている場面を想像させました。それから、こう尋ねました。「信号が青になりました。ところが、見たところなんの理由もないのに、前方の車が動こうとしません。クラクションを鳴らしますか」。そしてさらに質問を重ねました。「また、クラクションを鳴らすとして、どれくらい待ってからそうしますか」。

答えは全員同じでした。そして誰もが威勢のよさ満点でした。もちろんクラクションを鳴らすと学生たちは答えました。そして、絶対に車の種類など問題にしないとも。なかにはステータスの高い車相手のときのほうが、鳴らすまでの時間が短くなると主張する者もいました。ですが、実験当日の晴れた日曜日の朝、路上で実際に起きたのは、そうした主張と異なる出来事でした。いらいらしてクラクラクションを鳴らしたドライバーは全体で七〇%近くになりましたが、結果の分布は道を塞ぐ車の種類ごとに大きく変わりました。ステータスの高い車にクラクションを鳴らした人は五〇%未満だったのに対して、ステータスの低い車には八四%の人がクラクションを鳴らしました。さらに、邪魔になっている車のステータスは、カリフォルニアのドライバーがクラクションを鳴らす見込みだけでなく、クラクションを鳴らすまでの時間にも影響を与えていました。ステータスの低い車の後ろにいた人たちのほうが、ずっと早くクラクションを鳴らしていたのです。そして、二回以上鳴らすことも珍しくありませんでした。[7]

心理学の実験としては、これは風変わりなものです。また五十年以上前の話でもあります。しかし、最近行われたいくつかの研究でも驚くほど似た結果が出ています。たとえば、二〇一四年にフランスの研究者チームは、のろのろ走っているのが高級車だと、追い越しをかける人はずっと少なくなるという発見をしました。[8]どうやらクラクションを鳴らしたり追い越しをかけたりするかどうかを決める際に、ドライバーの多く（もちろん全員ではありません）は、車のステータス、ひいてはその所有者のステータスに影響を受けるようです。おそらくこのことから説明しやすくなるのが、よく知られた有名人たちが多くの場合、窓を黒く塗った車に乗って自分の正体を隠す理由です。逆説的な話ですが、そうしたステータスの高い車に乗って匿名性をたもつことで、車内の有名人は一見両立し得ない二つの目的を同時に達成しているのかもしれません。特権的なステータスを明らかにしつつ、エミネムやアジズ・アンサリが嘆いたような、不要の注目がもたらすマイナス面に苦しまないでいられるのですから。車内の人物をめぐって生まれるミステリアスな空気は、誰だかわからない車内の人物の謎めいた性質を強めます。これは実際に識別された場合の面倒を回避しつつ、識別された状態を維持するための驚くほど効率的なやり方です。*

社会経済的地位はステータスの一形態でしかありませんが、非常に目立ちます。購入するものや消費するものの選択によって、簡単に知らせることができるからです。窓に遮光スクリーンを貼ったリムジンは「顕示的消費《けんじ》」の一例です。この用語をつくったのは、ノルウェー系米国人の社会学者ソースタイン・ヴェブレンで、彼は社会の構成員のなかには、世間を感心させて社会的な力と名声を強め

＊　注意すべき大切な点は、高級車でない車でも、ときに乗っている人物の社会経済的地位を高める場合があるということだ。とはいえ、高級車がマイナスに働くことはない。高い車を買うというステータスを引き上げる行為が、誰でも知っている車種と結びついた場合には、とりわけそう言える。二〇〇六年に米国政府による低公害車減税が終了し、平均的な「エミッション・ニュートラル」車両の価格は、三千ドル上昇した。ところが売上げが急減するどころか、トヨタのプリウスの売り上げはすぐに六九％上昇したのである。フェラーリから買い換えたばかりのプリウスを運転して撮影スタジオに向かうハリウッドスターの数を報じる記事が次々に書かれた。**競争的利他主義**と呼ばれる、こうしたメッセージの内容は、「私を見てください。私は環境に優しい人間で、環境に優しくあるためならお金を使うことも厭《いと》いません」ということのようだ。フランスの研究を踏まえるなら、スターたちの通勤時間も延びていたのではないだろうか。というのは、彼らが遮光スクリーンを貼ったぴかぴかの新車のプリウスを普段よりゆっくりと走らせて、一般人たちが彼らを識別できるように（そして識別できないようにも）していたのではないかと思われるからである。

るために、品物やサービスに必要以上の金をあえて払う者もいると述べました。[9] したがって、社会経済的地位は、努力して手に入れることも、購入することもできるのです。フェラーリ、百万ドルの腕時計、海が見える最上階のペントハウス、こうしたものを買えば、ステータスと富を知らせやすくなります。そして、そうすることで、購入者へのほかの人々の反応が変わります。

　しかし社会経済的地位のシグナルを発するのは、見せびらかすための買い物だと多くの人が考えるようなものばかりではありません。質素なTシャツでさえ、効果的に社会経済的ステータスを知らせる場合があります。二〇一一年、二人のオランダ人心理学者がある一連の研究を実施しました。その研究には、ドーブとグロスの先行研究と似たところがいくつもありましたが、用いられたのは車ではなくTシャツでした。彼らは人で賑わうショッピングモールで買い物客に声をかけ、短時間で終わる調査（終了後にお好きなドリンクを一本差し上げます）に参加してもらえないかと尋ねました。同意した人たちはポロシャツを着た若者の写真を一枚見て、その人物に当てはまりそうな社会経済的ステータスを答えました。各参加者が見たのはほとんど同じ写真で、違っているのは一カ所だけでした。一部の写真には、ステータスを示すシグナル、つまり高級ブランドのロゴが、若者の着ているポロシャツにデジタル加工で挿入されていたのです。高級ブランドのロゴがついたシャツを着た写真を見た実験参加者は、シャツにロゴがなかったり、もっと安物のブランドロゴがついていたりする写真を見せられた参加者たちよりも、若者のステータスを高く見なし、また金持ちそうだと評価しました。[10] カリフォルニア州パロアルトの交差点で、まったく正体不明の人物に高い社会経済的ステータスがあると思わせたのは高級車でした。オランダのショッピングセンターでは、同じ役割をトミーヒルフィガーのロゴが果たしたのです。

思い出してほしいのですが、ドーブとグロスの研究では、車のステータスは、後続のドライバーがクラクションを鳴らし始めるまでの時間にも影響しました。シャツについた高級ブランドのロゴにも同じ効果（たとえば、人々を拘束し時間を奪うような内容の要請やメッセージに、好意的な反応が返ってきやすくなる）があるのでしょうか。前述したオランダのショッピングセンターで、クリップボードを持った調査員が別の買い物客を呼び止めました。そして相手の目を見て、いくつか質問に答えていただけないでしょうかと頼みました。調査員の着ている緑のセーターには、トミーヒルフィガーのロゴがついている場合とついていない場合がありました。結果は驚くべきものでした。調査員がロゴのないセーターを着ている場合、質問に答えてくれた人は一三%にすぎませんでしたが、ブランドロゴによって高い社会経済的ステータスを示していた場合の承諾率は、五二%だったのです。しかもどうやら、この効果はちょっとした協力のお願いを聞いてもらいやすくするだけのものではないようなのです。別の研究で前述のオランダの研究者たちは、何人かの人に、オランダ心臓財団への寄付集めという名目で戸別訪問をさせました。派遣された人の半数は高級ブランド（今回はラコステ）のロゴが入ったシャツを、残りの半数はロゴのないシャツを着ていました。このときも、人々は高いステータスを有するメッセンジャーのほうに、より好意的な反応を示しました。ブランドロゴの入ったシャツを着ていた人たちのほうが、二倍も寄付を集めたのです。* 注目すべきは、どの場合においてもも、メッセージや要請の内容はまったく変わらないという点です。違っていたのはメッセンジャーに備わっていると見なされた社会経済的地位でした。彼らのステータスがメッセージとなったのです。

ステータスの売買

こういった「高コスト・シグナリング」効果は、人間社会で高いステータスを有する人たち（たとえばお金持ちや有名人）にだけ見られるものではありません。動物の世界にも存在しています。たとえば、オスの孔雀《くじゃく》は高コストのシグナルを発する生き物の典型です。[11] 孔雀のオスはできる限り自分の尾を大きく美しくしようとしますが、それは大きな尾によって、自分が良い遺伝子を持っているというシグナルを、周囲のメスに送れるからです。ここにはもちろん危険もあります。有名人が外に向かって高コストのシグナルを発したり、顕示的消費を行ったりした結果、ストーカー的なファンの注意を引いてしまうのとよく似た話ですが、生まれつき備わった高コストのシグナルを発することで、孔雀も自らを危険にさらす場合があります。しかも、孔雀の天敵たちの要求は、決して一緒に写真を撮ってほしいとか、サインが欲しいというようなものにとどまりません。しかし進化は損得勘定を行い、たとえ攻撃を受けたときには大きな尾のせいで逃げにくくなるにせよ、メスの注意を引きたいオスの孔雀にとって、それは引き受ける価値のあるリスクだと結論を出しているようです。

孔雀のオスが高いリスクを引き受けてまで、自分のステータスを知らせようとする理由は簡単に理解できます。子孫を残せるかどうかが、そこにかかっているからです。人間の場合も同じ基本原則が適用されます。富やステータスを示す能力次第で、人々からの見られ方や反応が変わります。そういったひけらかしを下品だと考える人もいるにせよ、だからといって、私たちがそうしたシグナルの影響を受けないというわけではありません。ドーブとグロスの研究では、心理学科の学生たちは高級車に影響など受けないと考えました。高級車を相手にしたときのほうが厳しい対応を取ると主張する学生さえいました。しかし、実験では逆の結果が示されたのです。

＊ 人々がささいな合図から個人の社会経済的ステータスを推測する方法に関する証拠は、ほかの多くの研究で見つかっている。たとえば、米国の研究チームは、人がまったく知らない相手の特徴を、その人物が履いている靴の写真だけから正確に予想できるということを発見した。気になるのは、英国のテリーザ・メイ前首相が、この研究について知っていたかどうかだ。内務大臣に就任したとき、彼女は英国のメーカー、L・K・ベネットの「パワーシューズ」のコレクションで注目された。おそらく、当時メイについてよく知らなかった人のなかには、彼女の靴から第一印象を形成した人もいただろう。もし、米国の研究が示すように、靴が実際に社会経済的ステータスを告げる重要な合図であるなら、それはメイの首相就任にさえ、多少貢献したのかもしれない。確実なのは、首相在任期間中も、彼女の履く靴はメディアにとって魅力の源であり続けたということだ。二〇一六年十月、ブレグジットに関する特に重要な交渉が行われていたあいだ、BBCはメイ首相の靴にカメラを向け過ぎていると激しく批判された。おそらくBBCは、視聴者の関心が、メイ首相の口から出る言葉と同じくらい、彼女の靴が「言う」ことにも向いていると信じていたのだろう。Gillath, O., Bahns, A. J., Ge, F., & Crandall, C. S. (2012). Shoes as a source of first impressions. *Journal of Research in Personality*, **46**(4), 423-30.

高いステータスを持つ人が得る数々のメリットを考えれば、人々がしばしば製品や贅沢品に割増料金を払おうとする理由がわかりやすくなります。彼らの支払い意欲は、しばしば支払い能力とほとんど関係がなく、そうするのは（ほかの人たちに対する相対的な）社会経済的地位を示したいという欲求に駆られているためです。発展途上国の貧しく収入の少ない人でさえ、よりステータスの高いラベルに割増料金を払おうとすることは珍しくありません。研究者たちがボリビアの低収入家庭を数軒回って香水の選択肢を二つ（違いは貼られたラベルだけでした）示したとき、その多くが、カルバン・クラインのラベルが貼られた香水に対して、同じ成分のノーブランド製品よりも高い金額を喜んで払いました。[12] 経済的な苦しさと高級品購入の割り増しコストがあるにもかかわらず、ステータスを高める機会が提供されたときに、彼らはそれを見逃しませんでした。ステータスの低い人がほとんどを占める貧しい共同体であっても、人々は高いステータスを示す品を喜んで買うのです。

もちろん、高いステータスをほかの人たちに誇示できる商品やしるしを手に入れることに、関心のない人もいます。しかし、多くの人は関心をもっています。この基本的事実をたくみに実証してみせたのが、心理学者ブラッド・ブッシュマンです。彼の研究は、少なくとも表面的には、あるショッピングモールで買い物客相手に行われた単なるピーナツバターの試食テストのようでしたが、実は参加者が考えもしないようなことまで判定できるように計画されていました。[13] 参加を承諾した買い物客たちには、四種類のピーナツバター（高級品と安物があり、それぞれのビンに高級ブランドのラベルもしくは低価格ブランドのラベルがついていました）のうちの一つが、無作為に提供されました。そのサンプルを試食したあと、どれくらい気に入ったか、いくらだったら買うかという質問に答えます。また、公的自己意識†を測るテストを受けるようにも言われました。それは「普段良い印象を与えられるかどうかを気にしている」とか、「他の人からどう思われているかが気になる」といった陳述が、どれくらい自分に当てはまるかを尋ねるものでした。

全体的な結果を見ると、同じ種類のピーナツバターであっても、高級ブランドのラベルが貼られたビンのほうが高く評価されていました。この傾向がとりわけ顕著だったのが、公的自己意識を測るテストで高得点を出した買い物客たちです。彼らはほかの人たちよりもずっと、高級品のラベルが貼られたビンのピーナツバターには高い評価を、安物のラベルが貼られたビンのピーナツバターには低い評価を与えがちでした。どうやら自分の社会経済的ステータスを知らせたいと強く思っている人たちというのは、公的自己意識が高い人たちでもあるようです。彼らは自分がまわりからどう見られているかということを他の人たちよりも強く意識し、自分のステータスを知らせるためには喜んで割増料金を払います。そうすれば、ほかの人々から好意的な反応を受けるチャンスが増え、そしてその結果、より大きな社会的影響力が手に入ると考えているからです。

乗用車や、ロゴのついたシャツ、そして高級ブランドのラベルが貼られたピーナツバターのビンでさえ、個人の社会経済的地位を高められるというなら、ステータスを高めたいという願いを抱く人た

---

† 容姿、服装、話し方など、他者が観察できる自己の側面に注目する傾向。

ちが、ときにお金を払ってそれを手に入れようとするのは当然です。なかには、求めるステータスを手に入れるためなら、束の間の恥辱に耐えようとさえする人もいます。研究が示すところでは、贅沢品を売る際に特に結果を出すメッセンジャーは、尊大でよそよそしいタイプです。このタイプは、顧客候補がステータスを高める製品の購入を希望しながら、それに関する知識が不足していたりすると、馬鹿にしたような態度を取って怒りを隠さずにその相手を見下します。[14] 皮肉なことに、このような横柄さと無礼さに対する反応は、回れ右をして大股で歩み去るというものではありません。ものを知らない購入者はますますその商品が欲しくなるのです。これが特に当てはまりそうなのが、ブッシュマンの研究で使われた公的自己意識テストで高得点を出した人々です。フロリダ州立大学の研究者たちの研究によれば、たとえばブランド物の服を着たり、もったいぶった態度や横柄な振る舞いで社会経済的地位の高さを知らせるタイプのセールスマンは、顧客候補から冷たいとか、気に食わないと思われる見込みがずっと高くなります。ですが、このマイナス評価も差し引きすればお釣りが来ます。不満をもった顧客の欲求を刺激して、好きになれないと思った当の相手と同等のステータスが欲しい、そのためにお金を払いたいと思わせるからです。[15] セースルマンを気に入った客は購入の見込みも使う金額も高くなりやすいというのが、広く受け入れられている常識かもしれませんが、自らのステータスに自信の持てない客が、ステータスを高めるような「地位を決める」商品を購入するときには、必ずしも常識どおりにはいきません。そうした人たちは、自分が気難しいセールスマンから認められるほど優れているのだ、ということを知らせたいという欲求が、ほかの人たちよりも強いのです。そしてそうするのに一番良いやり方が、自分の財布に手を伸ばすことなのです。

ある人物のステータスを知らせるものは「地位財」と呼ばれます。ステータスによる序列のなかで、その人物の地位を高めるのに役立つからです。そして、地位財の目立った特徴は、その定義からして「目立つ」ということです。いくつかの財は、ほかのものよりも大きな地位的価値をもっています。このことは二〇〇五年、二人の米国人経済学者サラ・ソルニックとデビッド・ヘメンウェイによって、はっきりと実証されました。彼らは実験参加者に、ほかの人と比べれば暮らし向きが良いという状況と、絶対的な暮らし向きは良いものの、まわりの人と比べて経済的に恵まれていない状況の組み合わせをいくつか用意して、それぞれについて検討させました[16]。たとえば、次の選択肢のどちらが好ましいと思うかを尋ねたのです。

・ほかの人たちが十部屋の家に住んでいるときに、部屋が七つの家に住む。
・ほかの人たちが三部屋の家に住んでいるときに、部屋が五つの家に住む。

単純に家の広さに価値を置くなら、重視するのは部屋の数になるので最初の選択肢が選ばれるはずです。でも、地位的な欲求に動機づけられているなら、最初の選択肢では満足できないかもしれません。部屋の数が多くても、ほかの人と比べると見劣りするからです。そのため、そうした場合は二つ目の選択肢が選ばれるかもしれません。ソルニックとヘメンウェイの実験では、三分の一の参加者が、たとえ家自体が小さくなっても、ほかの人と比べて広い家に住めるならそっちのほうがよいと答えました。それと似た質問（収入の絶対的な増加と相対的な増加のどちらを選ぶか）に対しては、答えが真っ二つに割れました。

　地位財に対する人々の態度は相対的なだけでなく、何が問題になっているかによっても変わります。たとえば、ソルニックとヘメンウェイの研究によれば、人々が地位的な関心を強く示すのは、余暇よりも収入に対してです。職場から得られる利益、たとえば給与、肩書き、序列内の地位といったものはすべて、その人の地位的属性を高める機会を提供し、それゆえにその人をより優秀なメッセンジャーにします。かつて一八八三年にフランスの社会主義思想家ポール・ラファルグは著書『怠ける権利』で、機械は「人類の贖主《あがないぬし》であり、人間を卑しき業《わざ》と賃金労働から買い戻し、人間に自由と暇を与える《神》である」と書きました。[†17] この考えはほかのほとんどの未来学者に取り入れられました。そして実際、二十一世紀を迎えるまでに、先進国で生活し働く人々の余暇の時間は増えました。ですが、仕事からもたらされると私たちが今でも考えているステータスは非常に影響力が強いため、地位的な関心が断然向けられやすいのは、余暇に何をしているかよりも、仕事や、それについてくるお金、肩書き、序列内の地位です。つまり、仕事は高級ブランドのロゴと同じく、私たちの社会経済的地位の象徴として身につけられているのです。

　メッセンジャーが自らの社会経済的地位を知らせる手段は、購入の選択と顕示的消費だけではありません。食べるもの、通う場所、従事している活動、所属する社交グループやクラブなども手段となります。[18] こうしたものはすべて、ほかの人がほとんど瞬間的に認識する手がかりを発しています。ある研究で、参加者にフェイスブックのプロフィール写真をいくつも見せたところ、彼らは写っている人たちの過去と現在の世帯収入、社会階級、果ては親の学歴までを含む社会経済的特質を、驚くほど正確に予想できました。[19] 予想に使われたのは、被写体の人物の身体的魅力（これも社会経済的地位を推測するときに使われる手がかりです）[20] などの要因ではなく、写真の背景に写っているものでした。撮影場所はどこか、一緒に写っているのは誰か、そうした小さなシグナルが、被写体の人物について雄弁に語ったのです。驚くような話ではありませんが、フェイスブックでほかの人たちの写真を頻繁に見ると、どうしても社会的比較を同時に行ってしまうため、相手をうらやむ気持ちと、最近ますます言われるようになった「フェイスブック疲れ」とが生じるという研究結果も出ています。[21]

人のステータスは、その人が初対面の相手とどれくらい話したがるかを観察することでも推測可能です。傾向として、人は社会経済的尺度の下層にいると、とても社交的になります。ですが、ひとたび受け入れられ、尊敬されるようになると、新しい個人やグループとつながりをもちたいという欲求が大幅に減少します。おそらく、社会的欲求がすでに満たされているからでしょう。そしてその結果、知らない相手との関わりをあまりもとうとしなくなります。

このことを見事に実証したのが、イエール大学経営大学院のマイケル・クラウスとカリフォルニア

† 引用はポール・ラファルグ（著）田淵晉也（訳）（二〇〇八）『怠ける権利』平凡社。

大学バークレー校のダッチャー・ケルトナーです。二人の実験では、経済的・社会的背景の異なった参加者をペアにし、待合室で一緒に座らせ、「実験課題が始まるまでの待ち時間」にお喋りする姿を撮影しました。実は、本当の実験はすでに始まっていました。クラウスたちの興味は、見知らぬ者同士が、誰にも見られていないと思ったときに、どう振る舞うかという点にあったのです。繰り返しあらわれたのは、金銭的状況と学歴から見て、社会経済的地位の高いほうの人には打ち解けようとする振る舞いが少ないという結果でした。社会経済的地位の低い人のほうが一緒にいる相手が何をしているか様子をうかがうことが多く、たいていの場合、より友好的でした。頷いて同意を示したり、相手の冗談に笑ったりする回数も多かったのです。対照的に、ステータスの高い参加者は、自分の携帯電話を見たり、落書きをしたり、「身だしなみを整えたり《セルフグルーミング》」して過ごす時間が多くなりました。クラウスとケルトナーの見解では、このように大きく異なった行動が主にあらわしているのは、つながりを持ち、承認を得たいという欲求の強さの違いです。[22]

そして撮影した動画を別の参加者グループに見せたところ、彼らは映っている人たちのどちらにより高い社会経済的ステータスが備わっているかを即座に見抜きました。動画に音声は入っておらず、参加者同士の相談も禁じられていたというのにです。ごく単純化して言えば、彼らは社会経済的地位の相対的な高低を、つながりをつくろうとしているのはどちらかという点から推測したのです。ステータスの低いほうの人はつながりと承認を求めました。ステータスの高いほうの人はどちらも必要としませんでした。

これは社会経済的地位のある人々が必ず温かみに欠ける性格をしているという話ではありません。そうではなく、彼らは社会的およびステータス的ニーズがすでに満たされているので、序列のはるか下のほうにいる人がするようなやり方に精を出す必要を感じないのです。同じことは、よくある逆説にも言えます。友達を作ろう、良い印象を与えようと必死になり過ぎる人は、結局どちらもうまくいきません。その理由は単に彼らの必死さが魅力に欠けるからというだけでなく、そうすることで無意識に自分のステータスを低く見せてしまっているからなのです。

ステータスによる序列

なぜ私たちは、自分の行動を自然とそれに合わせてしまうほど序列に囚われているのでしょう。この疑問を考え始めるのに良い方法は、次のように問うことです。着ている服や運転している（あるいはもっとありそうなのは運転させている）高級車によって自らの高い社会経済的地位を知らせてくる人が相手のとき、なぜ私たちはほとんどいつも、そうしたシグナルを発していない人のときよりも簡単にその頼み事を聞く気になるのでしょう。「相手にそういった贅沢品をもつ余裕があるなら、援助の必要は確実に（大きくなるのではなく）小さくなるのに不思議だ」。もしそう考えたとすれば、その理屈は完全に正しいものの、かなり見当外れです。ステータスによる序列は、底辺の人々を後押しするものではありません。努力を促し、トップにのぼりつめた人たちに報償を与えるためのものです。最も印象的な肉体的、あるいは精神的、物質的、社会的資源を有する人々、つまり最も道具的価値を有する人々が確実に、より注目され、序列下位の人たちから区別されるようにするためのものであり、究極的には、諍《いさか》いを防ぎ、争いの繰り返しにかかるコストを減らすためのものです。私たちには、戦略的判断を下し、集団の規範を定め、ほかの人々を教導し、共同体もしくは集団全体の諸目標に貢献する人たちが必要です。そして、最も適切な人々にそうした務めを果たす責任を持ってもらいたいと思っています。*

序列はほとんどすべての領域に存在します。社交の場にも職場にも、果てはスポーツの世界にも。バスケットボールの選手が勝負所でスリーポイントを打たせるためにパスを出そうというとき、ボールを預ける相手は当然、その試合でたまたま非常に調子の良い選手ではなく、チームで最も年俸が高い選手か有名な選手です。別の言い方をすれば、パスを出す選手は相手のスキルにではなくステータスに反応しているわけです。このことは組織にも当てはまります。意思決定の場面で、より大きな影響力を持つのは、おうおうにして優れた実績、業界内での悪評、あるいは立派そうな肩書きを持つ人です。こうしたステータスの高い人たちは、ほかの人よりも意見が聞かれやすく評価されやすいのです。また序列下位の人々よりも、尊敬、認知、重要性を与えられやすくもあります。要するに、メッセンジャーとしての注目度が大きいために、話を聞いてもらいやすくなるわけです。[23]

ステータスを求めることとステータスに従うことは人間の普遍的特性ですが、人々が自分たちの社会にどれくらい序列を求めるかは社会ごとに異なり、平等主義の程度は文化ごとに異なります。**[24] たとえば、オーストラリア北部のアボリジニのような、現代の狩猟採集社会に暮らす人たちの社会構造は、ほかよりもずっと均一です。そうした集団のリーダーが務めるのは、CEOよりもむしろまとめ役に近い役割です。指示を出し指揮を執るよりも、会合の準備をし、比喩を用いるなら全員のアイデアをホワイトボードに書きつけることのほうが多いわけです。自分で提案を行う場合もありますし、

＊ 無理もないが、近年、拡大しつつある社会の格差に多くの注意が向けられている。CEOの報酬は社員の平均賃金の二百倍を超えると言われているし、世界の上位一％の富豪が全世界の資産と富の半分近くを所有しているという報告もたくさんある。だが、これを現代特有の現象と言うのはほぼ不可能である。ギザの大ピラミッドを建てたエジプトのファラオ、クフ王は当時、地球上で利用可能な資源の最大の集中物、つまりピラミッドに対する所有権を主張できた。二三〇平方メートルの底辺と一五〇メートル近い高さから考えて、その建築物を建てるのには、重さ二・五トンの砂岩ブロックが二百万個以上と、八万人以上の労働者による二十年間の労働が必要だった。ピラミッド建設が可能だったのは、クフ王が当時世界一の大国だったエジプトの全領域とその文明の支配者だったからである。ピラミッドの建造費は現在の値に換算すれば、およそ百億ドルと推定されている。紀元前二五六〇年には、エジプト以外に、このような記念碑を建造するのに必要な資源を持つ国はなかった。二〇〇五年には、三十五名の個人が、同じことをするのに必要な資源を持っていると言われた。本稿執筆の時点ではその数は八十一人になった。

＊＊ また、霊長類ごとに、どのような序列があるか、どうやってステータスによる序列を維持しているかも異なっている。主として攻撃的な闘争の繰り返しによって、群れのなかのランクが決まる種もある。怪我をしかねない取っ組み合いよりも、威嚇に頼って、自らの肉体的能力をひけらかすというやり方を好む種もある。ほとんどの人間と同じく、チンパンジーは喧嘩のあと、キスをしてお互いの身繕いを行う。De Waal, F. B., & van Roosmalen, A. (1979). Reconciliation and consolation among chimpanzees. *Behavioral Ecology and Sociobiology*, **5**(1), 55-66.

集団の意思決定に対して絶大な影響力を持ってメンバー間の議論をまとめることもあるのですが、ほかの者たちの利益を否定したり、自分の利益を優先したりはしません。そんな真似をすれば、反乱が起き追放される危険があるからです。約一万三千年前、更新世の時代を生きた私たちの先祖も、おおむね同じようなやり方を採用していたと考えられています。リーダーに大きな権力と資源を与える必要が出てきたのは、農業が生まれ、共同体が巨大化するとともに、組織の複雑さが増したあとです。[25]

もう一つ、社会経済的地位にとても強力なメッセンジャー効果が備わっている理由を挙げるなら、それは人々が、社会は才能と勤労に報いている、つまり世界は公正な実力主義社会なのだと信じたがっているということです。そのため、ステータスの高い地位を占める人はその地位にふさわしいのだと広く信じられています。この信念を説明するために米国の社会心理学者メルビン・ラーナーが考案したのが「公正世界仮説」です。[26]かいつまんで説明すると、この仮説は、次のような信念を人々が持っていると仮定しています。すなわち、トップを占める人たちは、トップにいるという事実のゆえに、高い地位や、それに付随する大きな注目、尊敬、敬意にふさわしいのです。本書の用語を使って言い直せば、トップにいる人たちはより強力なメッセンジャーとなるに値するということです。そして序列のずっと下にいる人たちは、他人の認めるような努力、スキル、自発性に欠けるのだから、非難されたり社会的制裁を受けたりするのも当然だとなるわけです。証拠によれば、保守派やすでに高い社会経済的地位を占めている人には、社会的ステータスを知らせる手がかりから、ある人物の有能さを推測する傾向が特に強くあります。[27]

「公正世界」のマインドセットは、人生のごく早い段階で生まれます。子どもたちは、理解できるようになるとすぐにさまざまな「規則」を教わります。ものをほかの子と分け合ったり交替で使ったりすること。何かしてもらったらお返しをすること。ずるをしないこと。また、一生懸命働いたり努力したりすれば公正に報われるということも学びます。ただ、面白いことに、そうしたメッセージは、子どもたちが直感的にわかっていたことを強めているだけかもしれません。

二〇一二年に実施された研究では、生後十九カ月の幼児たちに、生き生きと動くキリンの人形二匹による複数のやり取りを見せ、その視線の動きを計測しました（これは幼児の発達に関する研究で子どもの予想能力と驚きの度合いを評価するのによく用いられる手法です）。最初のシナリオでは、二匹がダンスを踊り、最後に一枚ずつクッキーをもらいます。生後十九カ月の子どもたちは平均で十三・五秒、それを見つめていました。二つ目のシナリオでは、一匹がクッキーを二枚とももらい、もう一匹は何ももらえませんでした。このとき、幼児たちの注視時間は平均で六秒長くなりました。まだ二度目の誕生日も迎えていない子どもたちが、二匹とも同じように頑張ったのに、一匹だけがご褒美を全部受け取ったことに驚いたというわけです。よちよち歩きの幼児にとってさえ、そんなことが起きるのは公正な世界ではないのです[28]！

こうした発見を裏付け、拡張した追跡研究では、生後二十一カ月の子に、おもちゃで遊ぶ二人の子どもの様子を見せました。数分後に大人が部屋に入ってきて、二人に片付けの時間だと言います。あるシナリオでは、二人とも言われたとおりに片付けをします。別のシナリオでは、片方の子どもだけが片付けをやって、もう一人はサボっています。そして、どちらのシナリオでも、二人にはご褒美のシールが渡されます。確かめたい問題は、その様子を見ていた子たちが二つ目のシナリオの不公正さに気づくかどうかでした。答えは「疑問の余地なく気がついた」でした。幼児たちの注視時間は、サボっていた子どもにも片付けをやった子と同じご褒美が渡された場合、二人で片付けをしたシナリオの映像を見たときより、なんと二十八秒も長かったのです。どうやら、公正世界の例を直感的に見分ける傾向は、ごく幼い頃から私たちと強く結びついているようです。一般論として、私たちはなんらかの社会的平等の尺度ではなく、それぞれがもたらしたメリットに基づいて、報酬が決まることを期待しています。そしてそういう期待があるので、ステータスの高い人はそれにふさわしい人物なのだと思いがちなわけです。

とはいえ、私たちはある程度の区別をつけられる程度には洗練されています。たとえば、よく知られているように、社会経済的ステータスが高い人々、つまりお金持ちや有名人は、非常に望ましい恋人を手に入れます。しかし、その人が富を成した手段はその人に対する恋人候補の見方に影響を与えます。ある研究で、自分の力で大金を稼いだ人と、別の方法（遺産相続、宝くじに当選、横領のいずれか）で大金を入手した人の、どちらかをパートナーに選ぶよう求めたところ、実験参加者の男女はほとんど全員が幸運や犯罪行為ではなく、自分の力で大金持ちになった人を選びました。特に女性はそうでした[29]。また、長期間付き合うならどちらが魅力的かという質問でも、参加者たちは自分の力で大金持ちになった人のほうが運よく宝くじに当たった人よりもずっと魅力的だと考えました（一晩の付き合いの場合について尋ねたときには、結果が逆になりました）。お金持ちのメッセンジャーのうち、誰を最も好ましく思うかというときに、どうやら私たちはたいてい、自分の力で、つまり勤労、根性、決断力でそのお金を稼いだ人を、あくどいやり方や楽なやり方で稼いだ人よりも好むようです。*

公正世界のレンズを通して見るなら、自分の力で稼ぐ人には、ほかの望ましい特質やスキルも備わっていると見込めます。彼らが今の地位にいるのには理由があるのです。お金だけでなく、ほかにも道具的価値をもたらす属性（たとえば、知性、自分の考え、粘り強さ、野心、気力など）を持って

* 宝くじの高額当選者が、新たに手に入れた（そして自分の力で稼いだわけではない）財産のせいで人生を狂わせた例はいくつもある。これが特に当てはまるのは、手に入れた富を使って社会経済的地位を買おうとする場合だ。二〇〇二年十一月、ゴミ収集業者のマイケル・キャロルは英国の国営宝くじで九百七十二万六千百三十一ポンドが当たり、一時期時の人となって、いくつかの英国メディアから貼られた「ロト・ラウト【訳注：「宝くじが当たって調子に乗ってる人」くらいの意味】」というレッテルを満喫した。彼の振る舞いは大衆の嫌悪を助長しただけだったようだ。彼は自ら「チャヴの王【訳注：「チャヴ」はスポーツウェアを着た反社会的な若者についてのステレオタイプをあらわす蔑称】」を名乗り、そのフレーズを自分が乗る高いステータスの黒いベンツ（この車にクラクションを鳴らした人はどれくらいいたのだろうか）に貼りつけさえしていた。当初、無駄遣いはしないと言っていたキャロルだったが、結局は「顕示的消費」のコースを進んで金銭的に破綻してしまった。ステータスを買おうとしたことだけが、転落の原因だと言うつもりはないが（愚かな意思決定や賢明さに欠ける投資、乱闘で九カ月収監されたこともよくなかった）、おそらく一因ではあっただろう。彼の財政状況の逆転は二〇一〇年に終了した。その年、彼は地元で、以前にやっていた仕事の求人に応募したと報じられた（https://www.thesun.co.uk/news/8402541/how-national-lottery-loutmichael-carroll-blew-9-7m-pounds/）。

いると見込めるわけです。こういった要因が、彼らをただお金持ちなだけでなく、長く付き合うのにより好ましい人物だと考えさせるのです。さらには、そうした属性のおかげで、彼らはたとえお金がすっかりなくなるような事態に陥っても、ほかのほとんどの人より財政状況の立て直しに成功しやすいはずと考えられます。つまり、富を蓄えてきたという実績が、万が一の際には、将来の成功を見込ませる信頼度の高いシグナルとして機能するわけです。もし逆に、ある人物の社会経済的地位が正当なものでないと認識されれば、ステータスとメッセンジャーとしての優秀さとを結ぶつながりは崩れかねません。どんなメッセンジャーであれ、適切だと考えられる以上のステータスを与えられた場合には、嫉妬や、悪意混じりの怒りを買うことがあります。[30] そうなったときには、メッセージの受け手はメッセンジャーを尊敬するどころか、むしろ尊敬の対象から引きずり下ろしにかかるでしょう。

　そのうえ、富と名声がもたらすステータスは、完全に安定したものではありません。いくつかの要因にその効果は左右されます。それでも一般論として（私たちにすり込まれた序列への服従心のために）、富と名声がもたらすステータスの影響力はとても大きく、そうした人々に備わっている諸性質（そもそも彼らに富と名声をもたらしたのは、そうした性質です）を超越します。ごく単純に言えば、富と名声を持つ人々はきわめて力強いメッセンジャーになります。その力強さたるや、ほかの人たちが「彼らのステータスには、そのステータスと無関係の状況であっても信頼できるような価値がある」と即座に考えてしまうほどです。

　このことを完璧に実証したのが、モンロー・レフコウィッツの古典的な実験です。彼の関心は、ある人が交通規則を無視して道路を渡る（赤信号を無視して車の往来を邪魔する違法行為）ときに、その人の服装は、ほかの歩行者がついていく気になるかどうかに影響を与えるか、ということでした。実験の結果によれば、横断する人物がスーツ姿の場合、ジーンズ姿のときと比べて、追従者の数は三倍になりました。[31]「渡っても安全だ」というメッセージはつねに同じでした。結果を左右したのはメッセンジャーの着ている服だったのです。言うまでもなく、スーツはビジネスとの関わりを示し、そのためおそらくは出世のはしごを登る能力を示しているのかもしれませんが、着用者が赤信号で安全に道を横断する能力を持っているかどうかとは無関係です。しかしスーツの発するステータスのシグナルは十分な説得力を受け手に感じさせました。人生のある領域で（たぶん）成功を収めているなら、道路横断の専門知識もきっと持っているのだろうと思わせたのです。

レフコウィッツの実験結果は決して類例のないものではありません。二〇〇八年にメイナーらが行った研究では、コンピューター画面にさまざまな男女の写真（スーツの人もカジュアルな服の人もいました）を一斉に表示し、参加者がそれを見ているときの視線の動きを観察しました。最初の四秒間（つまり画像が表示されたあと、まだ一枚一枚の写真を意識的に処理できないあいだ）、参加者たちの視線が向かいやすかったのは、高いステータスを示す服を着た（女性ではなく）男性の写真でした。ここからわかるのは、どのメッセンジャーに注意を向けるべきかをしっかりと考えて決める前であっても、最初により高いステータスを持つメッセンジャーに注意を向け処理をする自動的な認知プロセスが存在する、ということです。[32]

医者から配管工事の助言を（あるいは配管工から医療の助言を）もらおうと思いますか？

レフコウィッツの洞察（一度《ひとたび》あるメッセンジャーが高い社会経済的地位を持っていると見なされたなら、受け手はまったく畑違いの分野においてもその人物に重要性があると推測する）で多少説明がつけやすくなるのは、二〇一六年に行われた米国大統領選の結果です。当時トランプの批判者たちがやり玉に挙げた、ドナルド・トランプの克服不能に思われる欠点は、国家運営につきものの、法と倫理が織りなす複雑さについて、ほとんど、あるいはまったく理解を欠いているということでした。しかし、このメッセージは、自らの富と実業界での成功を民衆に思い出させるという、トランプのいつもの手によって掻き消されてしまったようです。社会経済的地位という観点から見て、こうしたステータス自慢が得票数に少なくともある程度は貢献したことに疑いの余地はありません。また、これはトランプだけの話でもありません。二〇一八年、中国政府の公衆衛生担当官たちは大慌てでインフルエンザワクチンの効果に関する噂を封じ込めなければなりませんでした。香港のポップス歌手ケイ・ツェがワッツアップというアプリで、ワクチンを接種した人の九割がインフルエンザに罹っていると主張したせいでした。[*33] 彼女のアーティストというステータスは医療従事者たちの専門知識を掻き消すほど強かったのです。有名ではあっても間違った情報を発信するメッセンジャーの悪影響に対処しなければならないという話は珍しくありません。また、医療の分野に限った話でもありません。

影響力のある有名人というのはよく知られている事象で、その力はずっと昔から認識されています。特によく認識しているのは広告業者と販売業者です。彼らは過去百五十年間、商品やサービスの宣伝に有名人を起用し続けています。逆説めいているかもしれませんが、大多数の人々にお金を払わせるため、広告業者と販売業者は、特に選び出した少数者に自分たちの高価な製品を（相手は、それを最も簡単に買える人々の一人でもあるのに）無料でプレゼントします。しかし業者にとっては、有名人たちこそが、繰り返しお金を運んできてくれるプレゼントなのです。有名人を使った広告数の増加から考えて、企業はますます多くのお金を大喜びで有名人に注ぎ込んでいるようです。

有名人たちが説得力を発揮するのは、製品やサービスを売るときばかりではありません。政治家や公衆衛生政策の担当者、それに非政府組織（NGO）も彼らをメッセンジャーとして雇い、キャンペーンのメッセージを伝えさせています。そうした高いステータスを備えたメッセンジャーの尋常ならざる力を認識しているからです。毎年、数十億ドルというお金が、有名人の推薦を得るために使われています。推計によれば、米国では全広告のおよそ四分の一で有名人が登場しています。日本では、この数字が四〜七割になるだろうと見積もられています[34]。

推薦を行う有名人は二つのことを成し遂げます。まず自分の社会経済的地位に見合った量の注意を

＊ ケイ・ツェは問題となったワッツアップのメッセージを公開したり世論に影響を与えるつもりはなかったと述べた。

引きつけます。そして、信号無視をしたスーツ姿の人物のように、ほかの人々に同じ行動を取らせます。スターのもつステータスが、関連したブランドに「乗り移る」からです。実際、広告を見た人は、しばしば広告の有名人とのあいだに一方的な関係性を覚え、日々の人間関係で経験するのとよく似た感情を示します。しかしあらゆる関係性と同様、その内容はさまざまです。有名人もいろいろで、好かれる人もいれば、嫌われる人もいます。メッセージと、それを伝えるのにふさわしいメッセンジャーとを組み合わせるという課題を抱えた人に求められるのは、ターゲットとなる受け手に好かれている有名人を見極め、それからその有名人と製品、サービス、あるいは政治家とを結びつけることです。こうすれば、ただ有名人（それがどれほど有名な人であれ）と製品を無作為に結びつけるよりもずっとうまくいきます。

同時に忘れてはいけない大切な点は、この力学が一方向にだけ働くわけではないということです。注目を浴びる人物と製品とをつなぐ肯定的な連想が消費者の意見を好意的にする場合があるのと同じように、否定的なつながりはブランドを台無しにしかねません。二〇一一年、三十二歳のノルウェー人、アンネシュ・ベーリング・ブレイビクは、ウトヤ島にいたティーンエイジャー六十九人を含む、七十七人を殺害しました。この悲劇に続いたメディアの報道で、頻繁に映されたのが犯人の服についていたラコステの特徴的なワニのロゴでした。無理もない話ですが、この迷惑な連想を受けて、ラコステはノルウェー警察に陳情を行い、ブレイビクに同社の服の着用禁止を命ずるよう求めました。フランスの新聞『リベラシオン』は「フランスの代表的ファッションブランドにとって、この状況は悪夢以外の何物でもない」と報じました[35]。

ここで重要なのは適合性です。一般的にメッセージは、メッセンジャーとのつながりが自然だと、ずっと伝わりやすくなります。美容関係の商品なら、魅力的なモデルが優秀なメッセンジャーになる見込みは、たとえば同じくらい有名な歌手やスポーツ選手よりも高くなります。ただ、ぴったり適合しなければならないというわけではありません。なにしろ、ビジネスでの成功を誇示したトランプが政治経験豊富なヒラリー・クリントンを打ち負かしたのですから。ただ、少なくとも、あからさまな不調和を避けることが大切です。また、これも興味深い話ですが、有名人がそれとなくあるブランドを支持した場合には、なぜそれを好むのか、はっきりと伝えたときよりも高い効果が出やすくなります。そのため、広告では、有名人が商品を支持していることではなく、有名人と商品との連想による結びつきに注意を向けさせていることが珍しくありません。二十一世紀の群衆は、お金をもらって宣伝を行う有名人の金銭的報酬についてはよく知っているのかもしれませんが、なす術を失っている群衆でもあります。つまり、彼らが思い知らされているように、有名人と商品が並んでいるのを見たときに心のなかに生まれる無意識の連想や、それとなく発せられているメッセージを十分に警戒することは難しいのです。それゆえに、金持ちや有名人が、おなじみのブランド品を身につけて何かのイベントに登場したり、地元のカフェでコーヒーを飲んだり、どこかのホテル・チェーンにチェックインしたり、スポーツイベントで「お気に入り」ブランドのビールを飲んだりする映画やオンライン動画が大量すぎるほど作られ、誘いの合図を発しています。

もちろん、誰よりもステータスが高いような人であっても、ときにはその影響力を失います。私たちは彼らの序列内の地位から影響を受ける一方で、彼らが期待される振る舞いからあまりにも逸脱したり、派手な転落劇を演じたりすれば必ず疑いの気持ちを抱き始めます。カニエ・ウェストが良い例です。どのような観点から見ても、ウェストは大変な有名人です。成功したラッパーであり、ソーシャルメディアでも大きな影響力を持っています。アルバムの売上げ枚数は三千二百万枚以上、グラミー賞の受賞回数は二十一を数えます。ですが、こうした美点にもかかわらず、大衆は大喜びで彼にいやがらせを仕掛けます。二〇一五年には、世界有数の音楽フェスティバル、グラストンベリーのピラミッドステージで歌っていたウェストに、甚だしい敵愾心《てきがいしん》が示されました。大勢の観客が詰めかけ、ライブは盛りあがっていました。しかしセットリストが中盤にさしかかった頃、観客の一人がいやがらせで旗を掲げました。そこにはウェストの妻、キム・カーダシアンの流出したセックステープ（元恋人レイ・ジェイとの性行為が映っているもの）からキャプチャーして引き延ばした画像が印刷されていました。画像に添えられた文句は「かがむんだ《ゲット・ダウン》、お嬢ちゃん《ガール》、頭をさげて《ゲット・ヘッド》、かがむんだ《ゲット・ダウン》」。これは場面を補足しただけの文言ではありませんでした。カニエ自身の歌『ゴールド・ディガー』の歌詞をもじったものだったのです。

社会経済的地位が一般的に称賛と大きな敬意を生むなら、どうしてほかの観客はカニエ・ウェストの擁護を買って出て、このいやがらせを非難しなかったのでしょう。もしマッカートニーやローリングストーンズが同じ目に遭ったなら、誰かが必ずそうしたはずです。きっと大変な騒ぎが起きたでしょう。しかし、ウェストに向けられたこの侮辱は咎《とが》められませんでした。なぜでしょう。答えを探すためには、ウェストがその土曜日の夜グラストンベリーで受けた侮辱を、彼がそれまでに繰り返してきた、有名人の世界における二つの重要な規範を逸脱した行為の数々という観点に照らして検討する必要があります。規範の一つ目は賞レースでほかのアーティストが選ばれたときに、結果を鷹揚に受け入れるという義務です。*有名な話ですが、ウェストにはこの義務を果たさないという定評があります。『タッチ・ザ・スカイ』という曲がMTVヨーロッパ・ミュージック・アワードの最優秀ビデオ賞を逃した際には、それでも壇上にあがり、自分が受賞するべきだったと言い放ちました。同様の騒ぎは二〇〇九年のMTVビデオ・ミュージック・アワードでもありました。テイラー・スウィフトが最優秀女性ビデオ賞を受け取ろうとしていたところにカニエ・ウェストが乗り込み、ビヨンセの「シングル・レディース（プット・ア・リング・オン・イット）」のほうがずっといいと主張しました。

もう一つカニエ・ウェストが行う有名人のエチケット違反は、自らの知性とステータスを憚《はばか》ること

* 新参者の有名人にいわゆる「オスカーを逃した顔」のつくりかたを教えてくれる親切なウェブサイトさえ存在する。サミュエル・L・ジャクソン（『パルプ・フィクション』）にとって不運だったのは、彼がアカデミー賞の助演男優賞をマーティン・ランドー（『エド・ウッド』）にもっていかれてしまった一九九四年に、このサービスがなかったことだ。ジャクソンに公平を期すために言えば、彼の当然の反応（インターネットでちょっと検索すれば簡単に見つかる）と、ハリウッドで最も大切にされている規範へのカニエ・ウェストの違反行為はまったく別物である。

なく自慢するところです。二〇〇八年のAP通信のインタビューでは、「自分が歴史に占める位置と立場はわかってる。おれはこの世代の、この時代の声として歴史に残る。最も大きな声になるんだ」と述べました。[36]二〇一三年のアルバム『イーザス』には「おれは神だ《アイ・アム・ア・ゴッド》」という曲を入れ、ファッション誌『W』のインタビューで曲についてこう説明しました。「この曲をつくったのは、おれが神だからだ……これ以上説明の必要はないと思う」[37]。『ニューヨーク・タイムズ』紙のジョン・カラマニカのインタビューでは、自分が世界有数のラップ・ミュージシャンというだけでなく、卓越した知性と能力を持った人間でもあると信じていると明言しました。「おれは社長になるよ。その会社は最終的に何十億ドルって価値を持つだろうね。なぜっておれは答えを知ってるからさ。文化ってものを理解してる。自分がその中心核なんだから[38]」。

　こうした振る舞いの特徴づけを行う方法はいくつかあります。明らかにウェストはナルシシストの気《け》があります。[*39]しかし、根拠のある自慢話に人々が敵意で応じる原因を単純なナルシシズムだけに求めるわけにはいきません。もっと根本的な原因があります。メッセンジャーが、一般的な行動規範を破ったり、無能だとか、劣っている、あるいは単なる愚か者だと見なされ、その結果、高いステータスにふさわしくないと考えられた場合、それまで社会経済的地位が彼らに与えていた特権は、すぐさま消えてしまうのです。どうやらカニエ・ウェストは、分を超えた自慢話のせいで、多くの人から身の程を思い知らせてやる必要がある道化と見なされたようです。そして、群衆がメッセンジャーのことをそんなふうに考えるようになると、メッセンジャーはあっという間に「その人にふさわしい」ステータスを失います。これが二〇一五年六月の、あの土曜日の夜に、グラストンベリーがウェストに出したメッセージです。バラク・オバマ前大統領さえ、ウェストのことを「まぬけ」と呼びました。

最も熱い炎が最高の鉄をつくる

忘れてはいけない重要な点を指摘しておくと、社会経済的地位はステータスの一形態にすぎません。奥ゆかしさや寛大さといった特性を有する個人にステータスを授ける集団や文化もあります。また、おそらくは戦争を繰り返した歴史があるために、個人の肉体的技能によってステータスが決定されやすい集団や文化もあります。多くの宗教（仏教が良い例です）でステータスの基準となっている

＊　ナルシシズムの中心的な特徴は、誇大な自己イメージがしばしば次のような信念と結びつくことである。すなわち、問題の個人は特別扱いを受ける資格がある、なぜなら自分で自分のことをこう見なしているからである……特別だと。研究が示すところでは、ナルシシズムの度合いを測るテストで高得点を取る人たちは、すでにお手盛りで高めているステータスをさらに高める機会を積極的に求めていく傾向も強い。彼らは自分の達成したことへの評価を過度に求め、名声と栄光に関する幻想を抱く。そして、支配的な立場を手に入れ、認識される権力を増大させることに強い意欲を持っている。また、優しさや謙遜といった、より人間の中心を形成するほかの性質についてはあまり気にかけていないようで、議論をふっかけたり、無愛想だったり、冷淡だったり、果ては侮辱的だったりといった行動を取りさえする。このため、ほかの人々は彼らの対人関係のスタイルに不愉快な思いをすることが多い。ナルシシズムという特質は社会経済的地位を上昇させ、増大させるためだけにあると言ってもいいくらいだ。

のは、人は心に抱き得るあらゆる自己中心的な欲望を乗り越えようと努力し、無私無欲の、慈善的で思いやりのある活動に従事するべきであるという考えです。そうした共同体では、お金や贅沢品などの、ほかの場所なら高いステータスを知らせる（そしてその結果メッセンジャーの影響力を高める）特徴が、往々にして諸悪の根源と見なされます。つまり、ある社会でメッセンジャーのどんな特徴が高いステータスと結びつくかを決める重要な要因は、その社会、あるいはその社会の基礎となっている文化が支持しているイデオロギーなのです。

もっと広い範囲で考えるなら、ステータスとは、ある集団内部における個人の相対的地位であり、それを決めるのは、ほかの人々からその人物に与えられる重要性、注意、敬意の度合い、そしてその人物がリソースの割り当て、紛争の解決、集団の意思決定などに対して持つ影響力の大きさです。本章で見てきたように、高い社会経済的地位を有する人は、たいていの場合、まわりから大変尊敬されています。卓越した技能と知識を持っており、価値ある資源を支配し、それゆえに、他者に負担を押しつけたり恩恵を与えたりする能力があると見られます。その結果、有名人もしくは上流階級の適切な人物がメッセンジャーに選ばれ、適切な手法で適切なメッセージを発すると、大きな説得力が宿ります。広告業界にとって非常に重要な日（たとえば米国のスーパーボウルの日）に打たれる広告の少なくとも半数以上に有名人が登場するのは、決して偶然ではありません。

二〇一一年のスーパーボウルで、そうした有名人の役を務めたのはエミネムでした。彼が登場したのはベスト・バイの広告ではありませんでした。Kマートでもウォルマートでもありませんでした。

そういった店に行けなくなったという本人の嘆きを考えるなら、これは驚くような話ではないでしょう。彼が登場したのは、そういったチェーンではなく、クライスラー社の新車種、クライスラー200の広告でした。黒いハードトップの高級車。生産地は故郷のデトロイト。最も熱い炎が最高の鉄をつくっている場所です。当然、窓には黒い遮光スクリーン。金持ちや有名人が街中を乗り回し、識別されることなく識別されるには、最高の車です。

2

有能さ

専門知識、経験、そして潜在能力が実績を打ち負かす理由

メッセンジャーに備わっていると見なされた社会経済的地位は、（それをもたらしたのが名声なのか、財産なのか、遮光スクリーンを貼った車なのか、素敵なロゴマークなのかとは無関係に）メッセージの説得力を左右したり強めたりでき、しかも多くの場合、その内容の善し悪しは問われませんが、同じことは、メッセンジャーに備わっていると見なされた有能さについても言えます。ここでも、重要なのは見なされたという言葉です。話している内容についてよくわかっている人に耳を貸すのは、明らかに筋が通っています。しかし、私たちは、社会経済的地位を匂わすメッセンジャーに従いやすいのとまったく同じように、専門家のシグナルを発する人々にも喜んで従ってしまいます。そして、次に紹介する医療関係の事例がよく示しているように、そうしたことは、メッセージの筋が通っているかどうかとは無関係に起こります。

薬物安全使用協会（ＩＳＭＰ）は米国を拠点とする非営利団体で、その中心的課題は病院や医療セ

ンターで発生する医療ミスを減らすことです。一九七五年に誕生し、まずは病院勤務の薬剤師向けの雑誌に連載を持って、医者や薬剤師が、勤務先で患者に降りかかった大小さまざまな失敗を（匿名で）語り、同業者や同僚がそうした間違いから学べる場《フォーラム》を提供しました。その穏当でささやかなコラムは、ためになるし信頼もでき、そして、このあと見ていくように、ときに不安を掻き立てるという評判を取りました。その人気は大変なもので、編集者たちのもとには連載を教科書として書籍化するだけの事例がすぐに集まりました。[1]

『投薬ミス――その原因と対策』と題されたその本を企画したのは、ＩＳＭＰ会長のマイケル・Ｒ・コーエンと同僚の薬剤師ニール・デービスでした。同書は一九八一年の刊行以来、最新情報を盛り込んだ改訂を繰り返しています。おそらくこのことが示しているのは、この種の出版物が持つ価値と病院で発生しているミスの多さの両方なのでしょう。その最新版が七百ページ以上にわたって記述しているのは、推奨されているやり方に反した形で、薬が処方、調合、投与された事例の数々です。

間違いのなかには、ほかのものよりも起きやすいものがあります。たとえば、患者が処方薬を間違えられる事例はたくさんあります。これは心配になる話ですが、仕方なくもあります。薬の名前は、高度な訓練を受けた有能な（ただ、頻繁に忙殺されてしまう）医療スタッフにとってさえ、紛らわしい場合があるからです。ＩＳＭＰのウェブサイトには「混同しやすい薬品一覧」が掲載されています。名称のつづりや音が非常によく似た薬をまとめたものです。その数は六百種以上にのぼります。例としてＢｉｄｅｘ《バイデックス》とＶｉｄｅｘ《ヴァイデックス》を考えてみましょう。この二つは音もよく似ていますし、ぱっと見ただけでは、つづりさえ似ているように見えるかもしれません。ですが、似ているのはそこまでです。バイデックスは去痰薬《きょたん》で、気管支炎やひどい風邪など、一般的な呼吸器疾患の治療に用いられます。ヴァイデックスはヌクレオシド系逆転写酵素転座阻害剤です。これはHIVとエイズの治療に使われています。薬の処方ミスについて、よく言われる原因は医師の書いた字の読みにくさです。ですから、処方箋を手書きではなくコンピュータ入力するように勧める病院がますます増えているのは、ほっとする話です。ただし、バイデックスとヴァイデックスに関してはそれで十分とまでは言えないかもしれません。QWERTY配列のキーボードの場合、VとBのキーは隣り同士だからです。

もう一つ、よくある投薬ミスは正しい薬を間違った用量で患者に投与してしまうというものです。またときには、薬品名と用量が処方箋に書かれ、完全に正しく投与されたけれども、患者を間違えていたということもあります。そして実は、よく見られるミスの種類はもう一つあります。薬を間違える、用量を間違える、患者を間違える、それに加えてコーエンとデービスは、「経路ミス」と呼ばれる第四のタイプの間違いを説明しています。処方箋には正しい薬が書かれます。服用量は推奨され認められているとおりで、正しい患者に投与されます。間違っているのは投与する経路です。

「経路ミス」のおそらくは最も奇妙な例が、ISMPによる連載コラムで「直腸の耳痛《じつう》」という題の、かなり不安を起こさせる回に取りあげられています。ある医師が、右耳の痛みを訴える入院患者を診察しました。診察してすぐ、医師は患者の内耳が実際に炎症を起こしていることにちゃんと気づき、抗炎症薬を何滴か投与するよう指示しました。ここまではすべて適切でした。ただ医師は、処方箋に「患者のRight《右》 Ear《耳》に点耳薬数滴」としっかり書かず、「患者のR.Earに点耳薬数滴」と略した形で指示を出していました。

担当看護師は、患者に横向きに寝転がって両膝を胸につけた「姿勢」を取らせ、言われたとおりに医師の指示を実行しました。点耳薬を三滴垂らしたのです。患者の直腸《rear》に。わかっていた患者の症状から考えて、これはまったく意味をなしませんでした。しかし看護師は医師の指示にまったく疑問を持たなかったのです。また患者も、看護師のしていることに疑問を抱きませんでした。メッセージは、メッセンジャー（たち）に取って代わられてしまったため、顧みられなくなっていました。著名な社会心理学者ロバート・チャルディーニが不朽の名著『影響力の武器――なぜ、人は動かされるのか』で鋭く指摘しているように、「正当な権威者が発言している状況では、多くの場合、それ以外の状況でなら道理にかなっていることが顧みられなくなる」のです。[2]

これはかなり些細な例かもしれませんが、ステータス上位にある人が、下位の者に対する自らの過剰な影響力に気づけず、その場で一番の専門家だと思われているがゆえに、そして、一番の専門家に払われる敬意のゆえに、惨憺《さんたん》たる結果を招いた事例が歴史にはごまんとあります。一九七七年にテネリフェ島で起きたKLMオランダ航空機とパンアメリカン航空機の衝突事故、そして一九八二年にワシントンD・Cで起きたエア・フロリダ機の墜落事故は、どちらも高いステータスを持つ人物（機長）が間違った判断を下し、低いステータスの人物（副機長）がそのまま従ってしまった事案の典型例です。たとえば、エア・フロリダ機の墜落事故では、吹雪のなかで離陸を待つあいだ、機長がエンジン防氷装置を入れ忘れ、そのためにエンジン圧力比測定器が間違った数値を示してしまいました。副操縦士は何度か計器の数字が正しくない気がすると言ったのですが、機長は聞く耳をもちませんでした。飛行機はどうにか離陸したものの、そのあと三十秒ほどで、ワシントンD・Cの十四番通りの橋に激突してしまいました。同様に、有能な人物（たとえば、看護師）が、自分よりもっと有能に思える人物（開業医や外科医）を疑えなかったときにも、「直腸の耳痛」などよりはるかに深刻な投薬ミスが起きています。場合によっては、ステータスが違うという認識があるだけで、実は判断ミスを告げている合図が掻き消されてしまいます。そして、だからこそ、マイケル・コーエンとその同僚ニール・デービスは、七百ページの著作を投薬ミスの数々で埋め尽くせるわけです。

社会経済的ステータスが高いと見なされることはメッセンジャーが話を聞いてもらえるようになる経路の一つですが、有能だと見なされることから生じるステータスも有力な経路の一つです。能力が高い、もしくは専門家だと見なされたメッセンジャーには道具的価値が備わります。つまり本人（および潜在的にはさらに広い共同体）が何らかの目標を達成するのに役立つノウハウ、経験、技能、知識を持っていると思われるのです。また彼らはこうした属性を他の人たちに（「文化伝達」として知られるプロセスを通じて）渡す立場にもあります。[3] したがって、社会において彼らの果たす役割は極めて重要です。それはまた能率改善にも役立ちます。誰でもあらゆることに関する基本レベルの知識を手に入れて、人生の複雑さと難しさをうまく処理したいと思うものですが、特定の才能や専門化された知識に富んだ個人に従うほうが明らかにずっと賢明（であり、そして間違いなくずっと簡単）です。

私たちは、ただ時間を節約するためだけでなく、知識に欠ける分野で助けてもらうために、農家、配管工、機械工、医師、会計士などを必要としています。ローマの詩人ウェルギリウスは二千年前にこう言っています。「専門家に従いなさい」。

そうすべき理由はほかにもあります。自分で決定を下したいと思い、そうするだけの力もあり、適切な関連情報も利用できるなら、専門家であるメッセンジャーを求める必要は減じます。ですが、人生で下す決定の多くは実に難しく、望むような正しい結論に到達するためには、精神的にも肉体的にもかなりの資源を費やす（時間をかけて考え、選択肢を比較し、正しい疑問を発し、あり得る結果を推測する）必要があります。そうした課題に直面したとき、簡単な選択肢は有能な他者に助言を求め、専門知識を持っていそうなメッセンジャーに従うことです。そのほうが精神的にも肉体的にも楽ができます。

この単純な事実をはっきりと証明したのが、実験参加者をｆＭＲＩ装置（脳内の血流の変化を調べる磁気共鳴画像診断装置）の中に入れた研究です。この研究では、保証された金額をその場で受け取るという選択肢と、確実性はずっと低くなるものの、金額が増える可能性に賭けて後日まで支払いを待つという選択肢の組み合わせをいくつか用意し、そうした金銭的決断を下す際に脳内で何が起きるのかを調べました。外部の助けをいっさい借りずに計算を自分で行った参加者の脳では、蓋然性の検討と結びついた領野がはっきりと活性化しました。一方、無作為に割り当てられたメッセンジャー（実験参加者には金融の専門家と紹介しました）から助言を受けた人の脳では、そうした領野の精神活動がずっと少なくなりました。その結果、彼らの決断はほとんどの場合、「専門家」の助言に沿ったものとなりました。[4] 比喩的に言えば、脳がシャットダウンし、専門家に仕事を任せたのです。これはほとんど驚くようなことではありません。[*] 現代の生活は私たちの限られた注意が追いつかないほど多くのもの（たとえば、ユーチューブの動画だったり猫の面白ネタだったり）を提供しているため、ほぼ間違いなく重要でありながら、しばしば退屈でもある事柄の処理にやる気が出せるとは限りません。そうしたとき、有能だと見なされたメッセンジャーは誰もが確実に当てにする相手です。

ここでもやはり、見なされたという言葉が鍵になります。今日《こんにち》の情報過多で変化が速い世界の特徴の一つは、あるメッセンジャーの専門知識が本物で、妥当なものなのかどうかをしっかり調査するだけの時間も資源もほとんどない、ということです。そのため、単に有能そうな情報発信者の助言や提案に従うだけでよしとするしかありません。そうしないと、ほかの優先事項に向けるはずの貴重な時間や資源の無駄遣いになります。しかし、最近よくあるように、さまざまな人が専門家を自称して、私たちの注意を引きつけようとする状況で、私たちはどうやって、ある人物が有能そうかどうかを評価しているのでしょうか。

着飾って、見下す

答えの一つは、高い社会経済的地位を占める人々を評価するときと同じく、わかりやすい直接的な

（今の場合なら、相手が責任ある立場の専門家であると知らせる）手がかりを探すというものです。ここでも服装と肩書きは非常に強力なシグナルとなります。それを踏まえると説明しやすくなるのが、スタンレー・ミルグラムの有名な服従に関する研究で詳細に記録された憂慮すべき行動です。[5] ミルグラムの研究では、一見普通の人物が、イエール大学の科学者にそうするよう言われたからというだけで、別の研究参加者に躊躇《ちゅうちょ》なく電気ショックを与え、苦痛に苦しむ相手がやめるように悲鳴をあげながら壁を叩いているのを無視して、電圧を四百五十ボルトまで上げました。実をいうと、電気ショックを与えられた人々は実際に苦痛を感じていたわけでも危険な目に遭っていたわけでもありませんでした。助けを求める嘆願も苦痛の叫び声もすべて前もって録音されており、実験はすべて演じられたものにすぎなかったからです。しかし、だからといって、実験がミルグラムやそれ以外の科学者たちに与えた衝撃が減じられたわけではありませんでした。

ミルグラムの実験は、なぜ人がそうした恐ろしい決定をしてしまうのかについて、そして、そうした決定に対して、研究者の白衣と一流大学での地位というものが持つ促進要因について理解を深める

＊ むしろ驚くべきは、課題の難易度が低く、助言者が専門家だとわかっていない場合に、実験参加者がたいてい自らの（実績が断然少ない）能力を頼りにしすぎるということを示した諸研究のほうかもしれない。この現象は助言の「自己中心的割引（egocentric discounting）」として知られている。Yaniv, I., & Kleinberger, E.（2000）. Advice taking in decision making: Egocentric discounting and reputation formation. *Organizational Behavior and Human Decision Processes*, **83**（2）, 260-81.

ために行われたものであり、科学ジャーナリズムにも大衆ジャーナリズムにも広く取りあげられてきました。ただ、比べるとあまり注目されてこなかった、最初の実験と類似した別の実験があります。その実験はスラム街の一角にある荒廃したビルで実施され、参加者には調査が（大学の研究機関ではなく）ある民間調査会社のために行われると伝えました。この条件の変更が結果を大きく変えました。専門の科学者が市場調査員に変わった場合、電気ショックを与える参加者がずっと少なくなったのです。忘れないでいただきたいのは、（本書の中心的テーマと重なる話ですが）メッセージはまったく変わっていないという点です。変わったのはメッセンジャーだけでした。科学者の白衣には非常に強い力が備わっているのです。

　こうした影響力を発揮するのは、服だけではありません。身につけているものには、まったく同じような働きがあります。たとえば、医療の専門家が聴診器をさげていると、患者はその人から受けた健康関連のアドバイスを忘れにくくなります。[6] 医師が聴診器を使うかどうかは関係ありません。患者のほうが、医師の専門性を判断するのに聴診器を使っているのです。

　これと同じ状況なのが、オフィスの受付ロビーによくある世界各地の時刻を示すたくさんの時計です。あれが本当に役に立っているのかどうかは疑問です。たとえば、ニューヨークやロンドンで、あるオフィスを訪ねた平均的人物が、ジャカルタや香港の時刻を切実に知りたがっているとは考えにくいからです。しかし、ああいった時計がかけられている本当の理由は別にあります。その企業が世界的な広がりと重要性を持っているというメッセージを訪問者に伝え、そうすることによって、ステータスと専門知識を知らせるためです。時刻を教えるのはついでにすぎません。その種の時計は、そこが自分たちのやっていることをわかっている組織だと人々にわからせるために存在しているのです。

同じことは、重役たちが社内でわざと小脇に抱えて持ち歩くフォルダーや重要そうな書類にも当てはまります。もちろん、そうした書類やフォルダーが今取り組んでいる仕事に関係している可能性はつねにあります。ですが、水飲み場やトイレに行くときにも、そういったものを持ち歩いている姿が見受けられるなら、そうでない可能性もあるのは明らかです。重役たちは、自分の重要性への認識を強めたいと思っており、これはその目標を達成する簡単なやり方です。[7] テレビドラマ『フレンズ』では、ブリーフケースを手に仕事から帰ったチャンドラーがこう言います。「実はこの鞄さ、一年くらい前から鍵が開けられないんだよね。だから、ただ持ち歩いてるだけなんだ」。彼は自分の道具的価値を、ひいては自分のステータスを知らせる大切さに気がついているのです。

しかし、メッセンジャーが有能だと見なされるために使えるシグナルは、時計や制服、仕事の小道具（たとえば医師が身につけている聴診器、ビジネスマンがもっているブリーフケース、建設業者のバンと工具）だけではありません。有能さは顔にも宿ります。

有能さの顔

通常、私たちが顔の示す手がかりについて考える場合、感情を示すシグナルという観点で考えます。たとえば、誰かが本物の笑みを浮かべたとします。目を細め、目尻にしわができるような笑みです。それを見た私たちは喜びのあらわれだと認識します（ちなみに、この種の笑みはデュシェンヌ・スマイルとして知られています。名前の由来はフランスの神経学者ギヨーム・デュシェンヌという、現代神経学の父と考えられている人物です）。また、私たちは誰かが怒っているのも認識できます。目を剝き、眉がつりあがり、たいていの場合、唇が堅く引き結ばれます。恐怖もまた、よく顔にあらわれる感情です。特徴は瞳を見開き、口を開いた表情ですが、これはしばしば、とても滑稽な表情だと見なされます。その恐怖が勘違いによるものだった場合は特にそうです[8]。要するに顔は、観察者が読み解くべき情報をたっぷり提供しているので、私たちはいつもそれが気になります。ですが、私たちが顔から推測しているのは相手の気分だけではありません。相手の個性や人柄の特徴に関しても判断しています。さらには、相手の有能さすら評価しています。

　コンピューターを使ったモデル作成技術によって、研究者たちは有能な顔というのは成熟した顔立ちと魅力を備えた顔であると結論しています。通例、それは平均よりも丸みに乏しく、頰骨が高くせり出し、顎ががっしりとしていて、眉毛と目との距離が狭い顔です。この規則は男性にも女性にも当てはまります。

　なぜ人は相手の有能さを推測するのに、こうした顔の特徴を用いるのでしょう。理由はこう考えられています。子どもは、成熟した顔立ちの大人のほうが愛らしい顔をした子どもよりも有能だとかなり早い段階で学びます。そのうち、有能さを連想させる外見的特徴に関するステレオタイプが心のなかにしっかりと根付くため、顔の成熟度と実際の有能さに関連がない大人たちについて判断を下すときにも、それに頼ってしまうのです。これは心理学的奇癖と言うだけにとどまりません。このような、顔にあらわれる有能さに基づく間違った評価は、しばしば由々しき結果を招いてしまいます。

そうした結果の一つをよく示したある研究では、参加者にCEOの写真を五十枚渡して検討するよう指示しました。二十五枚に写っているのは、フォーチュン一〇〇〇†の上位二十五社のCEOでした。残りの二十五枚にはランク最下位からの二十五社のCEOが写っていました。そして、写真に写った人物の人柄の特徴を推測するよう求めました。結果は驚くべきものでした。最も有能そうだと評価された人々は、大きな収益をあげている成功した企業を率いている場合が多く、有能さを低く評価された人々はあまりうまくいっていない企業のトップである場合が多かったのです。[9] これはCEOの性別とは関係なく当てはまりました。[10] そして、もちろん、この結果からは興味深い疑問が浮かびます。トップ企業のCEOたちがその座を占めているのは、それだけの能力があるからなのでしょうか、それとも、それだけの能力がありそうな顔をしているからなのでしょうか。もちろん、CEOたちは当然、顔がそれっぽいだけで、この仕事を続けられるわけがないと主張するでしょう。ですが、なかには優秀な潜在能力を持ちながら、顔で損をしているばかりに成功を収められないCEOだっているのではないかと、どうしても考えてしまいます。それに、能力で劣るCEOが外見の魅力のおか

† 米国の『フォーチュン』誌が発表する全米収入ランキング上位一〇〇〇社のリスト。

げで地位をたもっている場合もあるのではないかとも考えたくなります。

上級管理職にふさわしいと見なした相手に対して、人が簡単に想定してしまう内容を踏まえれば、ほとんど当然ですが、誰に投票するかを決めるときにも、同じ考え方が働きます。ここでもやはり、「有能そうに見えるなら、その人は実際、有能に違いない」という思い込みが怖いほどはっきりとあらわれます。しかもそれは、並外れた速さで生まれます。

プリンストン大学の実験では、参加者に政治家の写真（写っているのは参加者が知っていそうにない政治家たちで、全員米国の州知事選への立候補者、もしくは立候補予定者）を見せ、それぞれの有能さと当選の見込みを直感的に評価させましたが、参加者の抱いた印象は、実際の選挙結果と非常に強い相関関係を示したばかりか、たったの〇・一秒で生まれてもいました。選挙に立候補した人たちの顔にちらりと目をやっただけで、当選しそうな人物（と実際に当選した人物）の、情報に基づいた、おおむね正確な推測と同様の予測が行われたわけです。[11] ほかの諸研究によれば、任意の国の人々に（彼らが知っている見込みの極めて低い）別の国の政治家について評価を行わせた場合も同じ結果になります。たとえば、スイスに住む五歳児たちに当選見込みの判定をさせたところ、子どもたちは正確に二〇〇二年フランスの国政選挙の結果を予測しました。[12] 興味深いことに、候補者の写真を検討する時間を長くして、入念に考えさせると、予想の的中率は大きく下がります。このことから、選挙で勝ちそうな人間を顔つきから見抜く力は、私たちの知性ではなく直感によるものだと考えられます。[*]

どうやら投票を行うとき、人は「誰が最も有能な候補者か」という問いを、「誰が最も有能な候補者に見えるか」という、もっと簡単に、そして直感的に答えの出る問いに置き換えているようです。

自信満々の有能さ

直感的には、有能さを備えたメッセンジャーが、より自信に満ちているように見えもするのは、筋がとおっています。[13] しかし興味深いことに、この力学は逆向きにも働くようなのです。自信に満ちているように見えるだけのメッセンジャーが、たとえ実際の専門性を示す証拠はほとんどなくても、有能だと見なされることはよくあります。自信が示すのは、自らの能力、技能、知識に対する確信度です。ですから、自信満々の人が醸し出しているのは見せかけの専門性、つまり、自分の発言内容は正確だと本人が強く信じているということにすぎません。しかし、そうでない（たとえば、彼らが勘違いしている、あるいはもっとひどい場合には、妄想に囚われている）証拠がないなら、おそらく聞いている側は相手の顔つきをそのまま信用し、その発言に不適切なほど大きな重要性を認めてしまうでしょう。

ここでは、例として実験参加者が「ポールハス式オーバー・クレーミング調査票（ＯＣＱ）」として

＊ もちろん、有能そうな顔に宿った影響力に関する既存の文献に、実験参加者たちがたまたま触れていたというのであれば、話は別である。

知られているアンケートに答えた研究を取りあげてみましょう。OCQは、さまざまなテーマや話題に関する知識への自信を測定するために巧みに設計された、クイズのような形式の調査票です。回答者は長いリストに並んだ項目（歴史的人物、有名人、ブランド名、時事問題）に関する自分の知識と精通度を評価するよう求められますが、項目のなかには実際には存在しないものも混じっています。当然ながら、そうした項目について知識があると主張《クレーミング》する人物は、実際には存在していないものについて知っていると主張しているわけですから、典型的な自信過剰を示していると考えられます。この調査から、いかに多くの人が自分の知識レベルを過剰に高く見積もっているかがわかりますが、そこに驚きはありません。驚くべきは、そうした見せかけの叡知《えいち》が周囲に与える影響です。とくに反証がなければ、ほかの人々は、その自信を根拠にして、相手は自分が何を話しているかわかっているのだろうと推測するのです。そして、自信満々なのだから有能だろうとも考えて、相手のステータスを高く見積もり、相手から受ける影響が大きくなります。[14] ここには私たち誰もが心しておくべき教訓があります。グループのなかで自信満々に意見を述べる人たち、特に議論のはじめのほうでそうする人たちには注意しましょう。多くの場合、彼らには自動的に高いステータスが与えられてしまうため、その結果、彼らの意見は、内容の価値とは無関係に、妥当なものと思われやすくなる可能性があります。

　自信と有能さがセットになっていると考える私たちの傾向を踏まえれば、誰に従うかを決める場面でこの二つの要因に目が向くのには、なんの不思議もありません。私たちがトップにいる人々に望むのは当然、この現代社会という危険に満ちた、不確実で変わりやすい環境を、私たちが安全に生き抜けるようにする答えを持っているかのように振る舞うことです。自信に欠ける指導者は頼りないと見られます。「魅力に欠ける」「代わりならいくらでもいる」、さらには「無能だ」と見られることすらあります。政治の世界だけでなく、ビジネスの世界でも、メッセンジャーが自分の考え、創案、新機軸を効果的に伝えるためには自信を見せる必要があります。疑り深い人なら、過剰な自信は想像力のなさを隠している、あるいは人々の目をくらませて、望ましい結果に至るほかの選択肢を見えにくくさせていると考えるかもしれません。もちろん、そうなのです。事業の新規立ち上げのほとんどは、数年以内に破綻します。しかし、メッセンジャーが少しでも不安を見せれば、疑り深い受け手は興味を失ってしまうかもしれません（彼らは提案の問題点や弱点を探しているものです）。そのため、多くのメッセンジャーが伝えようと腐心するのは、主として自分の考えを支える骨子ではなく、その考えに対する自信の強さです。そしてその自信を、多くの受け手は有能さのあらわれと見なし、相手の主張により大きな信を置きます。とりわけ、受け手側がメッセンジャーの知識レベルについてはっきりわかっていなかったり、あるいはもっと悪い場合になりますが、どんなふうに考えたり行動すればいいのかがわかっていないときはそうなります。

それでは、メッセンジャーにとって、メッセージを自信満々に発するのは、いつでも良い手なのでしょうか。そうとは言い切れません。自信満々に行った主張が不正確だったとわかれば、信頼を損なうという形で評判に傷がつき、影響力が低下します。では自信を持ってメッセージを発するべきかどうかを、どう決めればいいのでしょう。「そのときの状況によって大きく異なる」というのが答えです。たとえば、話を聞いてもらえない状況にいて、かつ自分の考えに値打ちがあると信じている場合（初めての起業や初めての立候補など）や、場の不確実性を和らげようとしているような場合なら、受け手を説き伏せるためには、適切に思われる以上の自信とともにメッセージを発する必要がありま す。逆に、高い評判を得ていてすでに影響力をもっていたり、不確実性の緩和よりも述べる内容の正確さのほうが気になるなら、主張を大げさに話す必要はありません。その場合、自信満々に見せるメリットはほんのわずかである一方、主張が間違っていたとわかったときにこうむるダメージはかなり大きくなります。ですから、そうした状況なら、新しい提案や考えを売り込むのに、より慎重なやり方を用いるほうがずっとよいわけです。[15]

自分が間違っている可能性も示しておくのには別の利点もあります。二〇一〇年に実施された研究によれば、専門家が自分の助言や意見に対する軽い疑いを自ら口にすると、なんと受け手は、彼らの見解をさらに信じるようになるのです。客観的にはっきりとした、たった一つの答えなどないような問題を扱っている場合には特にそうなります。[16] つまりこういう具合です。すでに有能だと見なされているメッセンジャーが不確実性を口にすると、受け手は、逆説めいた話ですが、もしメッセンジャーがその不確実性を認めるほど自分の分析や判断に自信を持っているなら、信用できるに違いないと考えがちなのです。おそらく、「専門家に従いなさい」という二千年受け継がれてきたウェルギリウスの賢明な助言を書き換えるべき時期が来たのです。今後はこう言われることになるでしょう。「自信に欠ける専門家に従いなさい」。

自己宣伝のジレンマ

ここまで見てきた有能さを示すシグナル（特定の技能、専門知識、実績、オフィスの壁面を飾るいくつもの時計、狙いをもって行われる闊歩《かっぽ》、自信満々のパフォーマンス）はすべて、個々に、あるいは組み合わせて用いられることで、メッセンジャーの道具的価値とステータスを高めに認識させます。ですが、限界もあります。自分の力量を誇張しすぎると、嫌われてしまうかもしれません。メッセンジャーと受け手のどちらもが、暗黙の了解として、こうしたシグナルは公然と自慢げに示されるのではなく、控えめに、こっそりと示されるべきだと考えているようです。だからといって、お馴染みの自己宣伝に血道をあげるメッセンジャーがいないというわけではありません。ただ、一般論として、有能さはもっとひそかに知らせるほうが無難です。優秀なメッセンジャーなら、適切な瞬間を選んで会話のなかでさりげなく、自らのスキルや属性に触れるでしょう。現在の職責や過去の実績のうち、その場の議論と関係のある例を一つか二つ軽く混ぜるかもしれません。有能だと思わせるための戦略には、黒塗りの車で移動し、識別されることなく識別されようとする有名人たちの手法と驚くほど似ているものもあります。「謙虚さを装った自慢」と呼ばれるその手法は、自慢話を自己卑下でカモフラージュします。たとえばこんな具合に。「よく覚えているけど、あの日の朝はほんとうに自分の愚かさが嫌になったよ。目覚ましをかけ忘れて、危うく大臣との会合に遅刻するところだったんだ」。

ただし、謙虚さを装った自慢は危険な戦略です。不誠実と見られかねないからです。それどころか、いけ好かないやつと思われる可能性さえあります。[17] 謙虚さを装った自慢を用いて有能さを知らせると、温かみと信頼性の欠如も伝わってしまうため、効果は相殺されます。[18]

小細工抜きの自慢も同じくらい危険です。わかりやすいのは、ドイツ銀行のサブプライム担当筆頭トレーダーで、金融恐慌のまえにサブプライム住宅ローン市場の下落に賭けるよう投資家を説得できたグレッグ・リップマン（彼の話はixページで取りあげました）の例でしょう。噂によれば彼は、訪ねていった先で恥ずかしげもなく、これからサブプライム住宅ローン市場を「ショート（空売り）」して「〝大海原〟何杯ぶんもの大金を稼ぐつもりだ」と嘯《うそぶ》きました。[19] それから年季の入った漁師《フィッシャーマン》が毛針のついた糸を垂らすように、見込み顧客たちに、金額の上限と下限を示して、自分の給料の額はその範囲のどこかだと伝え、そして上限と下限のどちらに実際の給与金額が近いか推測するように誘います。相手が推測を行うと、彼は本当の「ほら話《フィッシャーマンズ・テイル》」形式で、自分の給料が実力に見合った額からはほど遠いと述べたものでした。こうしたパフォーマンスのおかげで、彼を称賛と信頼に値すると考える人も、なかにはいました。しかしそれ以外の人にとっては、単なるいけ好かない、そして信用できない人物でした。リップマンの近くで働いたある人は、彼を「グレッグ・リップマンとかいう名前のくそ野郎」と呼んだそうです。

リップマンの取引先の一つ、フロントポイント・パートナーズLLC（モルガン・スタンレーの支援を受けるヘッジファンド）は、リップマンの話を信じたくてたまりませんでした。サブプライム住宅ローン市場に対する同社の見方と完全に重なっていたからです。しかし同時に、リップマンがクレジット・デフォルト・スワップを売り込もうとしているのには、何か隠された狙いがあるのではないかと疑ってもいました。『世紀の空売り――世界経済の破綻に賭けた男たち』の著者マイケル・ルイスは、フロントポイントがリップマンの私利私欲剝き出しな態度に疑念をもち、もう一度説明を聞きたいと言って三回も彼をオフィスに呼んだと書いています。おそらくリップマンがそのうち何かミスを犯して馬脚をあらわすだろうと考えていたのです。一度などはフロントポイントの重役がリップマンの目を見つめ、単刀直入に「悪く思わないでもらいたいんですが、わたしは、あなたがどうやってわたしをだまそうとしているか、突き止めようとしているだけなんです」と言ったそうです。どうやらリップマンは、絶え間なき自己宣伝が災いして、彼を典型的なウォール街の卑劣漢と見ているフロントポイント相手に、信じられないほど必死に戦い、自らの信頼性を証明しなければならなかったようです。

さて、このとき、何が起きているのでしょう。自分には専門知識があるという人々の主張を額面どおりに受け取る傾向が私たちにあるというなら、なぜ相手が謙遜しているふりや厚かましいやり方で自説を押していると、急に疑わしく感じられてくるのでしょう。すでに見たように、自信は有能さの強力な代用品です。だとすれば、メッセンジャーが自信満々であればその分、彼らに対する信頼は厚くなってしかるべきではないでしょうか。ところが、人間はそこまで単純にできていません。確かに、自分よりも高い社会経済的地位を持っていそうな相手に従ってしまったり、メッセンジャーがただ専門知識のありそうな装い（たとえば白衣）をしているだけで、その助言を受け入れてしまったりするのは、人間に生まれつき備わった傾向です。しかし、あとでさらに詳しく述べるように、慎みと謙遜も高く評価される性質なのです。自分のステータスを高めようとする自己中心的な、あるいは思いあがった試みは、逆効果になってつながりを弱める場合があります。有能さを知らせることには素晴らしい長所があります。しかし過剰な自己宣伝には、メッセージを目立たなくしたり台無しにしてしまう恐れもあります。

　そうはいうものの、自己宣伝の落とし穴を避ける方法はあります。自己宣伝から「自己」を取り除くのです。スタンフォード大学経営大学院教授のジェフリー・フェファーらによれば、メッセンジャーについて、ほかの人が肯定的なコメントをする分には、自己宣伝とは受け止められません。[20] 一見すると、これは当然です。人が第三者のお勧めや推薦を受け入れることはよくあるわけですから。驚くべきは、その第三者が利害関係のない傍観者ではなく、メッセンジャーの支持者だとわかっているときでさえ、聞き手はその言葉を受け入れるということです。どうやら人間は、支持者の言葉の奥に潜んでいるかもしれない利害関係という要素に気づきにくいようです。人間はやってきたメッセージをなんでも額面どおりに受け取りがちです。別の言い方をすれば人は、自己宣伝に対しては懐疑的であっても、ほかの誰かに委ねられた自己宣伝には気づきません。

　こうした研究を知ってすぐに、本書の著者の一人はフェファーらがスタンフォード大学の実験室で見事に実証した知見を現実の世界で試す機会に恵まれました。招きを受けて不動産業の世界を研究したのです。

多くの業種と同じように、不動産業で働く人々は非常に難しい課題を抱えています。競合相手が自分たちとまったく同じことをしているため、目立つ選択肢になるのが大変なのです。ほとんどの不動産業者は同じサービスを提供し、大体同じ程度の手数料を取ります。顧客はどの会社を選ぼうと、おおむね同じ体験をします。では、ある不動産業者の社員（その人が何者であれ、どこの社員であれ）のメッセージが競争相手たちとほとんど変わらないとして、もしほかの人がその人の優秀さを紹介するように取り計らったら、何が起こるでしょう。

答えは、「とてもたくさんのことが起こる」です。

物件を売るか貸すかしたいと考える人が、ロンドンを拠点に物件売買と賃貸を扱う民間の不動産業者に問い合わせを入れると、たいていは最初に受付係が電話を受け、用件に関する質問をいくつか行い、それから用件にふさわしい担当者に電話をまわします。この流れはスムーズで、一分もかかりません。そしてその間、受付係は同僚の有能さや専門知識、あるいは経験について何も言いません。そこで、私たちが提案を行い、このプロセスにほんの少し手を入れてもらいました。相手の注意を担当者の有能さに向けてから、電話を取り次ぐようにしたのです。受付係は次のように言うよう指示を受けました。「不動産の売却ですね。それでしたらピーターにおつなぎしましょう。セールス部門の責任者で、この地域で二十年も不動産の売却をしています。間違いなく、こういうご相談でしたら最善のアドバイスができる者です」。驚くべき結果がすぐに出ました。問い合わせから査定の予約に至った件数は二〇％近く上昇しました。契約数も大幅に増えました（全体で一五％増）。

この戦略には注目すべき点が三つあります。第一に、受付係が伝えた同僚の経験はすべて真実でした。ピーターは実際にセールス部門の責任者で二十年の経験がありました。しかし、この事実をピーターが自分で見込み顧客に伝えていたら、彼の立場は即座に悪くなっていたでしょう。その瞬間に、有能ではなく自慢屋と見られたはずです。これはメッセンジャーにとって定番の悩みです。「ハード」型のメッセンジャーの立場を取って得られるプラスより、もっと「ソフト」型の立場を取らなかったせいでこうむるマイナスのほうが大きくなることは、よくあります。第三者から有能さを紹介してもらえるよう取り計らえば、メッセンジャーはこのジレンマから首尾よく逃れられるのです。

第二のポイントは、不動産会社の受付係が公平な第三者と見られることはほとんどないにせよ、顧客は推薦の言葉を発しているのが、その担当者と明らかに関係のある人物で、その人物自身もその戦略から利益を得ていそうだという点をまったく問題にしていないらしいということです。医師に言われるまま、何の疑問も持たずに点耳薬を直腸に投与した看護師と同じように、不動産売却を希望する客は、受付係のメッセージを、たった一つの特徴だけに注意して聞いていました。同僚の仕事ぶりに通じているというその一点だけに。

このような、委ねられた自己宣伝は珍しいものではありません。とりわけ、政治の分野にはよくあります。大統領選の論戦や集会で候補者を有権者に紹介するのが、ほとんどいつも、その候補者と最もしっかりとしたつながりを持ち、その成功によって最も利益を得られる人間、つまり彼らの配偶者である理由がほかにあるでしょうか。しかもこのやり方は効果を発揮します。プリンストン大学政治学部の調査によれば、配偶者には、ほかのどんな紹介者よりも候補者を「人間らしくする」ことのできる親しみが備わっています。著書『オン・ビハーフ・オブ・ザ・プレジデント』で、ローレン・ライトはメラニア・トランプが夫の集会に姿を見せたあと、特に無党派層のあいだでドナルド・トランプへの支持が広がったと書いています。[21]

最後に、この紹介戦略の注目すべき第三の、間違いなく最も魅力的な点は、ほとんどの場合、この手法を導入するのにかかる費用はないも同然だということです。

将来性 vs. 実績

不動産会社の実験で得られた結果がどれだけ印象的であっても、明らかに一つ、この紹介戦略を使うときにぶつかりそうな難題があります。メッセンジャーが経験に欠けていたらどうすればよいのでしょう。何十年もの経験があって、厳しい訓練を受け、何百件というセールスの成功を収めているプロフェッショナルのために、好印象を与える紹介の仕方を考えるのは簡単です。しかしそれを、まだ高い地位も過去の成功の長いリストも手に入れていない人のためにするのはずっと大変です。ただ、望みがないわけではありません。実のところ、状況によっては、将来性しか持ちあわせのないメッセンジャーが、確固たる経験と証明済みの有能さを持つメッセンジャーを打ち負かします。

スポーツの世界には、あってもごくわずかの経験しかないような選手が、将来性に基づいて大型契約を結ぶ例がたくさんあります。同じように、若い芸術家やミュージシャンは将来「大物」になるとか「輝かしい未来」が待っているという理由で選ばれます。政治の世界でも、ほとんど経験のない人が実績のある人よりも魅力的に見えることがあります。二〇一七年五月、エマニュエル・マクロンは、三十九歳五カ月の若さでフランス大統領に選出されましたが、当時はほとんど無名でした（この経験に欠ける新大統領は共和国史上最年少で就任した大統領でもあります）。同様にカナダでも、若きジャスティン・トルドーは、その将来性で有権者たちを引きつけ、二〇一五年十一月、首相に就任しました（もっとも、彼は元首相のピエール・トルドーの長男なので、将来性だけでなく、少なくとも経験とのつながりはあったとは言えるかもしれません）。リアリティ番組のスター、ドナルド・トランプにはマクロンやトルドーのような若さはないかもしれませんが、多くの人、特に現代の米国政治に権利を奪われていると感じていた人々にとって、経験ではなく将来性こそが、彼の魅力でした。

これらは大雑把な推論に基づいて都合よく選ばれた例だと思われるかもしれません。しかし、スタンフォード大学のザカリー・トーマラとジェイソン・ジアが、ハーバード大学経営大学院のマイケル・ノートンと共同で行った研究によれば、実際に将来性は、はっきりとした実績をしばしば打ち負かします。たとえば、彼らの研究の一つでは、採用担当役の実験参加者に、大企業の財務部上級職に応募してきた二人の候補者の情報が渡されました。[22] どちらも似たような経歴で、持っている資格にも差はありません。違っていたのは、片方の候補者にはこれまでに関連業務の経験が二年あり、「リーダーシップの達成度調査」というテストで高得点を取ったのに対して、もう片方は関連業務の経験はなかったものの「リーダーシップの将来性調査」というテストで高得点を取ったという点でした。候補者二人に関する情報に目を通したあと、採用担当役がずっと望ましく興味深いと評価したのは、将来性のある候補者のほうでした。「達成したこと」というのは、少なくとも現在の時点では、すでに過ぎ去ったものです。「達成したこと」は歴史なのです。私たちの注意はつねに動き続け、次の快楽を探し求めようとします。そしてこのとき、将来性は快楽をもたらす有力な選択肢になります。その不確実性と曖昧さが、ある種の麻薬として作用し、より大きな関心を刺激され、精神の処理能力が高まるからです。

ソーシャルメディアを対象に行った研究でも同様の結果が出ました。その研究ではフェイスブックのユーザーに、あるコメディアンを主役に据えた新番組の広告をいくつか見せました。実験参加者の半数が見た広告は将来性にフォーカスしたものでした。「新世代のスターになりそうだと批評家たちは言っている」や「来年の今頃には、みんなが（こいつのことを）話しているかも」といった宣伝文句が書いてありました。もう半数の人が見たのは実績にフォーカスした広告でした。「新世代のスターになったと批評家たちは言っている」や「みんなが（こいつのことを）話している」といった宣伝文句が書いてありました。結果を見ると、そのコメディアンに対する関心（クリック率で測りました）も好感度（ファンページへの「いいね！」の数で測りました）も、将来性にフォーカスした広告を見た人たちのほうがずっと高くなっていました。

将来性を好む傾向は非常に強く、評価対象がメッセンジャー本人ではなく、その人の作品であっても働くほどです。二つの芸術作品についてどれくらい好きかを答えさせた研究では、まず片方の作者には大きな将来性があり、もう片方の作者には名誉となるような特筆すべき実績があると伝えてから評価を行わせましたが、高い好感度が示されたのは、将来性があるとされた作者の作品のほうでした。芸術作品はもちろん静的なもので、時間とともに変化したりはしません。したがって、人々の判断は目の前の作品に基づいてなされるべきでした。けれども、片方の作者がこれからもっと偉大になっていくかもしれないという考えは、参加者たちの評価を偏らせたのです。

個人に当てはまることは組織にも当てはまります。二〇一七年四月、経済誌各誌は一斉に、テスラが株式時価総額でゼネラル・モーターズを十億ドル以上上回ったと報じました。次に挙げるような事実があったというのに、そうなったのです。第一に、ゼネラル・モーターズは一九〇八年の創設以来ずっと（つまり、テスラよりもおよそ一世紀長く）自動車製造を行ってきました。第二に、直近四半期の販売台数を比べると、テスラの二万五千台に対し、ゼネラルモーターズは二百三十万台でした。そして第三に、株式時価総額がゼネラル・モーターズより高くなっているとしても、テスラが四半期の成績で黒字を計上できたのはそれまでの十五年の歴史で二回だけでした。テスラの実績と株価の不整合を受け、テクノロジー系ジャーナリストのウォルト・モスバーグはツイッターに「これは株式市場の評価が現実を反映していないという十億個目の例だ」と書きました[23]。実際そのとおりでした。株式市場では将来性が重視されすぎる場合が多々あります。

これは必ずしも、人々が確実なものである実績よりも不確実なものである将来性をいつも好むということを意味するわけではありません。しかしときとして将来性は、それを持つメッセンジャーに人々が割り当てる注意と関心のレベルを引き上げます。そして選挙では、はっきりとした勝者が生まれる多くの一発勝負と同じく、その高められた注意と関心だけで十分に局面を変えられる場合があります。二〇一六年には、共和党支持者であれ民主党支持者であれ、ヒラリー・クリントンは（今回だけの話ではなく、おそらくは歴史上）最も経験豊富で最もその地位にふさわしい大統領候補だと述べていました。それとはまったく対照的に、ドナルド・トランプは生涯においてただの一度も政府機関で働いたことがありませんでした。有名な話ですが、選挙キャンペーン期間中、現職の大統領だったバラク・オバマは、トランプには「（大統領として仕事をする）準備が嘆かわしいほどできていない」「重要な問題に関する基本的知識があるように見えない」と警告しました。[24] クリントンは当然、いくつもある過去の実績を示すことができました。トランプに示せるのは自らの将来性だけでした。おそらくそのせいで、彼はより興味深い人物になったのです。

有能さに耳を傾ける

メッセンジャーが有能さのシグナルを発するとき、そのシグナル（見た目であれ、説得力あふれる紹介であれ、将来性であれ、自信満々の態度であれ、あるいは単にふさわしい肩書きであれ）は受け手の反応を劇的に変えることがあります。一九七七年のＫＬＭオランダ航空機とパンアメリカン航空機の衝突事故、一九八二年にワシントンＤ・Ｃで起きたエア・フロリダ機の墜落事故、資格を持った看護師が、医師は何か勘違いしていると思いながらも、馬鹿げた指示に異議を唱えられなかった事例、どの場合も、結果に影響を与えたのは、メッセージではなくメッセンジャーでした。ステータスの低い人物はランクの高い人の指示に唯々諾々と従ってしまうのです。

はっきりさせておくと、有能なメッセンジャーが効果的にメッセージを伝えるのに、地位に基づいた力を受け手に対して持つ必要はありません。ただし、有能さが持つ影響力と地位に基づく力の影響力は多くの場合、一緒に働きます。どちらも高いステータスを持つメッセンジャーに備わっていると考えられているからです。この強い影響力の組み合わせは、それがない場合ならまったく意味をなさないようなものを簡単に押し通してしまいます。点耳薬は患者の直腸に挿入されます。だからこそマイケル・コーエンと同僚のニール・デービスは、七百ページの著作を数え切れないほどの投薬ミスで埋め尽くせるのです。

また、有能なメッセンジャーは、必ずしも他人を出し抜こうとか力で支配しようと考えているわけではありません。有能なメッセンジャーにステータスが与えられるのは、彼らに優れたスキル、知恵、経験があるからです。あるいは、少なくともそうしたものを持っていると見なされているからです。彼らに影響力があるのは、その才能が尊敬され、有用な知識と「真似る価値のある」情報の源だと見られているからです。有能なメッセンジャーは受け手に情報を与えます。彼らは人々に自分の話を聞けと要求するわけではありません。受け手の注意を要求するのはまったく違うタイプの人々であり、そうした人々が発揮するのは**支配力**《ドミナンス》です。

3

支配力《ドミナンス》

力、優越性、そして命令が同情を打ち負かすとき

二〇一六年の大統領選で最初の候補者討論会があったとき、共和党候補のドナルド・トランプは民主党の対抗馬ヒラリー・クリントンの発言を五十一回遮りました[1]。つまり平均して五十秒に一度、クリントンの話を遮ったことになります。それ以降の討論会でも、トランプはこの戦術を繰り返しただけでなく、物理的にもクリントンの優位に立とうとしました。ステージを横切ってクリントンのほうへ文字どおり迫り、不気味に立ちはだかったのです。

予備選挙ですでに侮辱の才を示し、周囲の人々を軽んじて支配しようとしていた横柄な候補者が、なぜ現代の民主主義国の選挙で選ばれてしまうのでしょうか。洗練された社会なら当然、大統領にはいい、いい、いい大統領にふさわしい人になってもらいたいと考えるはずではないでしょうか。魅力があり協力的で謙虚な人に。敵を味方に変えるのが上手な人に。敵を増やして味方を減らすのに長けた人ではなく。現代社会では、ほかの人たちの支配だけを目標とする人物など、真面目には相手にされないはずではな

いでしょうか。しかし、この考え方は、悲しい真実を覆い隠しています。誰の話に耳を傾けるかということに関して言えば、支配的であると見なされたり、他者への支配力《ドミナンス》を示したりするメッセンジャーは、ステータスが高いと認識され、そのことがしばしば優位に働きます。[2]

ステータスへの道としての支配力《ドミナンス》

ハード型のメッセンジャーは、まずステータスを備えているとわからせることで、メッセージを受け入れさせます。そして、社会経済的地位や有能さと同様、支配力《ドミナンス》も、ステータスを獲得する経路の一つです。[3] しかし、社会経済的地位や有能さが、多くの場合、緩やかな幅のある形で存在しているのとは異なり、支配力《ドミナンス》は、あるかないかの線引きがもっと厳密で絶対的です。それが最も頻繁に結びつけられるのは、唯一のはっきりとわかる結果です。遺伝学では、ある遺伝子とその変異（対立遺伝子として知られています）は、それぞれ顕性《ドミナント》か潜性《リセッシブ》のどちらかです。たとえばエンドウ豆の場合、顕性遺伝子（R）が二つなら、しわのないエンドウ豆になり、潜性遺伝子（r）が二つなら、しわのあるエンドウ豆になります。ですが、Rとrが一つずつだったときはRが勝ち、しわのないエンドウ豆ができます。エンドウ豆ではRが完全に支配的《ドミナント》であり、rはまったく劣勢です。Rが勝利します。そして取り分はオール・オア・ナッシング、つまり片方が勝ち、もう片方は敗れるのです。

人間の場合も同じです。社会集団の構造は複雑かもしれませんが、個々の人間関係の多くは、結局、支配する者とされる者の関係なので、社会集団はリーダーとフォロワーという形になりがちです。社会的支配力《ドミナンス》は、集団内における個人のランクあるいは地位と定義でき、それを定めるのは競争的な状況もしくは戦いの場で他者を打ち負かす能力です。したがって、支配力《ドミナンス》を得るためには、自己主張をしなくてはなりません（ときに利己的なやり方で、そして非常に多くの場合、他者を犠牲にして）。求めているのは試合での勝利かもしれません。あるいは欲しいものを手に入れることかもしれません。あるいは自分の声や意見を確実に、最も大きく、そして最も頻繁に耳を傾けられるものにすることかもしれません。支配的なメッセンジャーの主な目標は、ほかの人々に圧勝することです。

スポーツや競争の世界では、これがはっきりと当てはまります。一九七〇年代から八〇年代のリバプールFCを考えてみてください。あるいは一九九〇年代のマイケル・ジョーダン率いるシカゴ・ブルズ、二〇〇〇年代のロジャー・フェデラー、二〇一〇年代のペイトリオッツ、そして、その全年代におけるラグビーのオールブラックスを。ある選手やチームが対戦相手を打ち負かした場合、特に圧倒的な勝利を収めた場合、ゲームを支配していたと言われます。同時に敗者は、勝者と、敗北を目撃した観衆両方の目の前で支配力《ドミナンス》を失い、低いステータスが確定します。

しかし支配力《ドミナンス》は単なる行動の結果ではありません。それは個人的特質でもあります。競争心を表に出して行動したり、勝ち気に自己主張したりする傾向のある人は支配的な性格だと見なされることがあります。これは、どんなときにも場をコントロールしたり権力を持ちたいという望みを抱く人も同様です。こうした支配的な性格の人は「勝利はどう戦うかよりも重要だ」という哲学を採用します。[4] 支配的な性格を持つメッセンジャーは友好的というよりも好戦的なタイプで、共感や思いやりをあまり示しません。関心の的は自己利益であり、儲けを増やしたり、他者への社会的支配力を持ち続けようとしたりします。そして、競合相手や挑戦者の犠牲の上に目標が達成されるなら、それに越したことはないと考えます。自分の食べるケーキがますますおいしくなるからです。私たちも、ほかのときには支配的な人物が、友好的で礼儀正しく振る舞っているのを見たときには彼らの支配力《ドミナンス》が低下したと考えます。[5] 彼らは意志が強く、迷うことなく権力を奪取し、ときには、ある集団を頂点に、別の集団を底辺に置く不平等なイデオロギーを支持します。[6] いくつかの個性診断ツールや個性評価尺度では、こうした特徴をもつ人々を「Dタイプ・パーソナリティ」と呼んでいます。「D」があらわすのは、いずれも「D」から始まる四つの単語、支配的《ドミナント》、自己本位《ディマンディング》、単刀直入《ダイレクト》、決断力《デサイシブ》のあるです。

根深い支配力《ドミナンス》の検出

社会的支配力《ドミナンス》は、ステータスに基づく序列の一形態として、遠い昔に生まれ、重要な機能を担っています。序列をもとにした協力を促し、それによって、不必要な闘争が繰り返されるコストを避けやすくしているのです。[7] また、ヒト以外の霊長類にとっては今もステータスへの主な経路です。アカゲザルが良い例です。しばしば旧世界ザルと呼ばれるこの猿は、カリスマ性と知性、そして好奇心を備えた生物で、インド、パキスタン、アフガニスタンの多くの大都市では、人間のすぐ近くで暮らして

インドの都市ジャイプルのアカゲザル

います。食べるのは木の根、木の実、種、樹皮、穀物などで、特に果肉と果汁を好みます。そして非常に社会的な（そして序列意識の強い）動物です。

ある研究では、喉が渇いている[*]オスのアカゲザル（それまでは小さな集団で暮らしていた）のグループを分け、一匹ずつ大きな画面の前に置きました。[8] それぞれのサルは、画面の左右どちらを向くか次第で、得られる果汁の量が違うとすぐに気づきました。左を向けば、おいしい果汁がたっぷりともらえます。しかし右を向いた場合には、別のサルの画像が表示され、もらえる果汁の量はまちまちになりました。[**] 研究者が知りたかったのは、アカゲザルが仲間の画像を見るために、より大きな代償（諦める果汁の量で計測します）を払おうとするかどうかでした。

答えの一部はほとんど驚くようなものではあり

ませんでした。オスのアカゲザルたちは発情中のメスの生殖器を一目見るのと引き換えに相当な量の果汁を諦めました。しかしおそらく、それよりも注目すべきは、サルたちが自分よりも支配的でステータスの高いオスの姿を一目見るためにも躊躇《ちゅうちょ》なく果汁を諦めたことです。その一方で、自分たちよりもランクの低いオスを見せられたときには、「果汁の割増し」を要求しました。別の言い方をすれば、サルたちは自らの相対的ステータスと画面に映ったサルの支配力《ドミナンス》とを基準にして対価を払うか求めるかを決めたのです。生まれつきこのような行動を取る（あとから教え込む必要はほとんどありません）のはアカゲザルだけではありません。人間という親類も似たようなものです。自分の小猿がお気に入りのポップスターの映っている画面に見入っていて夕食のテーブルにやってこないと嘆く親ならよくわかっているように、私たち誰もが、なんらかの〝モンキー・ペイ・パー・ビュー〟[†]に夢中なのです。

人とサルは、ある種の社会環境を進んでいくのにほとんど同じ認知メカニズムを使っています。これは進化的適応の結果であり、そのおかげで、私たちに共通の先祖は周囲にいるなかで特に重要な個体の情報を選別して取得できたと考えられます。しかしこのメカニズムは、誰に目を向けるべきかの指針を与えているだけではありません。正しい決断を下す助けにもなっています。たとえば、群れの

＊　実験の準備として、サルたちは水分摂取を制限された。
＊＊　ここでは実際の実験を簡略化して説明している。
†　実験でのサルの行動をテレビの有料放送《ペイ・パー・ビュー》を視聴することになぞらえたフレーズ。

序列が低いチンパンジーは、より支配的なメンバーの動きを追い、食物の隠し場所に気づいているかどうかを調べて、いつだったら食物を取りに行っても安全かを判断します。学校でいじめられている生徒が図書室や保健室に身を潜ませて、いじめっ子にお弁当を奪われないようにするのと同じで、序列下位のチンパンジーが食物の回収に行くのは、支配的な仲間が隠し場所に気づいていないときが多いのです。[9] 学校の生徒の場合もチンパンジーの場合も、この精神的メカニズムのおかげで、負けが見込まれる戦いを避ける手段が取れるというわけです。

支配力《ドミナンス》を示す手がかりとそこから生じる反応は、ヒトにしっかりと刻み込まれているため、生後十カ月の子どもでも気づけるほどです。ある研究では、赤ちゃん二十四人に短い動画を見せました。主役は、茶色い三角形と青い丸です（どちらにも目と小さな鼻がついています）。茶色い三角形が小さな家に入り、椅子に座ります。楽しそうにしていましたが、青い丸が現われ、三角形を家から追い出しにかかります。三角形の抵抗空しく、意地悪な丸が勝利します。そのあと、赤ちゃんたちは二本目の動画を見ます。今度の動画では、茶色い三角形と青い丸が画面の中を走り回って、空から降ってくる物体（木から落ちてくるリンゴとよく似ています）を拾い集めています。最後の場面で、二体のキャラクターは最後まで残っていた物体を拾おうとします。「名誉を賭けた」決闘でピストルを抜く二人の英国紳士のように、茶色い三角形と青い丸は対決を行い、勝ったほうが景品を手に入れます。さて、この最後の場面は二種類用意されていて、赤ちゃんたちが見たのは、そのどちらか一つでした。バージョン一では、前の動画で支配的だった青い丸が最後の物体を拾い、前の動画で押し切られた茶色い三角形が敗れました。バージョン二では、勝敗がひっくり返っていました。茶色い三角形が支配力《ドミナンス》を発揮して物体を拾いあげ、青い丸が敗れたのです。

目にしたものに幼児がどれくらい驚いているかを評価しやすくするために、凝視時間の長さで驚きの度合いを計測するという以前にも紹介した手法（三三ページ参照）を使って調べたところ、予想外の結末（バージョン二）を目にした赤ちゃんたちのほうが、ずっと長く画面を見つめていました。[10] これほど幼い子どもであっても、どちらが支配的なキャラクターだったかを覚えているばかりか、その情報に基づいて、その後の対決結果の予想までできるのです。それだけではありません。別のある研究では、幼児がメッセンジャーの相対的な支配力《ドミナンス》について、推移的推論†を行えることもわかりました。たとえば、Aという人物がBという人物との戦いに勝利し、Bが同様の戦いでCという人物に勝つのを見た生後十カ月の赤ちゃんたちは、AとCが戦えばAが勝つと推論しました。[11] ほかの研究によれば（たとえばスタンフォード大学のエリザベス・エンライトが注視時間を測定し行った実験など）、赤ちゃんたちは、支配的なキャラクターと服従しているキャラクターのペアが平等に資源を分け合ったときには、支配的なキャラクターが資源を多く取ったときと違って、驚きを示します。[12]

つまり、私たち誰もに、驚くほど早い段階から、「戦利品は勝者のもとへ行く」という予想が深く根付いているのは間違いありません。ヒトという種としての私たちは生まれつき、支配力《ドミナンス》を検知して社

† 既知の関係についての知識から未知の関係を推測する能力。

会的環境を進む指針として使うように、そしてそれに大きな注意と高いステータスを与えるようにできています。そのため、支配的な人物が影響力のあるメッセンジャーとなる場合が多いことに、なんら不思議はないのです。

支配力《ドミナンス》の非言語的シグナル

たいていの場合、私たちは支配力《ドミナンス》と特定の性格とを結びつけています。たとえば「自己主張が強い」です。「厚かましい」が結びつくこともあるでしょう。「攻撃的」が結びつけられることすらあります。真面目に考えてみたらびっくりするような話ですが、こうした性格はときとして強い魅力を放ちます。証拠の示すところでは、男性の場合、ティンダーなどのマッチングアプリに自分の写真を投稿するときには、身体を大きく見せた威圧的なポーズのものを使うと、好結果が出やすくなります。[13] これを踏まえて考えれば、ロシアのウラジーミル・プーチン大統領が上半身裸で威圧的に馬に跨がっている画像[14]が、あれほど広まっている理由はほとんど謎ではなくなります。威圧的に見える男性がオンラインの恋愛市場で勝利を収めやすいのと同じように、プーチンは男らしさを示すことで選挙市場での勝利を収めているのです。しかし、社会的支配力《ドミナンス》の伝え方は、粗雑で原始的な男らしさの誇示以外にもいろいろあります。

人間同士がやり取りをするときには、相手の姿勢に対して相補的な姿勢[†]を取るのが一般的な傾向です[15]。しかし、支配的な人物は身体をより大きく見せる姿勢を取り、身振りも大きくなる傾向があります。そのため占有スペースが広くなります。実際、支配力《ドミナンス》を知らせたがっている人が、周囲の環境を文字どおりに自分のものとするため、家具に手や足を乗せることは珍しくありません。米上院で多数派のリーダーだった当時、リンドン・B・ジョンソンは、政敵を威圧的な身振りと姿勢で「もてなす」人物として知られていました。議員への働きかけを側近たちに任せるのではなく、上院の廊下で狙う議員を探し出し、隅に追い詰めると、長身の背中を丸めて息がかかるほど相手に顔を近づけました。一九六六年に出版されたリンドン・ジョンソンの評伝には、ジョンソンが「ぐっと距離を詰めた。相手に触れそうなほど顔を寄せ、目を見開いては細め、それに合わせて眉毛が上下した」とあります。この動きで、狙われた相手は催眠術にかけられたような状態に陥り、茫然としてなす術がなくなるのだと言われました[16]。それは支配をあらわす身体言語の典型でした。対照的に、従順な側は相手の身振りに対して反対方向の動きをします。脚を組み、身体を小さく見せて、おとなしそうに振る舞うのです。

私たちはみな、たとえ意識はしていないとしても、こうしたシグナルに気がついています。たとえば、複数の研究によれば、人は職場で会話する二人の従業員の写真を見て、どちらの従業員のランク

† ここでは、相手の支配的な姿勢に対しては服従的な姿勢をとり、服従的な姿勢に対しては支配的な姿勢を取ることを指す。

が高いかを実にやすやすと見抜きます。何枚もの写真や何本もの動画を見る必要はありませんでした。実験参加者たちは、当たり障りのないシチュエーションの一枚の写真から、十二分のヒントを手に入れたのです。[17] この能力は三歳の子どもにさえ備わっています。[18] 子どもたちも、身体の姿勢、目つき、頭の傾け具合、年齢、物理的に占めている場所から、「どちらが偉い人か」を即座に見抜きます。

ここまで取りあげたような身振りが、メッセンジャーの内的感情と結びついている場合は多々あります。たとえば、支配的なポーズはプライドを、従順なポーズは恥辱を示します。英国の作家で神学者でもあったC・S・ルイスは著書『キリスト教の精髄』で「プライドは何かを所有することからではなく、隣人よりも多く所有することからのみ、喜びを引き出す」と述べています。[19] 要するに、プライドというのは主として競争的な感情だと言っているわけです。進化論を唱える人々もおおむね同じ意見で、プライド（とその反対語の恥辱）という感情は、個々人の社会的ランクを他者と比べる形で伝えるために進化してきたと考えています。[20] 支配的なチンパンジーが、ライバルを打ち負かしたあと、胸を張り、頭を反らして、身体を大きく見せる姿勢を取るのとまったく同じように、ヒトもそうした姿勢を示します。一方、恥辱から生まれるのは正反対の姿勢です。従順な態度でうなだれ、肩は落ち、背中が丸まります。ほかの霊長類と同じく、人間のプライドや恥辱は傍目《はため》にもはっきり見て取れます。そして、大変興味深いことに、感情的反応がこのように動作や姿勢に現れるのは、生来のものらしいのです。

ある興味深い研究で、心理学者のジェシカ・トレーシーとデビッド・マツモトは、柔道の試合を終

プライドと関連した動作を体系的に分析して得られた，典型的なプライドの表現。微笑を浮かべ，頭を少し後ろに反らし，腕を張って腰に手を当て，身体を大きく見せる姿勢を取っている[22]。

えたばかりの選手たち（勝った選手も負けた選手もいます）が自然に見せた非言語的振る舞いを調べました。勝ったときも負けたときも、勝利あるいは敗北を物語る合図がはっきりとあらわれていました。勝者は背を伸ばして立ち、胸を張り、身体を大きく見せる姿勢を取って、かすかに誇らしげな笑みを浮かべました。反対に敗者は、意気消沈して肩を落とし、うなだれました[21]。

どうして、こうした反応が生まれつきのもので、後天的に習得したわけではないと言い切れるのでしょうか。結局のところ、勝者も敗者もそれ以前の勝者や敗者が同じような状況でどう振る舞ったかを見ていて、それを真似しただけだという主張は絶対に成り立つはずです。ところが、トレーシーとマッモトの研究は、この主張が成り立たないことを明らかにしたのです。なぜなら彼らが研究対象とした選手は全員、先天的な原因で生まれたときから目の見えないパラリンピアンだったからです。彼らに勝者や敗者が取る姿勢を観察する機会はまったくありませんでした。そのため、後天的な学習から、ほかの人の真似をして特定の感情と特定の動作を合致させたはずはありません。彼らが見せた動きは生まれつき組み込まれている反応だったのです。

プライドの典型的な表現だけが自動的なプロセスなわけではなく、それに対する受け手の反応も同様です。プライドのあらわれを目にしたとき、私たちの心は、意識的な熟考をほとんど必要とせずに、すぐさま支配力《ドミナンス》とステータスを連想します。潜在連合テスト（さまざまな概念のあいだにある連合の強さを測るテスト。略称ＩＡＴ）を用いて実施された調査では、このことがはっきりと実証されています。[23] 実験参加者は、モニターに表示される人物写真に反応するよう指示されました（プライドを示している写真もあれば、驚き、恐れ、恥、満足など、ほかの感情を示している写真もありました）。具体的な指示内容は、いくつかの写真を見ながら、それと一緒に表示される高いステータスを示す単語（たとえば、「威厳がある」「支配的」「重要な」「特権のある」など）と低いステータスを示す単語（たとえば「謙虚な」「二流の」「従順な」「弱い」など）を分類するようにというものでした。実験の結果によれば、調和した二つの刺激（たとえばプライドを示す写真と「支配的」という単語）

が一緒に提示された場合、分類のスピードも正確性も増します。しかし二つの刺激が同じ範疇に属していない場合（たとえば、プライドを示す写真と「弱い」という言葉の組み合わせ）には、正しい反応を返すために、意識して自然に生まれた連想を打ち消さなければなりませんでした。こうした精神の働き方は、たとえるならお腹をさすりながら、同時に頭を軽く叩いているようなものです。重要なのは、このテストが西洋の均質的集団でだけ実施されたわけではないという点です。フィジーの小さな村の人たちを対象に行われた同様の研究でも同じ結果になりました。人類の一部集団でプライドを示すとされた表現は、別の集団によっても例外なく、想定どおりのステータスと結びつけられたのです。[24]

プライドには二つのまったく異なった種類があります。一つは実績を伴った真のプライドです。これは勝ち取られたものです。たとえば何年も準備をし、練習に励み、さまざまな我慢をし、ついに金メダルを取ったオリンピック選手を考えてください。もう一つは傲慢なプライドで、これを生むのは、勝手に肥大した不遜な自己イメージです。[25] 傲慢なプライドを示す人は、そうする権利があると信じているのかもしれませんが、その権利を授けているのも受け取っているのも同じ人物、つまり本人でしかありません。真のプライドはその持ち主に偽りなき自尊心を授けます。傲慢なプライドから生まれるのは、他者を劣った者として扱ってよいという考えであり、そこから生まれる行動はしばしば、攻撃的だったり、威圧的だったり、利己的だったり、人を操ろうとするものになったりします。このような大きな違いがあっても、ただ眺めているだけの人にとっては、この二種類のプライドは表面上ほとんど同じものです。本質的に、その二つは感情の一卵性双生児なのです。とはいえ、見た目はうりふたつでも、人々は直感的に、その二つから異なったメッセージを受け取ります。どうやら私たちはメッセンジャーが自分の成し遂げたことに誇りを持っているのか、それとも単に受け手の私たちよりも優れた人間だと思い上がっているだけなのかを見分けられるらしく、その判断次第で反応を変えているのです。

このことをよく示した研究があります。その研究では、学生がビデオ通話で評価者に対してプレゼンテーションを行い、その際、彼らの唾液に含まれるコルチゾール（ストレスを感じると分泌されるホルモン）の量が計測されました。プレゼンテーション中、学生は定期的に非言語的なフィードバックを評価者から受け取りました。学生たちには知らされていませんでしたが、評価者の「微笑み」が三種類、プレゼンテーションに先立って録画されており、そのうちの一つが学生に示されていたのです。このとき使われた「微笑み」は「うまくやれているというメッセージを伝えてやる気にさせる微笑み」「敵ではないことを知らせる親和的な微笑み」「学生に対する優越感を示す傲慢で威圧的な微笑み」でした。親和的な微笑みや、やる気にさせる微笑みを受け取った人と比べ、傲慢で威圧的な微笑みを向けられた学生たちはずっと強いストレスを感じており、唾液に含まれるコルチゾールの量が通常レベルまで戻ったのはプレゼンテーションが終わってから三十分もたってからでした。[26] もし、微笑みを向けられたあと、ストレス性の不安や落ち着かなさを感じたことがあるなら、たぶんそれは嘘偽りのない誇らしさや喜びから来る真の微笑みではなく、横柄さから生じる傲慢な微笑みを向けられていたためです。

支配的な本性を暴露するのは、姿勢や身振りばかりではありません。支配力《ドミナンス》は顔も持っており、その見た目はさまざまな文化や社会に共通しています。支配的な顔にあるのは、平均よりも、張り出した顎、太い眉、大きな鼻、縦長ではなく幅広の輪郭です。たとえば、シルベスター・スタローン、ベーブ・ルース、習近平、ヴィニー・ジョーンズなどを思い浮かべてください。こうした顔立ちの特徴と支配力《ドミナンス》との連想による結びつきは、弱いものではありません。平均以上に幅広の顔をした人物は、手強く支配的だと見なされやすいという研究もあります。また、たまたまこうした特徴が挙げられているわけでもありません。いくつもの異なった文化の出身者たちがみな一様に、顔つきから肉体的屈強さを正確に推測するという驚くべき能力を持っていることは、多くの研究からわかっています[27]。さらに、顔の輪郭の縦横比から、人物の攻撃性をある程度予想することさえできるのもわかっています。たとえば、カナダの研究者たちは、サンプルとして選んだアイスホッケーのプロ選手たちの顔の縦横比と、その選手たちが前シーズンに、プレー中の危険行為によってペナルティボックスに入れられていた時間の長さとのあいだに相関関係を見出しました[28]。同様に、輪郭の縦横比は、たとえば、総合格闘技のアルティメット・ファイティング・チャンピオンシップのような競技における勝敗予想にも役立ちます[29]。平均よりも縦横比が横に大きい顔をしているのは、ビジネスの場面でさえ役立ちます。ある研究では、四角い輪郭でがっしりとした顎の持ち主たちは、自分のボーナスの金額交渉で、縦長で細い顎をした同僚よりも強気の交渉を行い、高額をせしめることが示されました[30]。

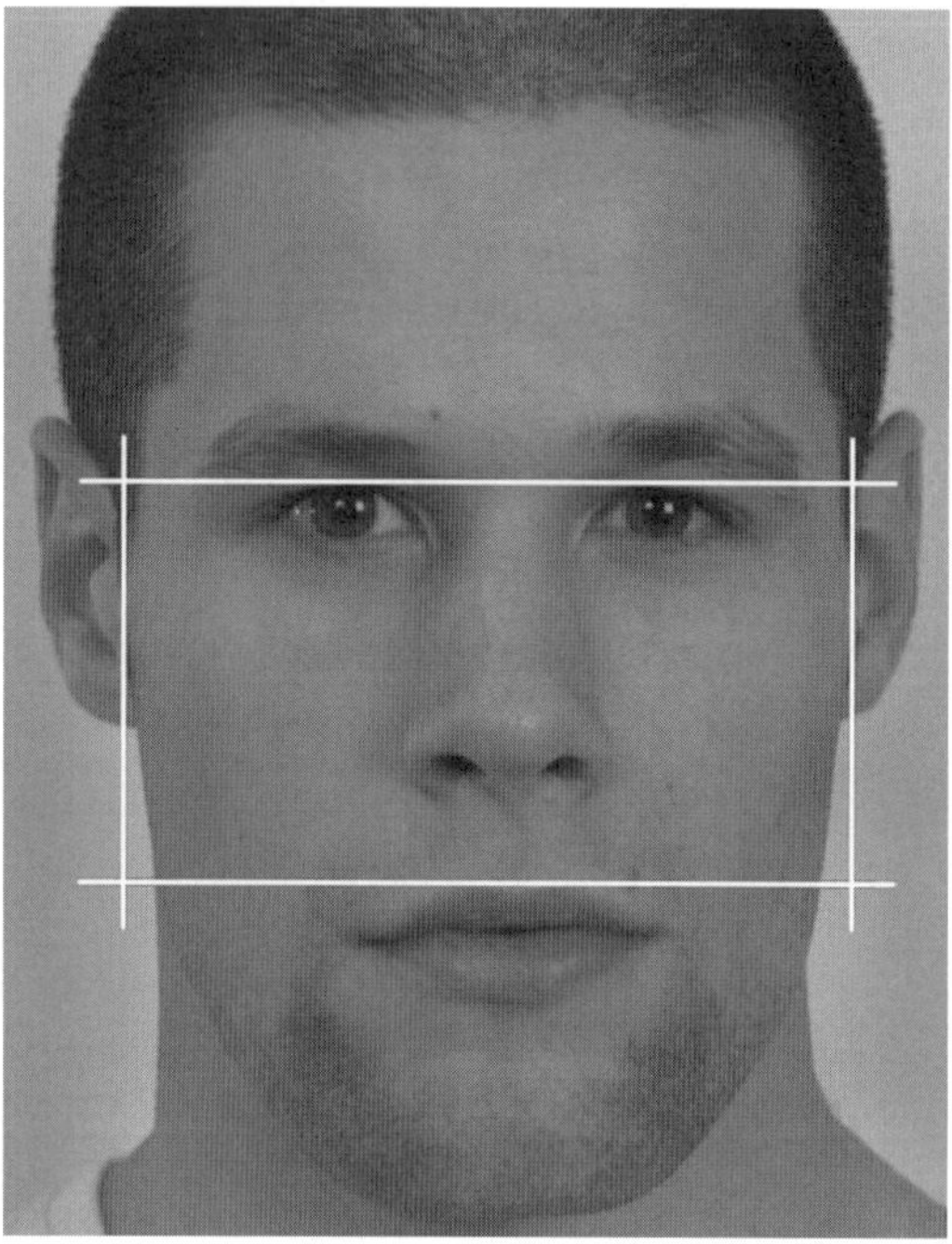

顔の縦横比の出し方の実例[31]

こうした手がかりに対する反応はごく幼いころに身につきます。ある実験ではハーバードとプリンストンの研究者チームが三〜四歳の子ども数百人に、デジタル加工を施した顔写真を何枚も見せ、そのあと「このなかでとっても意地悪なのは誰でしょう」や「このなかでとっても良い人は誰でしょう」といった質問をしました。ほとんど例外なく、子どもたちは支配的な（つまり、四角くて、縦横比が横に広い）顔を「意地悪な人」として、縦長の丸顔を「良い人」として選びました。しかも、回答の合致率は九〇％近くになりました。[32] もっと大きな子や大人を対象にした実験でもおおむね同じ結果が報告されています。これもまた、人間がこうした肉体に関する初歩的な手がかりを、成長したあとも使い続けているという証拠です。

支配力《ドミナンス》を知らせるのは、ある種の顔立ちや姿勢ばかりではありません。背の高さもそうです。これは私たちの祖先が暮らした社会を考えれば、おそらく驚くような話ではないでしょう。そこでは肉体的な強さが、生き残るための必須条件だったわけですから。しかし、背の高さと支配力《ドミナンス》との連合は私たちにとても強く埋め込まれているので、その連合の適用範囲は、現代社会の必ずしも肉体的強さを求められない役割にまで広がっています。たとえば、ほかの条件が同じだったら、リーダーに選ばれやすいのは背が高い候補者です。* もちろん、例外はあります。たとえば、ナポレオンやチャーチルがそうです。ですが彼らは、一般的な法則から逸脱した特殊例です。[33]

日々のありふれた状況においてさえ、背が高いほうの人が支配力《ドミナンス》があると見なされ、相手の承諾を促せるということが、頻繁に生じています。それをはっきりと裏付けたのが、オランダの心理学者チームでした。彼らはあるスーパーマーケットの出入り口（一度に一人しか通れない）に入っていく買い物客たちを観察しました。心理学者チームは、出入り口の壁にチョークで何本か線を引き、買い

＊　ここで一九八四年に制作された非凡なミュージックビデオを紹介しよう。公開の決闘で高官を選出することのメリットについて考えたことがある人なら、ここでの論点との関係がわかるかもしれない（https://www.youtube.com/watch?v=K2QAMqTgPKI）。

物客たちの相対的な背の高さをチェックしました。その結果、二人の買い物客が同時に両方向から出入り口に近づいてきた場合、つまり、どちらかが譲らなければならない場合、六七％の割合で背の低いほうが譲っていることがわかりました。この発見は、男性同士の場合も女性同士の場合も当てはまり、千組以上を対象とした追跡調査でも同じ結果になりました。[34] もちろん、背の高いほうに譲るのはオランダ固有の文化習慣だと論じられなくはないでしょう。しかし、ほかの諸研究はその考えを支持していません。別のある研究では、生後十カ月の赤ちゃんたちに、二体のキャラクターが狭い場所ですれ違う動画を見せました。赤ちゃんたちの注視時間は、背の低いキャラクターが道を譲り、背の高いキャラクターが先に通ったときのほうがずっと短く、あまり驚いていないことが示されました。[35]

まだ喋ることのできない赤ちゃんが、背の高さを基準に支配力《ドミナンス》の有無を判断しているという事実は、「大きくて強い人」と「思いどおりにする人」とを結びつける傾向が、私たちに元々備わっていることを裏付けているように思われます。そして、オランダの買い物客たちの行動からわかるように、こうした考え方は一生消えません。あらゆる種類の重要な決定をする場面で私たちに影響を与えます。仕事のリーダーを選ぶやり方が良い例です。私たちは背が高い人を好む傾向がありますが、それは背が高く、強そうに見えるメッセンジャーは、メンバー（同僚や、ほかのリーダー希望者など）をまとめるのに長けていると推論するためです。そして、幅広の顔をした、支配的に見えるメッセンジャーについてと同じように、背の高いメッセンジャーについても、自分たちを代表した交渉の場で、よりはっきりと意見を述べてくれると信じています。たとえば、心理学者のアーロン・ルカシャフスキが実験参加者にビジネスコンサルタント会社の男性従業員たちの写真を見せたところ（全員が同じような服装で顔にマスクをしていました）、背の高い人物をほかの人より好意的に評価し、頼りになると考え、チームのメンバーに指示をちゃんと守らせてくれそうだと評する傾向が見られました。また、背の高い人物のほうが、チームの代表にふさわしく、社内で出世するだろうと見られていました。[36]

背の高い従業員に有利な偏見が大変深く根付いているため、背の高い従業員は実際に高給取りでもあります。有名な二〇〇四年の研究で、ティモシー・ジャッジとダニエル・ケーブルは、年齢、ジェンダー、体重の補正を行ったあと、背の高い人は、キャリアを通じて、背の低い同僚よりもずっと高い給料を得る傾向があることを発見しました。さらに、背の高さと収入の関係を数量化することにも成功しました。身長が一インチ（二・五四センチ）高くなるごとに、収入は年収額で五百十一ポンド（七百二十八ドル）から六百十八ポンド（八百九十七ドル）上昇します。[37] また、一般的に言って男性の収入は女性より高い傾向がある一方で、背の高い女性も背の低い同僚より高給を得ているという発見もありました。背の高さが収入に与える効果は、ほぼ確実に男女を問わず働いていると考えられます。

支配力《ドミナンス》の言語的シグナル

支配力《ドミナンス》には、視覚だけでなく聴覚的側面も存在します。簡単に言えば、私たちは高いステータスと落ち着いて聞こえる低い声とを結びつけやすいのです。そうなる理由の一つは、高い声が、聞く人の耳に苦痛や恐怖、不安（すべてステータスの低下を示す状態です）を知らせる危険があるのと同じように、低い声は自信と積極性があるという印象を与えるからです。[38] また、生物学的な理由もあります。低い音を生む大きく分厚い喉頭《こうとう》は、その人の身体が大きいことだけでなく、その肉体に流れるテストステロンの多さも示しています。つまり、恵まれた肉体の力と、それゆえに備わった強い支配力《ドミナンス》とを示しているわけです。この法則は男性にも女性にも当てはまるようです。一般論として、低い声の持ち主はより支配的であると見なされます。

有名な話ですが、テリーザ・メイとマーガレット・サッチャー（今のところ英国史上で二人だけの女性首相たち）は、専門家の助けを借りて、より低く、説得力のある、落ち着いた声を手に入れ、それを維持しようとしました。サッチャーの場合は、ロンドンの英国国立劇場で、俳優兼監督のローレンス・オリヴィエが用意したトレーニングを受けました。これも語り草になっていますが、一九七五年の保守党の党大会で、サッチャーは演説に先立って、毛ばたきを手に取り、演台の掃除を始めました。演台では別の人物がまだ話していたというのにです。[*] それから立ちあがって、演説を始めましたが、その声は普段の高い声ではなく、低く、豊かに響く声でした。彼女が描いて見せようとしたのは、はっきりとしたコントラストでした。金切り声をあげそうなカリカリした主婦（一部の人から彼女はそう見られていました）と、低い声で自らの自由社会像と個人的なステータスの獲得について語る政治家とのコントラストです。これは非常に効果的でした。サッチャーが女性初の英国首相になるまでの道のりで、最大の転機がこの党大会だったと考える人もいるほどです。

低い声の力はさまざまな研究によって実証されています。その一つでは、実験参加者に選挙立候補者の演説を二種類聞かせました（同じ演説にデジタル加工を施し、声を高くしたものと、低くしたもの）。そのあとどちらに投票するか選ばせると、十人中七人が、声の低いほうに投票しました。内容的には、声の高いほうも当然同じことを言っていたというのにです。[39] メッセンジャーが話すときには、声の調子も重要です。尻上がりの抑揚は陳述を疑問形にする効果がありますが、これは支配的なメッセンジャーにとって、ほとんど役に立ちません。彼らは低い声と下降調のイントネーションを用いて、メッセージが事実を述べているという印象を強めるからです。

ハーバード大学出身の政治学者ケーシー・クロフスタッドは、メッセンジャーの声の抑揚と高さが持つ効果の研究に興味深い発見を加えました。彼は男性と女性両方の声が持つ効果を調べました。やはり声の高さを加工し（高くする場合と低くする場合がありました）、内容は「十一月には、どうか私に投票してください」というシンプルなメッセージに統一しました。やはり、声が男性でも女性でも、受け手が強い選好を示したのは低い声のほうでした。[40] 興味深いのは、女性の受け手が、女性の声を判断するときに、この選好がとりわけ強く示されたという点です。この発見は、テリーザ・メイとマーガレット・サッチャーのボイストレーナーへの投資が最も有効だった相手は、男性ではなく女性の投

＊　https://www.youtube.com/watch?v=cVje4C1nTt0

票者たちだったことを示しています。ほかの研究では、米国の民主党員よりも共和党員のあいだで、太い声を持つ党首候補が好まれる傾向が強いということがわかっています。[41] 考えられる理由としては、保守派はたいてい、世界が競争的で恐ろしい場所だとリベラルよりも強く考えているため、支持者を守り、戦いに勝利できそうな候補者を好むということが挙げられます。その結果、選挙で誰に投票するかを検討する際に、低く、支配的に聞こえる声は、政治的左派よりも右派にとってのほうが、好印象を与える重要な特徴となるわけです。

現実の政治的競争において、太く低い声がいつでも勝利すると主張するのは馬鹿げています。ほかにもいろいろな要素が勝敗に影響しているからです。しかし、クロアチアの研究チームによれば、声の高さには、私たちが認めたくないであろうほど、大きな影響力があります。彼らはユーチューブに投稿された動画を使って、さまざまな国で行われた大統領選候補者の討論を五十組以上調べました。その結果わかったのは、より太く低い（より支配的な）声を持っている候補のほうが当選しやすいということでした。それだけではありません。声の低い候補が勝つときは、声の高い候補が勝利したときよりも獲得票数の差が大きくなる傾向もあったのです。[42]

支配力《ドミナンス》実践編

支配的な性格の人は、利己的で自己に執着する傾向がある一方、ほかの人々のために自己を犠牲にする見込みは非常に低いものです。証拠によると、これは「ほかの人々」というのが最も親しい最愛の人であっても変わりません。支配的なパートナーは配偶者の要求を受け入れるよりも、言葉の手榴弾のような攻撃的コメントを相手に投げつけることのほうがずっと多い傾向があります。従順なほうのパートナーは、支配的なパートナーの要求を受け入れることで、ふたりの関係における影響力を徐々に強められると信じているのかもしれませんが、そうなることはまずないというのが悲しい現実です。ある関係内の支配力《ドミナンス》が公平に分配されていないとき、決定権を持ちやすくなるのは、支配的なほうのパートナーです。それに加えて多くの場合、支配的でないほうのパートナーは、相手のものの見方や感じ方を取り入れるようになります。[43] カップルは時間とともにお互いに似てくるという考えには真実の要素がありますが、さらなる真実は、そうしたすりあわせにおいて、苦労のほとんどを引き受けるのは支配的でないほうのパートナーであり、支配的なパートナーへの歩み寄りは、その逆よりも大きくなります。支配的なメッセンジャーは、自分のステータスのほうが上だと思うと、互いに譲り合ったり、ギブ・アンド・テイクを楽しんだりする気を起こしにくくなります。

支配力《ドミナンス》は、もっと秩序だった構造的体系を通じても獲得できます。ほかの動物と違い、人間には序列を形成する独特の手法がいくつかあります。ゴリラは自分から昇進を志願したりはしません。チンパンジーは契約の締結に署名入りの契約書を使ったりはしません。ほかの霊長類とは異なり、私たちは他者と戦い、相手に対する権力を手に入れるために、手続きという輪っかをいくつもくぐりぬけます。そうやってさまざまな資源への支配権を手に入れるほうが、直接的に相手を攻撃したり戦ったりするよりも、支配力《ドミナンス》を持つやり方としてずっと洗練されていると信じているのです。しかし、その結果が大きく異なるわけではありません。

人間には、ほかの動物と同じく、地位や支配力を持つ者に従う傾向があります。スタンレー・ミルグラムの研究を思い出してください。あの研究では、ごく普通の人たちがほかの人に強い電気ショックを躊躇《ちゅうちょ》なく与えましたが、その理由は、それらしい服装の科学者がそうするように言ったということだけでした。もう一つ思い出していただきたいのは、ミルグラムが有能さの象徴、つまり、科学者の肩書きと白衣とを排除したときに服従率が低下したということです。しかし、有能さの合図を排除するだけでは、地位に由来する力が持つ、強力で浸透性のある影響力を完全に無効化することはできませんでした。この条件でもかなりの数の人（半数近く）が研究者の命令に従ったのです。

社会心理学者レナード・ビックマンの研究が証明するのは、有能さを示すもののないときでさえ、地位に由来する力が発揮しうる効果です。ビックマンは、肩書きと白衣を、視認性の高いジャンパーとパッドの入ったベストに取り替えても、ミルグラムの実験と同様の結果が出るということを発見しました。彼の研究は、調査員が通りがかった人を呼び止め、要請に承諾を求めるというだけのものです。要請の内容は、あそこのゴミを拾ってください、バス停のそばのある場所まで行って立っていてください、パーキングメーターの料金を払いたいので小銭をください、などです。いずれの場合も同じメッセンジャーが同じメッセージを伝えました。一点だけ違っていたのは、メッセンジャーの服装です。よく見かけるカジュアルな格好のときもあれば、警備員の制服のときもありました。一度などは牛乳配達の格好でした。実験実施前に行われたアンケート調査では、要請を行う人物の服装が相手の反応に影響するという考えを認めない人がほとんどでした。しかしビックマンの研究は、まったく違う結果を示しています。たとえば、まったく見ず知らずの相手にお金を渡す人の数は、その相手が警備員の制服を着ていると二倍に増えました。[44] こうした実験の参加者が要請に従ったのは、警備員や牛乳配達が自分たちよりもゴミの扱いについてよく知っていると思ったからではありません。制服が、その場の責任者は誰かを伝えるシグナルになっていたからです。

ここで少し、こんな想像をしてみてください。あなたは人間のさまざまな病気の新薬や治療法の研究開発を行う大企業で働いています。その企業の製品ラインのなかには、よく効く一方で有害な副作用を起こす危険もかなり高い薬があります。この薬の販売促進を手伝うとき、あなたはどれくらい気持ちよく働くことができるでしょうか。ユタ大学ビジネス倫理学教授のアーサー・ブリーフによれば、あなたの反応を決めるのは、その問題に関する倫理よりもむしろ、支配的な地位にいる人物の影響力かもしれません。[45] ＭＢＡの学生を実験参加者とした研究では、社長がその危険な薬の販売促進を支持していて、販売禁止を回避するのに必要な法的手段、政治的手段などを取っていると聞かされた場合、役員会議に出ていたら薬の回収に票を投ずると答えたのは三三％だけでした。一方、その薬が顧客の健康に及ぼしかねない影響を社長が心配し、薬の回収を支持しているとわかっていた場合には、その意向に従うと答えた割合は七六％になりました。

支配的な重役はしばしば企業スキャンダルの中心にいます。たとえば、二〇〇七年には、パーデュー・ファーマ社経営陣のトップ三人（社長、顧問弁護士、元医療ディレクター）が、同社の販売薬オキシコンチンの依存性について規制機関、医師、そして患者に誤解を与えたと訴えられ、裁判で有罪を認めました[46]。あまりにも高圧的な戦術が用いられたため（たとえば重役たちの指示で販売スタッフは改ざんされた実験データを図にまとめ、それを医師に渡していました）、この事件を大手たばこ会社の歴史的な健康リスク隠蔽事件になぞらえた識者もいました。金融業界の「パーデュー的瞬間」は二〇一四年のLIBOR《ライボー》（ロンドン銀行間取引金利）危機という形であらわれました。さまざまな銀行の人間が共謀して、ロンドン銀行間取引金利（銀行間融資で用いられる金利）を操作していたのです。このスキャンダルに関するその後の捜査で注目されたのは、影響力を持つ上級社員たちが、自らのステータスと報酬を上昇させるために、昔ながらの横柄なスタイルで部下に圧力をかけて不正確なデータを入力させようと画策する姿でした。「そうだな、まあ、任せておけ。問題にはならない」というのは、LIBOR担当の部下と上級トレーダーとのやり取りを監視していた調査官たちによって録音された注目すべき発言のほんの一例にすぎません[47]。この事件は下位の従業員が、道徳的に許されないとか、やってはいけないと普段ならわかっているようなことでも、序列上位の者から圧力をかけられれば、いやいやながらも実行してしまう場合があることを示す典型的な例でした。そして規制や政府機関ができたとはいえ、それで問題が一掃されたわけではありません。

支配力《ドミナンス》への服従

どこにでも存在しているというのに、支配力《ドミナンス》はおそらく、現代の西洋社会で最も気づかれにくいステータスへの経路です。ほかの人より声が大きく、やり方が強引というだけで、少数の人々に不相応な注目が集まっていることに平気でいられる人は、ほとんどいません。私たちは、現代の民主的社会では、すべての人の声に聞いてもらえるチャンスが与えられ、そのなかで最も良い考えの持ち主が勝利を収めると思いたいのです。家庭内であろうと、同僚のネットワークのなかであろうと、地元コミュニティ、学校、職場、あるいは国全体であろうと同じです。最も賢明な人ではなく、最も声の大きい人が最も注目されるという事実を認めること、つまり、非協力的で自己中心的な振る舞いが罰せられるのではなく報われ、憎まれっ子が世にはばかることを目の当たりにするのは辛《つら》いものです。また、支配的な他者に従う傾向が、私たち一人ひとりに備わっているということも認めたくありません。認めてしまえば、自分自身のアイデンティティに対して持っているプライドが大きく損なわれます。ほかの人の意思に従っているかもしれないというのは、それが自分のステータスを下げ、相手のステータスを上げる行為なだけに、考えると嫌になります。誰だって、ほかの誰かの言いなりにはなりたくありません。

社会心理学者ロバート・チャルディーニの初期の研究では、服従する側が支配する側に及ぼす微妙な影響力の存在が実証されています。[48] 支配的なメッセンジャーには、相手が自分に従うと、その相手に良い印象を持ち、相手の知性に対する評価も高くなる傾向があります。したがって、学生が論文の提出期限を延ばしてほしいと教授にお願いするときには、支配的ではなく、服従的なスタンスを取るのがお勧めです。その一方で、服従している人を見た人は、その人への評価がそれまでよりもずっと辛《から》くなる傾向があります。服従のしぐさから、その人のステータスを低く見積もるためです。そのため、学生が締め切りの延長を友人や同年配の人々の前で頼む場合、もし彼らの目に映るステータスを維持したいと思うなら、多少は傲慢な表情やしぐさとともに頼む必要があるかもしれません。

チャルディーニが指摘するように、ほとんどの人は、こうしたことをかなりよく心得ているため、それなりの策を講じて、あまりにも卑屈に見えるのは避けようとします。少なくともほかの人の目のあるところでは。人の目がないところだと、話がまったく変わる場合もよくあります。おそらく、米国、英国、ブラジルなどの国々で、専門家を驚かせた選挙や国民投票の結果は、この力学で説明できます。人前で、有権者は自分が支配的なメッセンジャーを支持しているとは認めたがらなかったかもしれません。しかし投票は誰にも見られない場所で行われます。そして投票を済ませてしまえば、自分はただ、どのみちそうなっていた結果を追認しただけだと、自分を納得させるのは簡単です。私たちが支配的なメッセンジャーの影響を受けやすいということを認めなかったところで、彼らの影響力はまったく弱まりません。それどころか、支配的な振る舞いの力学を認めないせいで、それは気づかれずに影響を及ぼすことができるようになり、いっそう異議が出にくくなりさえするのです。

支配力《ドミナンス》の力学を認めたがらない私たちの傾向を踏まえると説明しやすくなるのは、支配力《ドミナンス》の最も極端なあらわれであるいじめが、昔からずっとその深刻さを見過ごされ、今日《こんにち》においてもなお頻繁に間違った捉え方で語られる理由です。いじめが最も剝き出しの形で、最もよく見られるのは学齢期の児童たちのあいだです。たとえば、著者の一人スティーブは二年半近くにわたって、典型的ないじめ被害に遭い続けました。始まりはほとんど無害なもので、ふざけてやる「スクラム」、つまり何人かの男子児童が乱闘めいた遊びに興じているのと大差ありませんでした。時間とともに、こうした乱闘の発生頻度と荒っぽさのレベルが上がり、攻撃対象が絞られていきました。すぐに男子児童の何人かが、自分に「特別な」注意が向けられていると気づくようになりました。ほかの子たちに取り囲まれ、さまざまな強さの平手打ちやげんこつを浴びせられるようになったのです。そこから、言葉で侮辱されたり脅されたり授業の直前に暴力を受けたりするようになるまで、ほんの一歩でした。そしてこうなると、いじめの被害者は苦痛に耐えるか、さらなる嘲《あざけ》りを招く危険を冒すしかありませんでした。持ち物の窃盗さえありました。盗まれたのは、たとえば朝刊の配達で稼いだお金、夕飯代、サッカーチームのステッカー、そしてこれが一番多かったのですが、昼食用の食べ物でした（サンドイッチを学校に持っていくのは、夕飯代を盗られないようにする自衛策としてよく用いられていました）。最終的にスティーブは立場の弱い霊長類によく見られる行動を取るしかなくなりました。支配的な一団をできるだけ避け、食べ物を取られる心配なく食事のできる場所を探したのです。彼は図書室や保健室に身を潜ませて、いじめっ子にお弁当を取られないようにしている子どもでした。

こうした経験に覚えがあって気がふさぐ人は大勢いるでしょう。同じくらい気がふさぐのは、こうしたときに何が起きているのかについて、間違った解釈をする傾向が過去の私たちにあったという事実です。いじめに関する初期の研究では、いつもほかの子どもを威圧する子どもは、自分の感情を適切にコントロールする能力のない、社交性に欠けるタイプであるとされました[49]。それゆえに、彼らは挑発されると攻撃的に振るまい、怒って殴りかかるのだと。しかしもっと新しい研究によれば、そのような攻撃的な子どもは確かにいるものの、平均的ないじめっ子は、乱暴者の間抜けとはまったく違います。その正反対なのです。いじめという行為は支配を確立させるための戦略的で有用な手段になる場合があります。さらに、証拠が示すところによれば、いじめっ子と見られている子どもたちはおおむね、とても人気者でもあるのです。彼らはしばしば「クラスで最もカッコいい子たち」で、いじめを行うときには、非常に狙いを絞ったやり方をする傾向があります。対象を決めていじめを行うというのは、自発的行為です。先に何かされたからやるのではなく、得られる報酬によって動機づけされているのです。いじめを行うのは、支配力《ドミナンス》とそれにともなうメリット（ステータスの上昇と影響力の増大）を手に入れるためです[50]。いじめの原因が強さでなく弱さにあると考えるのは心安らぐ解釈ですが、そう考えたところで、いじめが少しでも許容できるものになるわけではありません。

そのうえ、威圧的ないじめっ子に目をつけられやすいのはたいてい、従順で自信がなく、社交性に欠ける子たちです。多数派に属さない特質を持った子たちも被害に遭います。たとえば、民族的マイノリティ、肥満児、性的少数者に属する子たちです。いじめっ子にとって、被害者は彼らが持っているような支配的な特徴に欠ける「安全な標的」です。悲しいことに、いじめの被害に遭う子たちは狙われた原因を自分が弱いと見られているせいだと考えてしまいがちです。自分が「弱い」からいじめられると言う被害者は珍しくありません。ゆえにいじめは、ときとして循環的なプロセスになってしまいます。憂鬱や不安といった症状は、今後いじめ被害に遭いやすいことを示す特徴というだけでなく、いじめの結果、強められもします。また、こう考えるのもやはり受け入れがたくはありますが、いじめによって社会的支配力を獲得する機会のあった人が、いじめに潜在的な魅力があると考えるのにも理由がないわけではありません。要するに、ここでは支配力《ドミナンス》と倫理とのあいだに費用対効果のトレードオフが存在しています。とりわけ、学校をはじめとして、序列がしばしば支配力によって決められる状況ではそうです。そういった場では反社会的行為を躊躇なく行う者が場を支配します。その結果、彼らのステータスは高まります。そして、いじめっ子は承認欲求とコントロール欲求が強いという結果の出たいくつかの研究を踏まえれば、たぶん彼らは実際に、いじめから得られるものが多く、失うものが少ないのでしょう。[51]

幸い、いじめっ子はなんでも自分の思うようにできるわけではありませんし、いじめだけが社会的ステータスを求めるティーンエイジャーにとって、利用可能な手段というわけでもありません。教育心理学者のマーク・ヴァン・ライジンとアンソニー・ペレグリーニの述べるところによれば、「いじめをあまりせずステータスが高い」と見られているティーンエイジャーは、「いじめをよくやっていてステータスが高い」とされているティーンエイジャーよりも人気があります。[52] 前者にステータスをもたらしているのは、よく発達したコミュニケーションスキルと、社交的でありたいという願望の強さ、そして、向社会的行動への積極的な関わり方です。別の言い方をすると、彼らは優越性ではなく評判の高さを通じて、ステータスを得ようとしているのです。周囲の人たちに支配力《ドミナンス》を発揮しようとする典型的ないじめっ子の天敵は、もっと友好的で、いじめをよくないことと考え、相手の気持ちがわかり、社交的な行為を自分のステータス向上の手段として使う子です。学校、コミュニティグループ、それに政治家が、（おそらくは、支配力ではなく評判を土台に作られる序列の形成によって）こうした性質の大切さをもっと広めるためにできることは、どんなことであってもしっかりと称賛されるべきです。それには二つの理由があります。第一に、いじめを多少なりとも減らせるなら、それがどんなものであれ、やる価値があります。第二に、そうした活動があれば、学校という生態系内部でのメッセンジャーたちのステータスを、単に支配力《ドミナンス》があるからというのではなく、望ましさという理由からさらに上昇させるからです。

支配的な性格を持つメッセンジャーは、尊敬されることもあれば、単に注目されるだけのこともあります。しかし必ずしも好かれるとは限りません。彼らが享受している受け手に対するステータスの上昇は、多くの場合、受け手とのつながりの欠如に支えられています。支配的なメッセンジャーの武器は愛ではなく恐怖であり、評判ではなく力です。彼らは温かみと弱さというソフト型のメッセンジャー効果（5章および6章参照）を捨てて、高いステータスに由来するハード型メッセンジャーのメリットを得ています。私たち著者は、支配的という性質と温かみという性質とのあいだにはっきり存在する不一致に、折り合いをつけるのは無理だとまで主張するつもりはありませんが（さまざまなメッセンジャー効果の相互作用についてはあとでさらに述べます）、難しいのは確かです。特に、社会の多くのリーダーたちや選挙で選ばれた当局者にとっては困難です。自分の意思を押し通そうと苦労を重ねつつ、同時に好感度も下げない努力もしなければならないわけですから。この難しさを痛感したのは、私たちのオフィス二カ所で働く同僚たちに「支配的で、しかも好感のもてる公人を誰か挙げてみてほしい」と頼んだときでした。意見の一致が得られないどころか、意見の一致を得るための足がかりにする候補者の名前すらも、ろくに挙がらなかったのです。

支配力《ドミナンス》の需要

現代社会では、支配力《ドミナンス》を発揮するリーダー、上司、政治家が本当に求められているのでしょうか。そもそも、彼らが成功裏に支配を行える理由が、敵対者をボクシングの試合で打ち負かす能力にあるとは、あまり思えません。しかし、どうやら答えは「状況による」ようです。混乱がなく不確実性の少ない状況では、温厚で調和を重んじるメッセンジャーが評価されやすくなります。人々が不安を感じたり、困難を経験したり、身の安全を心配したりしなければならないような、争いと不確実性の時代には、支配的なリーダーを求める機運が高まります。否定的要因に反撃し、安定をもたらしてくれそうな人物を求めるのです。そして、人々は支配的な性格の人のほうが危機に取り組む際に欠かせない難しい決断を下し、強い意志をもって行動し、集団の規則と価値とをしっかり守らせるために厳しい指導を行うのに長けているだろうとも考えます。[53]

　また、ほかにも作用する要因があり、それは**個体成功仮説**として知られています。[54]少し説明をしてみましょう。最終候補リストに載っている人それぞれの長所を検討するときに、評価を行う人は（選挙の投票者、採用担当者、スポーツのファンなど、いずれの人であっても）候補者が、チームの一員としてではなく、個人として、どのくらいできそうかという点に注目しがちです。最終的に選ばれたリーダーが成功を収めるためには、多くの他者（味方もいれば敵もいます）に助力を請い、彼らと協力していかなければならないという事実は頻繁に無視されます。実際、評価を行う人はある人物の将来的な成功が本人の才能と能力にのみかかっていると考える罠に囚われることがあります。こうした考えにとりわけ引っかかりやすくなるのは、候補者が別の分野で（それがどれほど無関係な分野であれ）名をなしている場合です。この現象によって説明できるのは、たとえば、スポーツの世界的名選手は、なぜあんなにも監督に就任する例が多いのかという疑問です。選手として競技場を支配したスキルと、選手の士気を高めたり、管理したりするスキルとが別のものなのは厳然たる事実です。その事実は、ドイツのブンデスリーガに所属するプロサッカーチームを対象とした分析から見つかった証拠が裏付けています。[55]元スター選手が監督を務めるチームはおおむね、一部リーグでの選手経験のない監督が率いるチームより成績が振るいません（とはいえ、この発見が、こうした役割を任される元有名選手の数に大きな影響をもたらすとも思えませんが）*。

英国の古典的な例を挙げれば、ネヴィル・チェンバレンとウィンストン・チャーチルはそれぞれが、それぞれの時代にふさわしいと考えられたリーダーシップのあり方を示しています。一九三〇年代のチェンバレンは財務大臣として大成功を収め、首相になった当初も人気を博しました。外交に関してはナチスドイツの野心を読み間違えたかもしれませんが、戦争が回避可能だと考えられていたあいだは、高い支持を受けました。平時におけるチャーチルの実績はといえば、なくはないと言うのがせいぜいです。一九二〇年代の財務大臣時代には力量不足を露呈しました。また、彼の考え（たとえばインド政策）の多くは過度に好戦的な対外強硬論だと見られました。

しかし、戦争の可能性が強まると、融和的なチェンバレンよりも好戦的なチャーチルのほうが影響力を持つようになりました。ヒトラーとの会談で、チェンバレンは支配力《ドミナンス》のゲームのルールを誤解しました。交渉と協力が機能するという間違った想定のもと、強硬なアプローチを取らなかったので

＊ ただし、これはすべてのスポーツに当てはまる話ではない。米国の全米バスケットボール協会（ＮＢＡ）では、比較的多くの元トップ選手がコーチとして成功している。しかし、これには理由がある。サッカーの元スター選手はたいていの場合、一部リーグで指導者としてのキャリアをスタートさせる。ＮＢＡでは、元スター選手たちは指導者の階段を苦労して登らなければならない。大抵の場合、最初は下部カテゴリーに属するチームのアシスタントコーチから出発する。そのため、駄目な指導者は篩《ふるい》にかけられ、決してトップリーグにたどり着けないのだ。Goodall, A. H., Kahn, L. M., & Oswald, A. J.（2011）. Why do leaders matter? A study of expert knowledge in a superstar setting. *Journal of Economic Behavior & Organization*, **77**(3), 265-84.

す。[56] 対照的に、「ブルドッグ」の気性を持つチャーチルは、強さと確実性をもたらすように見えました。そしてこれが、今や先行き不透明で困難な時代に直面していた人々へのアピールになりました。一九三九年九月一日、ヒトラーはポーランドに侵攻し、チェンバレンは自分の嘆願と譲歩がまんまと利用されたことを認めるしかなくなりました。翌年、支配的で横柄で、並外れた決断力の持ち主であるチャーチルがバトンを受け取り、国民の自由、安全、権利のために戦うことになります。

ここでの教訓は扱いにくいものです。威圧的な侵略者に直面したときは、おうおうにして協力と懐柔に主眼を置いた戦略が逆効果になってしまいます。ゲーム理論の研究者たちはこのことを理解し協力と闘争を組み合わせる（つまり、相手が協力してきたときのみ協力し、相手が攻撃的な立場を取ってきたら仕返しをする）利点を説いています。しかしその仕返しにも限界はあります。どちらも負けを認めない状況だと、残忍で終わりのない泥沼にはまりかねません。そのため、支配力《ドミナンス》の誇示は個々の状況に応じて微調整される必要があります。いつも同じようにはできないのです。

そのため、私たちが誰に耳を貸し、信を置き、従うかは状況的要因に左右されます。ジャングルの小規模な部族社会で暮らしていると想像してみてください。そしてそこは近隣の部族からの脅威にさらされているとします。以前は共用されていた狩り場をめぐって緊張が高まっており、あなたは近隣部族がすぐにも攻撃を仕掛けてくるかもしれないと警告されています。そして二枚の人物写真を見せられ、目下の困難を切り抜けるために部族を率いるのにふさわしいと思うほうに投票するよう言われます。実はどちらも同じ人物の写真なのですが、片方はより支配的な人物に見えるようデジタル加工が施されています（がっしりとした顎、意地の悪そうな表情、高慢そうな雰囲気、横に伸ばされた顔の縦横比）。

ここで違う場面を想像をしましょう。部族の直面している問題は、近隣との武力衝突の可能性ではなく、迫り来る洪水だったとします。この状況だったら、あなたはどんな人に投票しますか。支配的な指導者でしょうか。それとも協力を呼びかけ、人々に一致団結して堰《せき》をつくるよう訴えそうな人物でしょうか。

もしあなたが、二人のデンマーク人研究者が実施した研究の実験参加者たち（二グループいました）と多少なりとも似た人であるなら、あなたはきっと場の状況と部族が直面している脅威に最もよく合致するメッセンジャーの手がかりに目を向けるでしょう。直面しつつある問題が敵との戦いなら、支配的な顔の指導者を支持するでしょう。集団内部の団結を要する緊急事態なら、支配的に見えない顔の指導者を選ぶはずです[57]。これは（状況を再現した諸研究が示しているように）、あなたがデンマーク人でも、ウクライナ人でもポーランド人でも米国人でも当てはまります。

前述の研究者たちが、実際の危機的状況（二〇一四年のロシアによるクリミア併合）下でウクライナの市民に模擬選挙を行わせた研究では、実験参加者の暮らしている場所と紛争地域との距離が投票先に影響していました。住んでいる場所が紛争地域と近く、「戦う」気構えでいる人々は、支配的な候補者を選ぶ割合が高くなりました。紛争地域からの距離が離れた場所で暮らし、危険は少ないと感じている人々は協調的な指導者を選びました。ほかの研究の結果によれば、テロが起きる可能性が頭を離れないような状況下では、票を投じる人たちはリーダーシップの強さを重視するようになります。[58]つまり、一般論として、私たちが好むのは優しく、思いやりがあり、協調志向のリーダーだとしても、敵から安住の地を守るという状況では、人好きのしない支配的な指導者が選ばれやすくなります。不確実性の高まる闘争のときには、断固とした行動を取り、法と秩序を擁護し、希望を抱かせてくれそうな人物に期待するわけです。

これはビジネスの世界でも同じです。ＣＥＯを務めるにふさわしい経歴を持つ候補者二人のどちらかを選ぶとき、採用を担当する重役たちの下す決定は、その時点におけるその企業の状況に強く影響されます。業績が良く、株価と市場占有率が堅調で、従業員たちが比較的のびのびと安心して働けているなら、支配力《ドミナンス》に関する要素（たとえば自己中心性やエゴの強さ）が目立たないリーダーが好まれるでしょう。しかしもし、株価が下落し、市場占有率が落ち込み、従業員のストレスが強まっている状況なら、支配力《ドミナンス》に関する要素の目立つ候補者が選ばれやすくなります。[59]どうやら、支配的なメッセンジャーが特に活躍するのは、なんらかの紛争、競争、そして不確実性が広まっている状況のようです。

しかし、友好的な関係を確立しようというときなら、自己中心的なワンマンタイプは良いリーダーにもチームメイトにもなれません。米国の作家ラルフ・インガーソルは、第二次世界大戦終結後、英国は復興の時代に入り、ウィンストン・チャーチルのスタイルは受け入れられにくくなるだろうと考えました。「戦争のあとも、彼が首相でいるとは誰も考えなかった。彼は単に適切なときに適切な職務を担った適切な男だった。そのときというのは、英国が敵対勢力と絶望的な戦争を戦っていたときである」[60]。相手が協力的なときには、攻撃や挑発をしてもほとんどメリットはないので、支配的なリーダーの在任期間は短いものになります。実際、人類学の記録によれば、状況次第で支配的なメッセンジャーの持つ価値への認識は劇的に変わります。たとえば、ネイティブ・アメリカンの部族では、平時か戦時かという状況に合わせて、族長を選び直します[61]。また、著述家兼研究者のレズリー・ゼブロウィッツは、社会経済的苦境の時期には、しっかりとして大人びた顔立ちの女優が大衆文化のなかで目立つようになると述べています。「けれども、繁栄の時代には」と話は続きます。「幼さの輝きに人気が集まるようになる」[62]。

支配力《ドミナンス》をまとう

支配力《ドミナンス》には天与の部分があるかもしれませんが、メッセンジャーが受け手を（故意にあるいは偶然に）操る方法は色々あります。まず、自分の肉体的な外観はいじることができます。男性が身体を大きく見せる支配的な姿勢の写真をマッチングサイトに載せると「いいね」や反応が増えたのを思い出してください。画像のイメージを支配力と関係するいくつかの特徴（上半身と腕の筋肉、割れた腹筋、さらには幅広の顔）が強調されるように変更するのは、ますます簡単に（そしてよく行われるように）なりつつあります。見た目上の背の高さも操作可能で、しかもこれはデジタル的な手法に頼らなくてもできます。たとえば、背の低い人と一緒に写るだけで、相対的な背の高さ（およびその結果の支配力《ドミナンス》）が伝わるので、実際以上に背の高い印象を与えられます。

声の高さも支配力《ドミナンス》と結びつくのを踏まえれば、ボイス・トレーニングや雄弁術の受講を考えるメッセンジャーも当然いるでしょう。身体的な外観と同じく、声にもデジタル加工が施せます。たとえば、人質事件を描く映画ではよく身代金を要求する人物の声が、ゆっくりと低く聞こえるようにデジタル加工されます。人質を取っている人間が早口の甲高い声で喋ってしまうと、支配力《ドミナンス》を示すのに必要なだけの脅威をなかなか感じさせられません。

色からも支配力《ドミナンス》は伝わります。赤は力と優越性を最も強く連想させる色です。たとえば、インターネットオークションの参加者は、ウェブサイトの背景色が赤いと、より支配的で攻撃的な気分になり、背景が青いときよりも高い金額を積極的に入札します。[63] また、赤い色はスポーツの結果にも影響を与えます。二〇〇五年に『ネイチャー』誌に掲載された論文によれば、オリンピック種目のうち、一対一で戦う競技では（ボクシング、テコンドー、レスリングのグレコローマンスタイルなど）、予選から決勝まで全階級で、無作為に赤い格好（試合着や防具）を割り当てられた選手の勝率が青い格好を割り当てられた選手よりも高くなりました。[64] とはいえ、赤の勝率引き上げ効果が結果に影響するのは、試合を行う両選手の技量に差がない場合に限られるようです。その一方で、赤い「パワー・タイ」をつけると政治家の支持率が上がるというよく知られた神話は、実際に神話でしかありません。ある研究では、有名政治家と無名政治家の両方の演説動画にデジタル加工を施し、ネクタイの色を替えたうえで、それぞれの政治家に感じる支配力《ドミナンス》、リーダーシップ、信用性を調べましたが、赤いネクタイにはなんの効果もありませんでした。[65]

最後に進化論では、身体に入れ墨を施したり穴を空けたりすることが、支配力《ドミナンス》と強力な免疫システムの持ち主という印象を与えるのに役立つと考えられています。入れ墨やピアスは自由な表現のシンボルであり、ハードロック音楽や支配的な文化と結びついていると信じる人もいます。ある研究では、フェイスブックのユーザー二千五百人にシャツを着ていない九人の男性の写真を見せました（全員同じように自然な表情を浮かべ自然なポーズを取っていました）。そのなかで写真を加工して片方の腕に黒いタトゥーを入れた人たちは、写真を見た男性からも女性からも、支配的、男らしい、魅力的、健康的、攻撃的と評定されました。[66]しかし、そのような認識が必ず有利に働くとは限りません。私たちの編集者が鋭く指摘したように、タトゥーを入れたドアマンはおそらく威圧的に見られることができます。一方、国政選挙で用心棒のような顔つきの候補者に必ず票が集まるというわけではないのです。

4

魅力

かわいい赤ちゃん、美貌税、人並みであることの利点

二〇一六年、ノーラ・ダニッシュ（マレーシアのテレビ司会者・女優）はマレーシア内国歳入庁（ＩＲＢ）へ陳情を行いました。美貌の維持に必要な経費を控除の対象にしてほしいと訴えたのです。[1] 自分は有名なので、魅力的な姿で人前に出る義務があるが、その経費への控除がないため、名声があるばかりに不当な金銭的不利益をこうむっていると、彼女は論じました。「私には、いいえ、私に限らずマレーシアの同胞全員に、納税の義務があります。でも私が訴えたいのは、著名人にはいくらかの課税控除があってしかるべきだということです。今の私たちは見た目をたもつのに、過去のどんな時代よりもお金を払わなければなりませんし、そうしなければ収入を得るための仕事を続けられません。ですからこれは、職業的な必要経費になるはずです」。

ダニッシュの苦境に対する大衆の同情はほとんどなく、ＩＲＢの支持もありませんでした。提案は即座に却下されました。しかし、魅力的な人々が不利をこうむっているという彼女の主張に、聞くべ

き点はまったくないのでしょうか。それとも、見た目の美しさは、ほかの人々にアピールする能力、その結果得られる高いステータス、そしてステータスがあるがゆえの、メッセンジャーとしての影響力という観点から見て、生きていくうえで価値のあるメリットをもたらすと考えるほうが当たっているのでしょうか。

身体的魅力があると見なされた人たちに、影響力のあるメッセンジャーに向けられるのと同じ種類の注意が向けられているように思えるのは確かです。ほとんどすべての健康雑誌、フィットネス・マガジン、そしてライフスタイルを提案する定期刊行物に、健康で魅力的な人々が登場します。また、多くのウェブサイトが美男美女の画像で飾られていますが、そうした画像はどれも（ときにこっそりと、たいていははっきりと）特定の商品やブランドの美点を私たちに納得させようとして掲載されたものです。魅力的なメッセンジャーが持つ力と、私たちが見た目や健康と結びつけて考える商品の宣伝とのあいだには、しっかりとしたつながりがあります。魅力は、私たちが誰を助けるか、誰とデートするか、どの仕事を受けるか（そして断るか）、どの候補に投票するか、誰と結婚するかを決める際の大きな要因です。

また、外見の魅力は、それとまったく関係のなさそうな分野での決定にも影響します。例としてお金のやりくりの話を取りあげてみましょう。どこからお金を借りるかを決めるとき、ほとんどの人は自分が、プランの利子率、ほかのプランと比較してどうか、どれくらい融通が利くかといった経済的要因だけに注目していると考えています。しかし本当に消費者がこのようにして借り入れ先を決めているのかを、シカゴ大学ブース経営大学院の研究者たちが調べたところ、この理にかなった想定と矛盾した結果が出ました。広告戦略（これは、お金のやりくりとまったく関係がないので、新古典派の人間心理に関する経済学的観点に従えば、人間の思考プロセスになんら影響を与えないはずです）もある役割を演じていることがわかったのです。

実地研究を行う目的で、研究者は南アフリカの消費者金融会社と協力し、過去にその会社からダイレクトメールや広告を受け取ったことのある人、五万三千人以上にダイレクトメールを送りました。今回、この顧客候補たちに送られたのは新たな融資プランのオファーでした。しかし、研究者たちの意向で、提示した内容には、利子率についてだけでなく、写真の有無についても種類が設けられました。魅力的な女性の写真が添えられたものもあれば、添えられていないものもありました。利子率の低い提案もあれば、そうでないものもありました。そして写真とプラン説明の配置もさまざまでした。研究者たちはそうしたダイレクトメールが、それぞれどれくらいの顧客を引き寄せたか、消費者金融会社の各地支店に確認を取りました。知りたかったのは、もちろん、ダイレクトメールに載せた美人の写真が持つ効果が、利子率を下げることの効果と比較してどれほどの価値があるかを定量化できるかどうかでした。答えは、明確に「イエス」でした。魅力的な女性の写真がプランに関する情報と並べてあると、融資の申し込み率が上昇しました。ただし女性客への効果はありませんでした（みなさん、とてもしっかり者でした）。しかしターゲットが男性の場合、魅力的な女性の写真を添えるだけで、プランの利子率を二五％引きにするのと同じくらいの効果が生じると、研究者たちは推定しています。[2]

大事な点を押さえておくと、この研究で問題としたのは身体的な魅力でした。一般論を言えば、魅力というのは、見た目だけに限られるわけではありません。好感が持てる、人情味がある、注意や善意を引きつける物腰を持っているといった理由で人々が注意を向ける人も、魅力的なメッセンジャーと呼べるでしょう。こうした、よりソフトな効果は「つながり」というより大きなテーマ（これについては第Ⅱ部で探求します）の一部をなしています。しかし、本章では、主に身体的な魅力とそれが持つハード型メッセンジャー効果の影響について考えていきます。シカゴ大学ブース経営大学院の研究が示すように、身体的な魅力はときに強力な効果を持ちます。そうなるのは、魅力的なメッセンジャーが道具的価値（たとえば、卓越した知識、スキル、権力）を持っているからというわけではありません。そうではなく、彼らに**配偶価値**があるからです。つまり彼らは、望ましい繁殖パートナーになれる人物であり、そうであるがゆえに、ほかの人々から好意的な反応を引き出すのです。その結果、容姿に恵まれた人々は優遇され、より高いステータスを与えられ、そのために、ほかの人々よりも強い影響力を発揮します。[3] だからといって、身体的魅力に劣る人たちも割を食うだけというわけではありません。美しい、あるいは華やかなメッセンジャーと付き合いのある人は、自分のステータスも上昇しているように感じますし、さまざまな社会的報酬を受け取る機会が増えます。たとえば、より素敵なパーティーに招待されたり、付き合いのあるメッセンジャーと同じくらい（場合によってはそれ以上に）魅力的な人々と会話する機会が得られるかもしれませんし、さらには、ステータス上位者たちの世界における究極的なメッセンジャー、つまりお金持ちや名の通った有名人とつながる機会さえあるかもしれません。

魅力とはどんな見た目なのか

私たちは〇・二秒足らずで魅力を判定できます。アリスとローラがバーへ行き、トムとジェイソンに初めて会ったとしましょう。このとき、それぞれの男女は、ほとんど即座に、そして完全に、二人の異性のどちらがより魅力的かを理解します。たとえば、アリスとローラはどちらもジェイソンが魅力的だと思い、トムとジェイソンはどちらもアリスに引かれるといった具合です。私たちはみな、同じくらい素早く反応し、そして同じ人物を魅力的だと考える傾向があります。人によって、金髪よりブルネットが好みだったり、ブルネットより赤毛が好きだったり、あるいはたくましいタイプより細身のほうが好きだったりするかもしれませんが（たで食う虫も好き好きというやつです）、多数の研究結果をメタ分析にかけて比較した結果によれば、老若男女、文化の違いを問わず、どんな人が魅力的で、どんな人がはそうでないかに関しては、幅広い意見の一致が存在しています。[4]

この意見の一致は、若者や大人のみに見られるわけではありません。テキサス大学の副学長で、自らの研究分野における卓越した専門家でもあるジュディス・ラングロワ教授によれば、生後二、三カ月の赤ん坊でも魅力的な顔とそうでない顔との違いを基本的に知っています。ある研究では、女性の顔写真を二枚一組にしてスクリーンに投影し、その前に赤ちゃんたちを座らせました。写真の顔はすべて無表情で、黒かそれに準じる色の髪をしています。ただ、大きな違いが一つだけありました。一組になった写真の片方は（大人によって）、魅力的だと評価され、もう片方は魅力がないと考えられた人のものだったのです。赤ちゃんたちの反応を、写真一枚一枚への注視時間によって計測した結果、生後二カ月の赤ちゃんであっても、「魅力的な」顔を見ている時間のほうが長かったことがわかりました。[5]ラングロワの別の研究では、彼女が「**ポジティブ感情傾向**」と呼ぶものを記録しました（これは赤ちゃんがある人物に対してどれくらいポジティブに反応しているかの尺度で、笑顔とその人物のほうへ行こうとする傾向の強さによって計測します）。その結果、一歳児でさえ、見知らぬ人（や人形）が魅力的だと、**ポジティブ感情**をよりはっきりと示し、物怖じしたり辛《つら》そうな様子はあまり見せないことがわかりました。[6]

こうした偏りは赤ちゃんが大人を見るときだけのものではありません。可愛らしい赤ちゃんとそうでもない赤ちゃんの写真を見せられた大人はたいてい、可愛らしい子のほうに大きな注意を払い、たくさん話しかけ、強いレベルの愛着を示します。さらに注目すべきは、実際に子どもを持つ親たちにも同じことが当てはまるようだという点です。第一子に食事を与えたり、一緒に遊んだりしているところを観察した研究によれば、魅力に欠ける子を持つ母親は子どもに示す愛情が薄く、部屋にいるほかの大人とのやり取りに割く時間が長くなります。また可愛い子を持つ母親と比べると、ただ「型どおりの世話」を子どもに施すだけで、「愛情のこもった行動」を示すことが少なくなりがちです。[7]

可愛い《プリティー》赤ちゃんはかなり《プリティー》強い影響力を持つメッセンジャーになります。これは往年の広告業者たちが決して忘れなかった真実だったので、彼らは、あらゆる種類の商品を売るため、頻繁に赤ちゃんの写真を使った広告を作りました。甘い炭酸飲料を宣伝するときでさえ、そうしていたのです。二〇一八年、あるツイートが一九五〇年代の『ライフ』誌に掲載された広告（可愛い赤ちゃんがハイネケンのボトルからビールを飲んでいる）を拡散して、ちょっとした炎上騒ぎが起きました。[8] 写真が偽物だったのはすぐ明らかになりました。間違いを指摘をした人たちによれば、元々の広告で赤ちゃんが飲んでいたのは、ビールなんかではなく……セブンアップだったのです！　どうやら宣伝するものにふさわしいかどうかとは関係なく、魅力的な赤ちゃんには、ほかのものでは太刀打ちが困難なほど強く注意を引きつける力があるようです。

利用可能なたくさんのデータセット（マッチングアプリ由来の情報から、洗練された技術を用いて相貌を変形処理する調査プロジェクトに至るまで）のおかげで、どんな人が魅力的と見なされやすく、どんな人が魅力的でないと見なされやすいのかは、かなりよくわかっています。二つの主な、そして意外性のないプラス要因は、若さと顔立ちの左右対称性です。しかし三つ目の要因はおそらく、この二つよりずっと腑に落ちにくいでしょう。生き生きとした外見、造形的な均等性に加えて、魅力的な顔は「平均的」でもあります。[9] これはいささか矛盾しているように思われるかもしれません。そもそも、魅力的な顔というのが平均以上と評価される顔を指すなら、どうして標準的な、つまり「典型的な」顔が好まれたりするのでしょう。しかし実は、私たちが平均的な顔を好む理由は、それがまさに平均的なものであり、違うものとして目立つような個性の際だった特徴を欠いているからなので

可愛い《プリティー》赤ちゃんはかなり《プリティー》強い影響力を持つメッセンジャーになります。

す。際だった、あるいはユニークな特徴は、潜在的な遺伝的問題を示している可能性があります。それに対して、平均的な顔が示すのは健康です。左右対称の顔が魅力的だと見なされる理由も、この事実によって説明をつけやすくなります。自然は対称性を用いて、良い遺伝子の存在を知らせます。進化生物学によると、私たちは遺伝子の性質を直接観察できないため（最初のデートで遺伝子プロファイル情報の提供を求めれば、かなりの確率で二度目のデートはありません）、代わりに、ほかの間接的な手がかりに目を向けるのです。若さ、対称性、平均性といった手がかりは、配偶者候補がより高い生存率を持ち、良い遺伝子を将来世代に継承できそうなことを示す、信頼できるシグナルとして機能します。別の言い方をすれば、若々しく、左右対称で平均的な顔立ちに引かれる人は、最終的には子どもを育てるようになる見込みが高く、そしてその子どもたちも、子孫をつくる見込みが高いということです。

　平均的な顔に魅力を感じやすい理由はほかにもあります。平均的な顔とはよくいる顔であり、よくいる顔というのは、なじみのある顔です。なじみのある顔に魅力を感じるのは、多くの場合、その顔立ちが、知り合い、つまり私たちと社会的絆を結び、そばにいると安心と落ち着きを覚える人たちの顔と共通の特徴を持っているからです。[10] なじみのあることへの選好は非常に強いため、一般的に言って私たちは、否定的な連想を植えつけられていない限り、自分に似た人を求める傾向があります。実際、諸研究によれば、たいていの人が他人の写真や絵に最も強く引かれるのは、その人自身に似せるような変形処理を少し施してあるときです。また、ほかの研究によれば、一般的に言って、人には魅力の程度が自分と同じくらいで、似たような社会経済的ステータスを持つ相手と同棲や結婚をする傾向があります（これを**同類交配**と呼んでいます）。反対の者同士が引かれ合うというのも確かかもしれませんが、「同じ羽の鳥は群れをなす（類は友を呼ぶ）」のほうがずっと一般的です。[11]

しかし、同じ羽の鳥であっても、群れをなす見込みが極端に低い場合があります。まったく同じ羽の鳥同士の場合です。私たちは自分と似ている相手を魅力的だと思う一方で、ある程度の多様性を求めもします。ノルウェーの研究者たちによる研究では、実験参加者に、彼らのパートナーの写真にデジタル加工を施したもの（パートナーの顔に参加者自身の顔、もしくは別の調査で魅力的と判定された顔をある程度混ぜ込んだもの）を見せました。その結果によれば、魅力が最大になるのはパートナーの顔に参加者本人の顔を二二％混ぜたときでした。割合が三三％に至ると、その顔はもはや魅力的とは思われなくなりました。ついでながら、第三者が評価を行ったときには、実験参加者の顔を二二％混ぜた写真は、まったく魅力的ではないと判定されました。[12] どうやらこの基本法則には、健全な生物学的理由があるようです。似た特徴を持っていることはある程度までは魅力になるにせよ、あまりにも似すぎていると、まったく別の反応、つまり近親交配に対する強烈な嫌悪を引き起こすのです。

もちろん、ヘテロセクシャルの男女は、必ずしもお互いの同じ特徴に引かれるわけではありません。女性と男性では見た目が異なっているだけでなく、お互いを見る目も異なっています。魅力に関する性的二形論によれば、男性は女性らしい女性に、女性は男性らしい男性に引かれます。[*13] このことはオンライン上の恋愛活動、三行広告欄に掲載された広告、婚活パーティーの結果などを何百万件も収集したデータによって裏付けられており、そこからわかるのは、一般に言われていることの根底にある真実です。たいていの女性は自分よりも十センチ程度（ヒールを履いたときに大体同じくらいの背になる程度）背の高い、たくましい男性を実際に好みます。男性は一般的に女性の身長よりも年齢をずっと気にします。若く、細身で女性らしい見た目の女性を好む傾向が実際にあります。[14]『フォーブス』の富豪リストに載った男性たち（おそらく、交際相手の選択肢が普通の人よりもたくさんある人々）の妻は、平均して、彼らより七歳年下です。二番目の妻だと平均は二十二歳下になります。[15]マッチングサイトやアプリでは、若い女性がとりわけ有利になるので、年齢面、魅力面で不利になる大勢の人たちは、プロフィール写真を見栄えよく加工したり、年齢や身体的特徴について嘘をついたりする誘惑に駆られます。[16]そして、男女とも若々しい見た目の相手を好みはしますが、男性が女性を見る場合にはこの傾向が特に強くなります。それに対する進化論的な説明は、平均的な男性は平均的な女性より強い性的欲求を持っているため、その分、将来の配偶者を考える際には、多産性を示す身体的指標の重視に傾くというものです。

興味深いことに、ハイヒールはもともと女性向けの靴としてではなく、男性向け乗馬靴の一種としてつくられました。十六世紀、馬術に長けていることが高く評価されたペルシアの戦士たちは、ハイヒールを履くことによって、あぶみから足が抜けないようにし、鞍上で矢を弓につがえると、鞍から立ちあがって、狙いを定め、矢を放ちました。女性用のハイヒールは、比較的最近の発明です。人類学者によれば、ハイヒールは着用者の背を高く見せるだけでなく、背を弓なりにし、臀部を突き出す

「求愛のポーズ」（これはほかの哺乳類によく見られる交尾の特徴です）を強いてもいます。したがって、ハイヒールは非生物学的につくられる魅力の一例です。それは実用的な靴ではなく、また、必ずしも履きやすい靴でもありません。[17]

魅力のプラス面

魅力についてくるのは、それを所有する喜びだけではありません。平均以上の魅力の持ち主と見なされた人々は恋愛の分野で大きな注意を向けられます。その結果、性別に関係なく、将来のパート

＊　実は、女性が男らしい男性を好むかどうかはかなり激しい論争が続いている。男らしさが過剰な男性は魅力的と見られることがあまりないのに加えて、より女性的な顔立ちをした人々がより魅力的だと判定される場合も多い。ヘテロセクシャルの女性にとって最も魅力的なのは、良い遺伝子を持ち、たくましく背の高い男性のようである。また、信頼ができ、溺愛してくれて、長期間にわたって、良好な関係を提供してくれる人物や、強く、目はやさしげで、場の主導権を手放さずに握り続けることができる一方で、押しつけがましくなくケアや愛情を提供できる人物も魅力的と見なされる。わかりやすい例で言えば消防士のような、「親切なマッチョ」である。こうした意見はあきれるほど紋切り型かもしれないが、現実をあらわしているのは確かなようだ。二〇一六年、ティンダーはプロフィールに職業の掲載を認め、どんな職業が異性に最も魅力的なのかを記録する機会を提供した。パイロット、消防士、実業家が最も女性の興味を引いた。男性の場合は、モデル、個人トレーナー、看護師に最も興味が集まった（http://uk.businessinsider.com/tinders-most-swiped-right-jobs-in-america-2016-2?r=US&IR=T）。

ナーを選ぶときの選択肢が多くなります。個人広告への反応を見ても、インターネット上のマッチングサイトに載せたプロフィールに集まる関心を見ても、婚活イベントで渡される電話番号の数を見ても、魅力的な個人が引っ張りだこになるのは明らかです[18]。そして、こちらのほうが驚くべきことなのかもしれませんが、魅力的な人たちは人生のほかの領域でも得をしていることが多いようなのです。赤ちゃんが幼児から子どもになり、小学校から高校を終えるまでのあいだ、魅力的だと見なされた子どもは、多くの場合、教師には好意的に扱われ、同級生からは好かれていると評価されます。魅力的な子とその親は、相互に強い関心を向け合いますが、それと同じように、魅力的な生徒とその教師も、相互に強い関心を向け合うようになります。魅力的な学生は教師から良い成績をつけられ、魅力的な教師はたいてい、生徒から良い評価を受けます。魅力を高く評価される子どもは、社会的に望ましい人柄の持ち主という評価を受けやすく、のちの人生で個人的な成功を収めることにもなりやすいのです[19]。

十代から成人に達し、職業とキャリア形成を考えるようになったときも、魅力は大きな役割を演じ続けます[20]。ほかの要素がすべて同じなら、魅力的に見える特徴を持つ人のほうが、キャリアを築くうえで欠かせない最初の職を得やすいからです。彼らの優位性はまだ続きます。魅力的な従業員の場合、昇進し、自分の選んだキャリアパスをほかの人よりも早く、そして遠くまで進む見込みが高くなります。また、高収入を得る見込みも高くなります。見た目が平均的な同僚たちと経歴、将来性、備わった職業倫理という面で、差がない場合でもそうなのです。この現象は「美しさがもたらす付加価値《ビューティー・プレミアム》」

として知られており、米国の著名経済学者ダニエル・ハマーメッシュによれば、これは金額に置き換え可能です。このプレミアムにより生まれる年収差は一〇～一五％にもなる場合があります。これは、米国労働市場における人種間格差、性別格差と大体同程度の数字です。[21] 実際、ハマーメッシュは、アフリカ系米国人男性のこうむる収入面での不利益は、魅力に欠ける白人男性のこうむる不利益と似ていると述べています。見た目が平均未満の男性は、魅力に勝る同僚よりも最大で二十五万ドル（十九万ポンド）生涯収入が低くなると考えられています。もちろん、お金だけが個人の幸福度に影響を与える要因ではありませんが、重要なのは確かです。そのため、ほとんど当然の話かもしれませんが、魅力に欠ける人たちは幸福度が低いということもわかっています。[22] 得られる収入や経験があまりにも違ってしまうため、魅力の影響を軽減する法律を求める動きもあります。スタンフォード大学で法律を教えるデボラ・ロード教授はこう述べています。「米国の一九六四年公民権法が人種、肌の色、宗教、性別、国籍に基づいた雇用上の差別を禁じているのと同じように、一九六七年の雇用における年齢差別禁止法が同じことを年齢に対しても義務づけているのと同じように、また一九九〇年の米国障害者法が障害による差別から求人応募者と従業員が守られることを規定しているのと同じように、労働者を魅力に基づく差別から守るための法的な対策が講じられるべきである[23]」。

問題は魅力に関するバイアスが非常に根深いという点です。採用プロセスが本質的には美人コンテストであるという、よくある非難が当たっているのか不当なものなのかを立証するのが、いずれの側にとっても難しいのとちょうど同じように、私たちがどの程度の「枕営業社会」で暮らしているのかということにも議論の余地があるかもしれません。しかし、魅力は疑問の余地なく過度に評価されています。それをはっきりと立証したのがイタリアの研究グループです。彼らはいくつもの業界が出していた求人広告に一万一千通以上の履歴書を送りました。そのなかには応募者の写真を添えたものもあれば、添えなかったものもありました[24]。企業からの返事は予想されたパターンのとおりでした。同じ内容の履歴書であっても、応募者の魅力が写真という証拠によって裏付けられていると、採用側から連絡の入る割合が二〇%も高かったのです。結果が最も悪かったのは、魅力に欠ける応募者が履歴書に写真を添付した場合でした。また、魅力的な応募者が返事をもらえた割合に、男女差はありませんでしたが、魅力に欠ける応募者の場合には気が滅入るほど明白な性差がありました。魅力に欠ける男性応募者に連絡が入った割合が二六%だったのに対して、女性の場合はたったの七%だったのです[25]。この研究のほかにも、アルゼンチンとイスラエルの研究で同じような結果が出ています。また、二十七の研究結果を組み合わせたメタ分析によると、魅力という要素は、学問の場でも専門的環境でも、雇用部門や仕事のレベルを問わず、仕事の結果に影響を与えています[26]。

言うまでもなく、魅力的な応募者に付与される不公平になりかねない優位性を減らすために企業が行える対策はいくつかあります。たとえば、応募者が自分の写真を履歴書に添付するのを禁止することができます。また、オンライン試験を実施したり、書面で課題を与えたり、ビデオ機能をオフにしたスカイプやズーム、もしくは電話で面接を行えば、選考の早い段階で応募者と採用担当者が顔を合わせなくてもすみます（このやり方は応募する側にも採用する側にもメリットがあるかもしれません。採用担当者の相対的な魅力も採用プロセスを歪める可能性があるからです）。このような小さな手順を踏めば、少なくとも、より多様な（そして潜在的にはより優秀な）候補者が面接に進みやすくなるでしょう。それでも、ある時点で、（家の購入を考える人が、不動産業者の説明だけを当てにするのではなく、実際の物件を見てみたいと思うように）採用する側は応募者と直接会いたいと考えるはずです。そしてそこで、魅力という強みをもつメッセンジャーは魔法の力を発揮するでしょう。応募者はみな、「自分こそ、この仕事にうってつけの人材です」という同じメッセージを伝えようとします。しかし、それぞれの経験、スキル、面接テクニックを考慮に入れてもなお、応募者たち個々の相対的な魅力は採用担当者の評価を偏らせます。

労働市場は、メッセンジャーの魅力が影響力を発揮する公的・職業的人生の一領域にすぎません。魅力は政治の舞台でも力を発揮します。『ジャーナル・オブ・パブリック・エコノミック』誌に載った研究によれば、ほかの点がすべて同じ場合、魅力に勝る候補には最大二〇％も多く票が集まります。[27] また、司法制度に関する研究によると、陪審員たちはしばしば裁判の早い段階で、ほとんど被告人の魅力だけを根拠に、有罪もしくは無罪の印象を固めています。イエール大学の研究者たちが実施したメタ分析では、模擬裁判の陪審員役たちは被告が魅力的だと有罪の評決を出すことが少なくなり、有罪判決の際にどんな罰が適切かについて意見を求められた場合も、魅力的な犯罪者に対しては（罪状が強盗や強姦などの重罪であっても）意見が甘くなることがわかりました。[28] どうやら、陪審員が罪の推定や罰の決定に用いる標準的な手がかりや、有権者がリーダーを選んだり管理職が社員の採用や昇進を決めたりするのに使う標準的な手がかりはすべて、目の前のメッセンジャーの魅力に影響されているようです。

魅力を高める

魅力は生来のものかもしれませんが、だからといって、自然の配るカードをより良い手にする人為的手法がないわけではありません。たとえば、入念に身だしなみを整えることは確実に効果がありま す。フランスの消費者心理学者ニコラ・ゲゲンとその同僚たちの研究では、ウェイトレスがメイクをしてからシフトに入ると、男性客からのチップが平均で普段より二六％増えました[29]。服も魅力の伝わり方に影響します。3章で説明したように、格闘系競技では、ほかの点で差がない場合、支配的な色である赤を着た選手の勝率は青を着た選手よりも高くなります。しかしそれだけでなく、特に女性の場合は、赤い服を着ると魅力も高まるのです。いくつかの研究によれば、女性のヒッチハイカーが赤いTシャツを着ると車に乗せてもらいやすくなり、ウェイトレスが赤いTシャツを着て赤い口紅をつけると、チップが増えます[30]。どちらの場合も「車に乗せてください」「心付けがいただけるとありがたいです」という背後のメッセージは同じままです。違っていたのはメッセンジャーの外見です[*]。

赤を身につけると女性の魅力が高まるのだとして、女性がわざとそうすることもあるのでしょうか。研究の示すところでは、確実にあります。しかし、多くの場合、それは無意識に行われているようです。女性に「最後に生理が来てから何日経っていますか」と無遠慮に尋ねたブリティッシュコロンビア大学の研究者たちの調査によって、月経周期の妊娠可能期間（受精の確率とセックスへの生物学的欲求が最も高まる時期）にある人たちは赤い服を着る割合がとても高いことがわかりました。この結果からは、彼女たちの心のなかに存在する、赤という色の選択と生殖能との無意識的な結びつきがうかがえます。[31] 赤が持つ力を実証した研究はほかにもあります。その研究では、地元の大学での実験に参加するよう女性に頼み、同意してくれた女性に確認のEメールを送りました。メールには実験の作業を行う男性助手の写真が添付してありました（魅力的だと考えられた人物、もしくは魅力に欠けると考えられた人物のどちらかが写っていました）。実験当日、女性たちは、大学の研究室に到着してすぐに、想定外の出来事があり、研究助手が来られなくなってしまったので、実験は別の人が行いますと言われました。実を言えば、実験はすでに終わっていて、結果も出ていました。ハンサムな助手に会うつもりだった女性たちが赤いものを身につけている割合は三倍も高かったのです。[32] 彼女たちは赤い服が魅力を高めると知っており、その知識に従って服を選んだのです。

魅力的な人物は影響力のある人にもなりやすいと知れば、顔のいい人物だけを採用しようと考える企業が出てくるかもしれません。そうした人材が、特にセールス、広報、事業開発といった、メッ

＊　赤い服を着ているかどうかは、女性のドライバーや食事客に対してはなんの影響も与えなかった。男性だけが赤を身につけた女性に対して気前が良くなるのである。

セージの発信が主な仕事になる部門で戦力になるのは確実です。たとえば、人目を引く営業担当者は医師に処方薬を売り込める見込みが断然大きいということがわかっています。医師にふさわしい資格を持つ人なら、そうした場面で、薬の効果と価格以外、考慮すべき基準などないという事実に、当然気がついているはずです。にもかかわらず、調査研究から得られたデータが示したのは、医師の書いた処方箋を集めて調べてみると、薬を売り込む営業担当者の魅力と、その薬が処方された量とのあいだに、はっきりと存在する相関関係でした[33]。とはいうものの、見た目のいい営業担当者が持つ人目を引く効果は短命なものでしかないのかもしれません。時間とともに、やり取りの回数が増えて営業担当者と医師との関係が深まっていくうち、魅力の効果は弱まっていきます。古典的なスパイのハニートラップと同様、魅力的なメッセンジャーが特に力を発揮するのは、新しい顧客を勧誘するときでしょう。しかし、捕まえたその新規顧客をずっと逃がさないでいられるかどうかは、また別の話です。

一方で、企業が差別的な採用方針を採ることなく営業担当者の魅力を高める方法は、ほかにもあります。多くの場合、必要なものはスマイルだけです。これには単純な理由があります。微笑みを浮かべると、人はそれだけで魅力が増すのです。米国に拠点を置くスーパーマーケットチェーン、セーフウェイは、「より優れたサービス」という方針を通じてこの哲学を熱心に信奉していました。同社では、スタッフが顧客と目を合わせ、可能な場合は名前を呼んで挨拶することや、売り場の場所がわからずに困っている顧客を目当ての棚まで案内すること、そして、何よりも温かい微笑みを浮かべることが奨励されていました。また、これをしっかりと守らせるために、何人もの「覆面調査員」を雇って、スタッフの評価を行わせていました。高い評価を受けたスタッフにはかなりの報償が出ました。評価の低かったスタッフは、同社従業員たちが「スマイルスクール」と呼ぶ場所へ送られました。この方針はおおむね好評を博しました。ほとんどの顧客にとって、企業がより優れたサービスを販売戦略の中心に据えるのは歓迎すべき、そして、より強いロイヤルティによって報いてやるべきことです。とはいうものの、セーフウェイの試みには、いくつかの意図せざる結果もついてきました。『ワシントン・ポスト』紙の報道によると、買い物客によっては、愛想よく微笑むスタッフの態度を深読みしすぎ、女性店員が苦痛を訴える事態となってしまうこともありました。女性店員が笑みを浮かべているだけで、自分に気があると勘違いする男性客が大勢いたのです。それでもセーフウェイは方針を変えなかったため、ついには女性従業員五人から差別だと告訴されました。「当社は従業員に対する嫌がらせを許しません。ですが残念ながらお客様も人間であり、人間はときに問題行動を取ることがあります」というのが同社の女性広報担当者のコメントでした。[34]

場合によっては、認識される魅力を高める行動が、好意的な評価や望ましい扱いを受けることにつながります。その一方でセーフウェイの従業員たちが思い知らされたように、魅力が災いを招くこともあります。場合によっては、そのせいで迷惑な注目を浴びたり、モノ扱いされたり、さらにひどいと、ハラスメントや敵意の標的にされることもあります。女性の場合は特にそうです。そして、加害者は男性だけではありません。

魅力のマイナス面

かつて、あるラジオ番組のインタビューで、カントリー歌手のドリー・パートンは、六〇年代末に、コンサートを聴きに来た少女（おそらくは八歳くらいの女の子）の話をしました。その子は美しい赤毛で、肌も美しく、美しい緑の目をしていました。パートンを見あげて、サインが欲しいと言うので名前を尋ねました。

「ジョリーン」という答えが戻ってきました。

「可愛い名前ね」パートンは言いました。「その名前を使った歌を書くわ[35]」。

パートンは実際にその歌をつくりました。ただ歌われたのは、その女の子のことではなく、近所の銀行で働く、別の赤毛の女性のことでした。「その人は、私の夫に猛アタックをかけていたの」とパートンは説明しました。「で、夫はその銀行に行くのをそれはもう楽しみにしてたわ。その人がたっぷり色目を使ってくれるからよ。私たち夫婦のあいだで、それはお決まりの冗談みたいになってた……しょっちゅう『ねえ、あなた銀行で油を売りすぎよ。うちにそんなことをしてる余裕はないわ』って言ったわ」。

「その人は私の持っていないものをなんでも持っていたわ」とパートンは続けました。「たとえば長い脚とか……背が一八〇センチくらいあったのよ。私みたいなおちびで短足で寸詰まりの白人にはないものをなんでも持っていた。つまり女って、どれだけ美人であっても……結局、いつもほかの女に怯えるものなのよ」。

わずか二百語足らずで、ドリー・パートンの歌『ジョリーン』が印象深く描き出すのは、社会科学者たちがその説明に何冊もの本を書いてきた有名な効果、すなわち、女性の魅力が、特にほかの女性たちに引き起こす敵意です[36]。二千人以上の十代を対象にして行われたカナダの研究では、男性の場合、魅力はほかの男性から攻撃されにくくなる防御的要因となるのに対し、女性の場合はそれが逆に働くということがわかりました。女性に魅力があると、ほかの女性からいじめの標的にされやすくなります[37]。同様に、心理学者のフランク・マクアンドリューは話の範囲を女性全般に広げて、一人の女性の美しさがどのようにして、ほかの女性の獣性を引き起こすのかを書いています[38]。女性たちは美しい女性が容易に男たちを引きつけているのを目ざとく見つけると団結し、その女性の評判をおとしめる策を講じます。ゴシップと事実無根の話で彼女のステータスを引き下げ、美点がくすんで見えるように画策します。これがうまくいけば、その女性の社会的ネットワークと友人の輪を築く能力がむしばまれ、おそらくその女性は最終的に社会的権力の弱い立場に立たされてしまうでしょう。もし口撃だけでその女性の社会的排除を達成できなければ、物理的な威嚇と攻撃が始まるかもしれません。*

---

* 以下で紹介する動画は、ただ可愛く生まれたことの「罪」への報いを大喜びで受けさせるグループもあるということを、非常に生々しく実証している（http://www.dailymail.co.uk/video/news/video-1101302/School-bullies-force-girl-drink-puddle-water-pretty.html）。
警告：リンク先の動画には不愉快な映像が含まれています。

よってたかって弱い者いじめをする傾向をわかりやすく示したのが、フリーランスのジャーナリスト、サマンサ・ブリックの事例です。二〇一二年、彼女は英国の全国紙『デイリーメイル』に、魅力的であることのデメリットを嘆く記事を書き、強い非難を浴びました。[39] 魅力的であることにメリット（フライト中にシャンパンを無料でもらえたり、見知らぬ格好いい人が飲み代を払ってくれたり、電車のチケット代金やタクシー代を出そうと言ってくれたり）があるのは確かにせよ、しょっちゅう生じるデメリットもあると彼女は書いています。そしてそれは異性から望まない注目を浴びて、しつこく電話番号を訊かれたり、何度もデートに誘われたりするという話よりもむしろ、同性から望まない注目を浴びてしまうことだというのです。たとえば、ほかの女性が彼女の顔に叩きつけるようにして扉を閉めたり、女性上司のせいで職場が耐えられなくなった（退職せざるを得なくなったり、ほかの平均的な見た目の同僚が先に出世したり）といったことが何度もあったといいます。また彼女は、女性の友人はたくさんいるのに、花嫁付添人を頼まれたためしがないと嘆きもしました。彼女の疑念や嘆きの妥当性は、ここでの問題ではありません。注目すべきは、彼女の記事が引き起こした敵意の激しさです。何千という読者が彼女を批判する書き込みをし、その多くが悪意に満ちていました。多くを物語っているのは、否定的反応は女性の書き込みに大きく偏っていたという点です。おそらくブリックは意図せずに自らの論点を証明したのです。

魅力という観念には、女性特有の問題という重荷がついてきます。女性は男性よりも見た目で判断されやすいものです。魅力的だと思われれば、ほかの女性から邪険にされるかもしれません。魅力がないと思われれば、ほかの人の目から見た社会的価値を失い、それゆえにステータスが低下する危険があります。例として、体重の問題を考えてみましょう。太りすぎの男性が労働市場で（仕事の斡旋、適性評価、懲戒処分の意思決定、給与や部門の選考といった、仕事関連の結果に関する）ペナルティを科せられるのは事実ですが、太りすぎの女性は仕事上の不利をさらにこうむりやすいのです。[*40] 男性にとって、魅力はプラス要素です。女性にとって、それはプラスでもあり、マイナスでもあります。不都合な真実ですが、魅力の法則に関する話題では、性別は今もなお重要な問題なのです。[41]

平均性、若さ、左右対称という魅力の一般的特徴を除けば、男性と女性が魅力的だと見なすものは、はっきり異なっています。そのため、魅力を相対的にどの程度重視するかにも男女差があります。『フォーブス』の富豪リストに載った男性たちは若いモデルをデートの相手に選ぶ場合が多く、それに対して高いステータスと身体的魅力をもつ女性は男性パートナーに社会経済的地位と有能さを求める傾向が見られます。[42] たとえば、マリリン・モンローなら、おそらく魅力的な男性を好きに選べたでしょうが、実際に夢中になった相手は劇作家のアーサー・ミラーでしたし、アルベルト・アインシュタインとの結婚を狙っているという噂さえありました。メディア、家父長制の力、そしてそれ以外の社会的要因が演じている役割もあります。現代の美の理想は、特に女性に、細さの規範を忠実に

＊ 矛盾しているようだが、いくつかの分野においては、いささか肥満気味の男性のほうが実際には高評価を得ているという研究もある。次の論文を参照。Judge, T. A., & Cable, D. M.（2011）. When it comes to pay, do the thin win? The effect of weight on pay for men and women. *Journal of Applied Psychology*, **96**（1）, 95-112.

守り、ほかの人の目から見た社会的価値を失わないようにすることを命じています。ほかの時代には、違ったルールが適用されていました。ビクトリア朝時代には、豊満な女性が好まれました。一九二〇年代には、ボーイッシュな女性に人気が集まりました。

社会が男性の見た目よりも女性の美しさを重視するのと強く関係しているのが、進化的要因です。男性は義務的な親の投資のレベルが女性ほど高くありません[43]。女性は子を宿し、出産し、それからおそらくは、母乳を与えもします。そのため、扶養の意思と能力を示すような特徴をパートナーに求めます。一方で男性は、子どもがいるのを知らずにいることさえあるでしょうし、あるいは子どもができたと聞いた途端、親としての責任から逃れるために姿をくらますかもしれません。概して男性は、女性よりも性欲が強い傾向にあり、将来の配偶者を考えるときには子どもをたくさん産めそうな身体的指標をより重視します[44]。恋愛の相手を探している男性にとっては、魅力とそれが暗に示すものすべてが非常に重要です。女性にとっては、魅力の重要度は多少下がり、ほかの要因が重視されます。

ハード型メッセンジャーからソフト型メッセンジャーへ

一九二〇年代から三〇年代末にかけて、ウエスタン・ユニオン社は経営危機に直面しました。米国全土で急速に電話回線が普及し、電信事業が壊滅的打撃をこうむっていたのです。さらにラジオとテレビの（そしてラジオ広告とテレビ広告の）台頭が、同社のドル箱事業だったダイレクト・マーケティング・サービス（メッセンジャーボーイを雇って広告や試供品を戸別に届けるサービスで、石けんから朝食用シリアルまであらゆる商品の販売促進に用いられました）を脅かしました。早急になんらかの手を打つ必要がありました。

自社の地位を守るために、ウエスタン・ユニオン社が採用した新機軸のなかで、最も成功したのは、本書がこれまで見てきたハード型のメッセンジャー効果のいくつかを活用したものでした。それは「ドラマタイズド・デリバリー」と呼ばれ、広告をまったく新しい段階に進めました。[45] ドラマタイズド・デリバリーのサービスを提供するメッセンジャーボーイは、よく「ハンサムなタイプ」として描かれました。全員が指導されたとおりに、晴れやかな笑みを浮かべながら、商品の販売元がターゲットとした主婦たちに試供品やパンフレットを渡しました。着ていたのは立派に見える制服（真鍮ボタンをあしらった細身のダブルスーツ、のりの効いたシャツ、役人風の帽子）でした。その姿は威信と有能さを感じさせました。また、サービスの料金も手頃でした。ウエスタン・ユニオン社のドラマタイズド・デリバリー・サービスを利用すれば、自社製品に関するシグナルだけでなく、会社自体に関するシグナルも送ることになります。つまり、こう言っているも同然だったのです。「わが社にはステータスがあります」。

このサービスはどれくらい成功したのでしょう。成功しすぎて、米国広告業組合（二千社以上からなる業界団体）が米国上院に陳情を行い、新サービスによってウエスタン・ユニオン社が手に入れた立場は不当に支配的だと調査させたほどでした。なぜそれほどうまくいったのでしょう。どの広告会社も見込み客に対して本質的には同じメッセージ（たとえば、「この試供品をお試しください」や「パンフレットをご覧ください」「私たちの製品をお求めください」など）を送っていました。しかしウエスタン・ユニオン社だけは、メッセンジャーのことも考えていたのです。社会経済的地位、有能さ、魅力といったハード型のメッセンジャー効果を用いて、彼らは勝利を収めつつありました。

ですが、話はまだ終わりません。

やがて、ウエスタン・ユニオン社のドラマタイズド・デリバリー・サービスの受け手たちが、サービスを提供してくれたメッセンジャーボーイに、自分のメッセージを届けさせるようになっていきました。試供品やパンフレットを運ばせたのではありません。友人や近所の人にニュースを知らせたり、洗礼式やバル・ミツバー（ユダヤ教の成人式）、ディナー・パーティーへの招待状を送ったり、ケーキや花、そしてスマイルを託したりするようになったのです。そしてこの、あとから加わった改善が、ウエスタン・ユニオン社にさらなる利点をもたらし、同社はさらに業績を伸ばしました。それまで同社が力を注いでいたのは、私たちが「ハード型」メッセンジャー効果と呼ぶものでした。しかし今度は、私たちが本書の第Ⅱ部で見ていく「ソフト型」メッセンジャー効果を利用するようになったのです。

つながりの力を。

第II部

ソフト型メッセンジャー

極めて危険なつながり

ほとんどの文献が説くところによると、グリゴリー・ラスプーチン殺害は簡単にはいきませんでした。まずケーキに毒が盛られましたが、ごくわずかな効果しかありませんでした。おそらく、青酸カリの量が足りなかったのでしょう。その次は、三つのグラスになみなみと注いだワイン（やはり毒入り）を用いましたが、これも失敗しました。そこで、共謀者たちは銃を使うことにし、ほどなく実行犯がラスプーチンの胸と頭に弾丸を撃ち込みました。それから念のため死体を絨毯でくるみ、重りをつけて近くの川に遺棄しました[1]。

彼を亡き者とするために暗殺者たちが何をしたかを考えれば驚く話ではありませんが、ラスプーチンは人気のない人物でした。皇帝ニコライ二世と皇后アレクサンドラの寵愛を得てはいたものの（二人はラスプーチンをあがめていました。神にも似た力を発揮して皇子の血友病を落ち着けたからです）、この「ロシアの怪僧」ほど好感の持てない人物は歴史を見てもほとんどいません。彼は自慢屋で、性的倒錯者で、皇帝一家、ひいてはロシアの政治にすべての点で悪影響を及ぼす悪臣だったと言われました。ほとんどの人にとって、その無残な死は自業自得だったのです。

そのため当然、後続世代には「怪僧」に冷淡な見方をする傾向があります。しかし、皆がそうだというわけではありません。ラスプーチンの死から四十年ほどたって生まれた人たちを何人か集め、その生涯を検討させてみたところ、ほとんどが予想どおり、厳しい評価を下しました。しかし、なかには、少なくとも言われているほどひどい人物ではなかったと考える人もいました。ラスプーチンとその悪行について、厳しい評価を下した人たちとまったく同じ情報を見せられたにもかかわらず、彼らはラスプーチンとのあいだにつながりの感覚を覚えたのです。もっとも、彼らの誰も、そのつながりがどんなものかを正確に述べられはしなかったでしょうが。

実を言えば、それは非常にわかりやすいものでした。彼らはみな、誕生日が同じだったのです。

誰にでも生まれつきの「所属欲求」と、他者との結びつきをつくりたいという根源的な願望があります。[2] 共通の興味、同じようなものの見方、あるいは誰かに対するうまく説明できない温かい感情といったものだけで、人々がまとまることはよくあります。そしてその結びつきを感じると（つまり、ほかの誰かとなんらかの形でつながっていると感じると）、その相手の話に耳を傾ける度合いも、その内容を重要だと感じる度合いも高くなる傾向があります。別の言い方をすれば、このとき影響力を発揮しているのは、メッセージの力よりもむしろメッセンジャーの力なのです。

これは特定の文化や個人的資質の特徴ではなく、普遍的な現象です。人は誰でも、ほかの人たちと社会的つながりを結びたいと考えています。お互いを思いやり、資源を分け合い、協力したいと思っているのです。そして、肯定的な社会的つながりを経験すると、幸せな気持ちになります。思うようになっているという感覚が強まり、自己評価が上がり、幸福感が高まります。世界価値観調査のデータによれば、人間の幸福度を最も正確に予測するのは、資産、収入、所有物ではなく、強い社会的関係（**社会資本**）の有無です。[3] この最も基本的な人間的欲求を満たせない人は、重い対価を払っています。さまざまな肉体的、精神的な問題（不安、憂うつ、自己評価の低さ、肥満、怒り、そしてときには社会への反抗など）と結びつく悪感情、孤独を味わうからです。[4] 未就学児を対象とした長期研究によれば、六歳の子どもであっても、社会的排除を受けると、その後、攻撃的行動が増加し、協力的行動が減ります。ほかの研究では以下のことが明らかになっています。思春期の若者が疎外感を感じている場合、「つながり」を持っている子よりも否定的な意見に対して攻撃的な反応を返しがちになります。仕事の場面で、ある同僚が一緒に働くのを嫌がっていると聞かされた人は、しばしば攻撃的で敵対的な態度を取るようになります。[5] 非常に深刻な事例では、そうした疎外感が、極端な暴力行為を引き起こすこともあります。たとえば、米国の学校で起きる銃乱射事件のほとんどが、社会的排除を受けた個人による犯行です。[6]

　したがって、社会的つながりを持ちたいという衝動には大きな力があります。ほとんどの人が、孤立のもたらす社会的、感情的帰結を避けたいと考えています。飢えた人が食物を求めるのと同じように、孤立した人は、他者と社会的絆を結ぼうと努めて感情的な飢えを解消しようとします。つながりを求める気持ちは非常に根源的なので、一見取るに足りない共通の特質や関心事（たとえば趣味や誕生日が同じ）があるだけで、意義深い結びつきが生まれる場合もあります。ラスプーチンの生涯への評価（評価したのはたまたまアリゾナ州立大学の学生たちでした）が、彼と共通点を持っているかどうかで割れた理由はここにあります。

ロバート・チャルディーニとジョン・フィンチが実施した研究では、ラスプーチンの波乱に満ちた生涯（シベリアの農家に生まれたところから、改宗、皇帝ニコライ二世の宮廷時代、そして最後に暗殺されるまで）が三ページにまとまった文書を参加者に読ませ、さまざまな尺度を使ってその人間性を評価させました。用意された文書はバランスの取れた、事実関係の正確なものでした。ただ、ラスプーチンの誕生日というごく小さなデータだけは改変されていました。無作為に選ばれた参加者の一部は、自分とラスプーチンの誕生日が同じだと誤解させられたのです。ここではっきりさせておくと、誕生日が同じだと考えた人たちは、それでラスプーチンを英雄だったと考えたりはしませんでした。評価はかなり辛辣なままでした。しかし、なんのつながりも感じていない人と比べると、その見解はだいぶ甘くなりました。チャルディーニが述べているように、「私たちには自分となんらかのつながりがあると思うと、対象がなんであれ、あるいは誰であれ、評価を引き上げる傾向があるよう」です。[7]

チャルディーニとフィンチの実験が立証しているのは、私たちがどれだけ部族的かということと、あるメッセンジャーが自分の仲間であり、協力的なパートナーになるかもしれないというごく弱い暗示に、どれほど影響を受けやすいかということです。誕生日が同じという程度のささいな共通点で、ラスプーチンほどの悪人に対する評価でさえ少し甘くなるというなら、もっと重要な結びつきやつながりが、他者への見方をどれほど変えられるか、考えてみてください。

それこそが、毎日の生活でつねに起きていることです。採用担当者は（ほかの点に差がなければ）自然と自分と似た特徴のある候補者を採る気になります。営業担当者が顧客と自分との共通点を強調すると、消費者はイエスと言いやすくなります。さらに一般化すれば、私たちは、年齢、教育、背景、人種、宗教、知的レベル、社会経済的ステータスが自分と近い相手に引かれます。[8] ネット上の社会的ネットワークを分析した研究によれば、人が陰謀論や「フェイクニュース」に「いいね」をしたり、それを拡散したりしやすくなるのは、投稿者が友人の場合です。その友人と世の中の見方が似ているときには、特にそうです。[9] この知見は、本書の著者の一人が、エロイーズ・コープランドらと実施した研究とも合致しています。その研究でわかったのは、無作為に選ばれた非政治的分野に関する質問に答える場合でも、政治的見解を同じくするメッセンジャーに意見を求め、その話に耳を貸す人がとても多いということでした。しかもこれは、政治的見解を異にする別のメッセンジャーがいて、当該分野に関してはその人のほうがずっとよく知っているという場合であってもそうなのです。[10] この結果から、なぜ「フェイクニュース」や陰謀論は、大量の反証が簡単に手に入るときでも信じられてしまいがちなのかという疑問にいくらか説明をつけやすくなります。疑いの目が反証のメッセージだけでなく、メッセンジャーにも向けられるからです。どうやら、自分と似た人や好みのニュースソースが広めているメッセージだというだけで、ほとんどなんでも信じる気になってしまう人もいるようです。

つながりの強調からは、ときに驚くような結果が生まれます。スポーツ・イングランドが、女性スポーツ人口の裾野を広げるために行った「彼女はできる」というキャンペーンは、その良い例です。こうしたキャンペーンの場合、真似したくなるような一流女性スポーツ選手やスターを出演させるのが定番です。しかしこのとき作成された動画やポスターの主役となったのは、あらゆる体型、体格、能力の女性たちでした。このキャンペーンは条件の整った実験室で行われたわけではないため、英国の大衆がつながりを感じられるスポーツ愛好家の起用によって、その後スポーツを始める人が増えたと論じるのは危険でしょうが、それでも示唆に富んだ数字が出ています。スポーツ・イングランドによれば、キャンペーンの結果、なんらかのスポーツに取り組んだり、取り組む時間が増えたりしたという英国人女性は約二百八十万人にのぼったそうです[11]。

ジンバブエの性教育プログラムでも、ステータスのあるメッセンジャーではなく、つながりの感じられるメッセンジャーを選ぶという意思決定から同じように印象的な結果が生まれました。スポーツ政策ならスポーツのスター選手が前面に出てくるだろうと考えるのと同じく、コンドームを使用して安全なセックスを、というメッセージを伝えるのに最もふさわしいメッセンジャーは、白衣を着た医師や医療専門家だと考えるのが自然かもしれません。しかしこのプログラムの戦略立案担当者は違うやり方を選びました。低収入者の多い地域で美容師をして生計を立てている女性たちに研修を行い、コンドームを使うメリット、どうやって交際相手とコンドームの話を始めるか、どこで手に入るかといったメッセージを伝えさせたのです。メッセージの内容自体は、訓練を受けた医師や看護師が伝えるものとまったく同じでした。違っていたのは誰が伝えるかという点です。このプログラムでは、馴染みのある人物が友好的で協力的に、安全な環境で助言を提供しました。[12]

それは賢明な判断でした。ヘルスケアの専門家からメッセージを受け取れば、メッセンジャーの有能さや専門知識に関係なく、気まずい思いをしかねません。昔からの知り合いで、信頼を育んできた友好的なメッセンジャーから話を聞くようにすれば、潜在的な障壁（この場合なら、プライベートな問題について自由に話していいという気持ちになれないこと）を巧みに回避できます。もちろん、医療の専門家なら、ステータスを感じさせたでしょう。しかし、励ましになるような絆がすでにできあがっている相手から伝えられたおかげで、メッセージの説得力は、いっそう強くなったのです。

この「エイズにではなくブレイズへアになろう」プログラムの例からもう一つはっきりするのは、つながりがもつ別の注目すべき特徴です。つながりは、誕生日、所属する人口集団、意見などの共通点からだけ生まれるわけではありません。たいていの場合、時間とともに、お互いをよく知るようになっていくなかで生まれ、ときには永続する強い絆となります。そのような結びつきは、エリートを含むほかのメッセンジャーでは与えられない心理的、身体的な安心感をもたらします。

第Ⅰ部では、社会経済的地位、有能さ、支配力《ドミナンス》、魅力といったシグナルを通じて、メッセンジャーに備わっていると見なされたステータスが、メッセージに対する受け手の態度を（ほとんどの場合メッセージの提示するメリットとは無関係に）どれほど変えられるか説明しました。第Ⅱ部で示すのは、影響力に至る別の経路、つまり優位性ではなく、つながりを強調するという経路です。他に抜きん出ることで影響力を得ようとする社会のハード型メッセンジャーとは対照的に、ソフト型メッセンジャーは、ほかの人々と心を通じさせて影響力を持ちます。ソフト型のメッセンジャーに見られる特質は四つあります。温かみ、弱さ、信頼性、カリスマ性です。

5

温かみ

好かれるリーダー、控えめな従業員、そして協力が闘争に勝る場合

一九八五年十一月十九日火曜日、テキサス州ヒューストンの州法廷陪審員団の出した評決は、法曹界と実業界に衝撃を与えるとともに、ある大手石油企業を倒産の瀬戸際に追い込みました。十二人の一般市民は、原告であるペンゾイル社の主張を認め、テキサコオイル社に百五億ドル以上の損害賠償を命じたのです。当時これは、一件の賠償額として史上最高のものでした。[1]

この訴訟の根幹にあったのは、業界での自社勢力を拡大したいというペンゾイル社長ヒュー・リートケの野心でした。当初、ペンゾイルには、いわゆる大手と渡り合えるほどの石油埋蔵量がないと見られていました。しかしやがて、一九八四年のはじめに、解決策となりそうな案が浮上します。当時、ウォール街の投資銀行とペンゾイルの競合相手の一つ、ゲティ・オイル社のあいだで何度も会合がもたれているという噂が流れていました。また、ゲティ社で内紛が起きているという噂もありました。同社の重役たちは自社の株価が一向に上向かないため、いらだちを募らせていると言われていまし

た。それがリートケには好機と映りました。ゲティ・オイルには大量の石油がありました。ペンゾイルは成長を求めていました。リートケはゲティ・オイルの社長、ゴードン・ゲティと連絡を取り、合併の可能性について話し合いました。

その後数カ月にわたり何度も会合がもたれ、話は進み、最終的にペンゾイルがゲティ・オイルを買収するということで、ゲティとリートケが同意しました。しかし合併話の噂が業界に広まると、競合会社のテキサコが、ペンゾイルに対抗すべく、より良い条件の買収話をゲティ・オイルに持ちかけました。ゲティ・オイルは、おそらく、業界最大手の一角が突然興味を示してくれたので舞い上がったのでしょうが、テキサコとも話し合いをもち、最終的にはテキサコと契約を結びました。リートケは激怒しました。そしてテキサコが取引に違法な介入をしたと主張し、訴えを起こしたのです。一九八五年初頭、両陣営は法廷で相見《あいまみ》えました。

五カ月半続いた裁判の争点は、ヒュー・リートケとゴードン・ゲティのあいだで交わされていた合意にどの程度の法的拘束力があるかでした。何十人もの証人が呼ばれ、それぞれの目から見た出来事の様子を語りました。法律学者たちは、握手というものの法的扱い、非公式な同意書の署名に法的拘束力があるのかどうか、ゲティ・オイルがペンゾイルと取り交わしていた元々の取り決めをテキサコがどの程度知っていたのか、といったことに対する見解を述べました。弁護士たちは公判前に作成された一万五千ページもの供述調書を精査しました。裁判によってさらに二万四千ページの記録が生まれました。裁判資料が膨大であったうえに、それぞれに多様な解釈を加えることができるため、法律関係者の多くは、これほど複雑な裁判に決着などつくのだろうかと考えていました。それだけに、陪審員団があれほど明確に、そして徹底的にテキサコを罰する評決を出したのは、誰にとっても驚きでした。

どういった理由で、十二人の一般市民はテキサコに対してあれほど厳しい評決を出し、あれほど容赦のない罰を与える気になったのでしょうか（陪審員団のなかに一人でも法曹関係や石油産業関係の職業経験や専門知識を持つ人がいたようには思えません）。彼らに示された何万ページもの情報や証言のうち、どれが決定的なものだったのでしょう。どこからどう見てもテキサコが間違っていると陪審員団に確信させたのは、どの専門家の証言だったのでしょう。当時、こうした疑問に頭を悩ませない人はいませんでしたが、それも当然です。その訴訟はめったにないほど複雑で、しかも長期にわたって争われました。そのため、人々は陪審員団の意見に影響を与えたのはどの証拠だったのだろうかと考えずにはいられなかったのです。

しかしおそらく、彼らはものごとを間違ったやり方で見ていました。どの事実や議論が陪審員に大きな影響を与えたのかと考える代わりに、おそらく彼らがやるべきだったのは、さまざまな要素が複雑に絡まり合ってできあがった塊全体がもたらすインパクトの検討だったのです。考えてもみてください。五カ月半にわたって、何千ページ分もの証言がなされ、何百という専門用語が使われ、何十という些末な点をめぐって原告被告双方の弁護士が戦ったのです。十二人の一般市民にとって、それは手に負えないものに見えていたに違いありません。実は、あまりにも手に負えなかったために、それらのほとんどは影響を与えない要素になりました。本来であれば、難解な議論と深遠な法律的論点を考量するべきところで、彼らはそれを提示する人々に意識を集中し始めました。メッセージはかすんでしまいました。メッセンジャーたちこそが、最も重視されるようになったのです。[2]

この裁判で彼らが耳を傾けた相手は、高いステータスを有するメッセンジャーではありませんでした。もしステータスの高いメッセンジャーに耳を傾けていたなら、おそらくテキサコを支持していたでしょう。テキサコのほうが資金力に優れ、知名度も高かったからです。ペンゾイルが地方の一企業だったのに対して、テキサコの名前とロゴマークは全国のガソリンスタンドが掲げていました。社会経済的地位という点では、テキサコはペンゾイルを圧倒していました。経験もテキサコのほうが豊富でした。ペンゾイルよりもオイル業界での歴史が長く、大勢の専門家を雇っていました（そして裁判では、その専門家たちがさらに多くの専門家を呼び出しました）。そしてテキサコは支配的でもありました。自分たちのためにペンゾイルとの取り決めを反故にするよう、ゲティ・オイルを説得してしまったわけですから。テキサコの重役たちは、強引に割り込みをかけたとき、「自分たちは誰にも負けない。自分たちこそが、この魅力的な提案から利益を得るのだ」と考えていたに違いありません。

しかしときには、高いステータスを持っていながら、ハード型のメッセンジャーが敗れ、ソフト型のメッセンジャーが勝利を収めます。ペンゾイルとテキサコの裁判も、どうやらそうした例の一つだったようです。裁判のあとすぐ、陪審員の一人、ジェームズ・シャノンは地元の記者から、なぜ陪審員団はあのような結論を出したのかという質問を受けました。シャノンの回想によれば、彼もほかの陪審員たちも、テキサコの主任弁護士の態度を不愉快に感じていました。また、テキサコ側の証人が陪審員のほうを見もしなかったことが何度もありました。そして、彼の見解では、テキサコの部長は横柄な人物で、対照的に、ペンゾイルの弁護団にはずっと好感が持てました。どうやら、この非常に専門的で複雑な訴訟は、どちらが正しいかではなく、どちらのほうに温かみと人間味があるかということに基づいて裁かれたようです。

温かみを持ち、好かれる人になりなさい

温かみがメッセンジャーの重要な特質なのは、それが気遣いと親切心のシグナルとなるからです。温かみのあるメッセンジャーは、ステータスの高さではなく、善意を示そうとします。敵意と解釈されかねない表現は避け、ほかの人々の感情を害さない言葉を慎重に選びます。軋轢《あつれき》を避けたい、あるいは罪悪感を喚起したいという欲求が非常に強いため、ほかの人たちが勝手な真似をするのを止めないことさえあります。[*] また、他者に敬意、友情、関心を示し、それによって、自分にではなく、話の受け手に重要性を授けます。[3]

＊　罪悪感は他者に対する危害の実行を思いとどまらせ、すでに実行している場合には相手との関係を修復したいという気持ちにさせる。その意味で、罪悪感は基本的に社会的な感情である。

温かみのある人物が仲間で良かったと思うことはたくさんあります。そのため当然、彼らは非常に優秀なメッセンジャーになります。「温かみをもち、好かれる人になりなさい」というのは、デール・カーネギーが一九三六年に出版した古典的名著『人を動かす』の中心的なメッセージです。カーネギーは「批判、非難、不満は述べるべからず」と忠告しています。また、「率直で誠実な評価を与えよう……相手に誠実な関心を寄せよう」とも言っています。[4] ジョン・ゴットマンは、夫婦の離婚見込みを正確に予測するという人間離れした能力で知られる臨床心理学者ですが、その彼によれば、結婚の失敗を予測するのに最も信頼のおける四つのシグナルは、批判、防衛的対応、無反応、軽蔑です。[5] こうした振る舞いはどれもある種の天敵として、社会的・感情的な方面から、温かみの持つ非常に大きな力をむしばんでいきます。

温かみを察知する力は社会生活を適切に機能させるのに不可欠なため、生後半年の赤ちゃんでさえ向社会的なメッセンジャーを、反社会的あるいは社会性のはっきりしないメッセンジャーよりも好む傾向を示します。[6] ある実験では、困っているキャラクターを（場面設定は箱が開けられない、山を登れない、ボールを落としてしまった）助けるキャラクターや邪魔するキャラクター、関わろうとしないキャラクターが出てくる映像を赤ちゃんに見せ、その反応を調べました。[7] 映像を見終えた赤ちゃんたちは、邪魔をしたり、まったく関わろうとしないキャラクターよりも、困っているキャラクターを「助けてあげた」キャラクターに強い興味を抱きました。良い人と悪い人を区別する能力からは、さまざまなメリットが生まれます。諍《いさか》いが減り、協力が増えるからです。そのため私たちは、友好的関係を築く意思を示す相手と優先的に関わりを持ち、肩入れするように進化してきました。テキサスの陪審員たちをテキサコよりもペンゾイルに肩入れさせた諸要因は、おそらく私たちに生まれつき備わっているのです。

大人は、社会的なやり取りを円滑にするため、日々の物言いに温かみを組み込みます。これがどれほど深く根付いているかを理解したければ、コンピューター相手に話すときと人間相手に話すときとを比べてみてください。シリやアレクサ、コルタナとの会話を「それじゃ、身体に気をつけてね」と言って終える人はいません。しかし人間相手の日常会話では、ほぼ確実に社交辞令的な言葉や言い回しを使って、礼儀正しさを維持し、自分たちの好ましさを伝えます。たいていの場合、「お元気ですか？」から会話が始まる理由はここにあります。もし最初にこう言わなければ、相手はあなたが何か急いで言いたいことがあるか、礼儀知らずに振る舞っているかのどちらかだと考えます。そして、前者の可能性がないとはっきりした場合、後者だと思われてしまいます。[7]

温かみを伝えるのは会話を始めるときの発言だけではありません。要請を「やんわりと行う」のにも同じ効果があります。知らない人に道を尋ねるときであれ、急ぎの用件があって、同僚たちの会話に割り込むときであれ、家族に何かしてもらいたいときであれ、私たちはしばしば、要求を疑問の形で行い、切羽詰まっている印象や横柄な印象、自分本位という印象などを必要以上に与えないようにします。要請に従うのがおおむね当然な場面でさえ（たとえば、ディナーの同席者に塩を回してほしいと頼むようなとき）、私たちはその人物のステータスに傷がつかないように気を遣い、相手が自分の言いなりになるわけでないのはわかっていると示します。そのため「塩を回せ」とは言わずに「塩を回してもらえますか?」と言うのです。このような**会話の公準**は、私たちが頼み事をする相手に形式上の自主性を与えます（実際のところ、断られる心配はほとんどないわけですが）。こうした上品さをどの程度重視するかは地域によって異なります。たとえば、日本はこうしたことにとても敏感で、イスラエルはそうでもありません。しかし、この公準はツェルタル語（メキシコで話されているマヤ語系の言語）からタミル語（インド南部とスリランカで話されている言語）までさまざまな言語に存在します。そしてこの公準が存在するあらゆる文化において、メッセンジャーはこれを利用し、ときに狡猾な社交的駆け引きを行います。相手を気遣ってはいるけれども、それでもやはり自分の意見を押しつけたいのだと伝えるわけです。高圧的、あるいは相手のその場における道具的価値にしか興味がないという印象を与えないようにすることで、メッセンジャーは自らの望みをかなえます。[8]

私たちはこうした合図を日常のやり取りで受け取ったり観察したりしていますが、ほかの人の温かみに対する私たちの反応は、実際のところ、思っているよりもずっと早い時点で生じます。最近行われたある研究では、コロンビア大学の神経科学者と社会学者が、九週間の夏期短期コースの始めにｆＭＲＩを用いて、受講生がほかの受講生の写真を見た際の脳の動きをスキャンしました。そして、コースの終わりが近づき、受講生たちがすでにいくつかの小グループを形成し、しっかりとした友情を築いた時期に、受講生全員にもう一度スキャンを受けさせました。結果を見ると、コース開講時に計測された神経活動（受講生それぞれがほかの学生の写真を見たときに生じたもの）は、個々の受講生が誰と仲良くなるか、あるいは誰とそりが合わないかを高い精度で予測していました。[9]まるで、彼らの脳が、最終的に誰と親しくなるか（あるいはならないか）を、ほかの受講生と知り合いになる前に、あらかじめ決めていたかのようでした。これは興味をそそる結果です。しかし、真に驚くべき発見は、実験を行っていた人々が、たとえばビルがジムを好きになるかどうかを、ジムがビルの写真を見ているときの脳の活動からも、予想できたということでした。そうなのです。あなたが初対面の相手を今後九週間で好きになるかどうかは、その相手があなたと初めて顔を合わせたときの脳の反応を調べれば予測できるのです。つまり、私たちが友人をつくるときには、第一印象で受け取った相手の好ましさだけでなく、相手がどれくらいこちらに好意を持っているかも関わっているわけです。ある受講生がほかの受講生の誰かをなんとなく好ましく思い、相手からの温かみをすぐに感じ取った場合、その二人は九週間のコースを受けているあいだに、親しい友人となりました。

　温かみを示すことには、そして温かみを示さないことにも同様に、変化を起こす効果があります。これは人間の専売特許というわけではありません。ネズミを扱った研究では、幼い頃に母親ネズミから舐めてもらった（舐めて《リッキング》もらうであって、愛して《ライキング》もらったではありません）経験のほとんどなかったネズミは、成長したあと、温かい愛情を受けて育ったネズミよりも、ストレスのある状況で、ネガティブな反応を強く示しました。[10]親の愛情の欠如が、人間にも同様の効果を及ぼすとすれば、私たちが、心の安定のために特に必要とする温かみと肯定を届けてくれる人たちに引かれるのは、ほとんど当然です。[11]

この人間の基本的欲求をよくわかっていた人に、大きな業績を残した心理学者、カール・ロジャーズがいます。彼は温かみを中心に置いた手法をセラピーに採用しました。ほかのもっと客観的で診断的な考えの学派とは異なり、ロジャーズは、セラピストがクライエントに思いやりのある理解と共感を示せば、たとえばクライエントを助けるために相手の無意識に分け入って、緊張感や不安感を分析しようとするよりも効果があると考えました。そして、驚くべきことに、原因が遺伝的・生物学的なものだと考えられている統合失調症の患者でさえ、彼の温かみのある「クライエント中心」療法を受けたあとで、症状に改善の見られた場合があったそうです。[12]

健全な自己同一性を育むには、他者からの無条件で肯定的な関心と理解が欠かせないとロジャーズは考えており、それを提供するのがクライエント中心療法を行うセラピストの務めだと信じていました。ロジャーズによれば、ほとんどの子どもは両親や親族からこの種の愛情を受けて育つので、大人になるころには回復力《レジリエンス》と心の安定性が備わります。しかし、この最も基本的な人間的欲求を満たせなかった子どもは、のちの人生で、ほかのどこかにそれを求める必要が生じてきます。その飢えを適切に満たすのが、温かみをもって共感的に耳を傾けるクライエント中心療法のセラピストなのだというわけです。

実を言えば、患者との関係を築き、それを維持するのは、どんな手法のセラピーであっても、治療の第一歩であり、そして最も重要な一歩だと、多くの専門家が考えています。それだけでなく、証拠の示すところでは、そうすることで、専門家にもメリットが生じます。患者の症状に改善が見られるだけでなく、担当者に対する患者の評価も良くなるからです。非常に難しい医療事案の場合には、そのような絆が訴訟リスクを引き下げることさえあります。ある研究では、医師が患者に話している場面を録音した十秒ほどの音声データを何種類か用意して参加者に聞いてもらい、医師それぞれが持つ温かみ（あるいは冷淡さ）の評価と、彼らの声になんらかの不安や懸念が聞き取れるかどうかの判定をさせました。その結果を医師それぞれの経歴と付き合わせてみたところ、威圧的と評価される割合と医療ミスの訴訟件数とのあいだに強い相関が見つかりました。威圧的な話し方をする医師たちは、有能さが同レベルで、より温かみのある話し方をする医師グループと比べて、患者から訴えられる見込みが二倍以上も高かったのです。[13]

もちろん、医療関係などほかの人の面倒を見るのが主な業務である職種で、共感的なメッセンジャーが気難しい同僚よりもよく思われるのは当然だという意見もあるでしょう。しかし証拠によれば、共感的な手法は、伝統的に押しの強いスタイルが好まれてきた場面においてさえ、うまく働きます。警察の取り調べが良い例です。長いあいだ、警察その他の法執行機関の捜査官が行う告発的な手法は必要不可欠と考えられてきました。容疑者に不利な証拠が山とあると主張して、繰り返し自供を迫るのは、迅速な事件解決と有罪判決を勝ち取るのに欠かせない非常に効果的なテクニックである、というのが標準的な見解です。しかしそのような手法が最善とはとても言えません。百八十一件の取り調べをていねいに検討した結果（そのなかにはアルカイダの影響を受けた容疑者、民兵活動家、右翼のテロリストを扱ったものもありました）、取り調べの担当者から敬意、尊厳の尊重、誠実さを示された被疑者は、いわゆる尋問対策戦術《CIT》（たとえば供述の撤回など。最も頻繁に使われるのは黙秘）に頼ることがとても少なかったことがわかりました。[14] 非常に扱いにくく、感情を逆なでされる相手であっても、取り調べ担当者が穏やかな口調や親愛の身振り、心を和ませるユーモア、言葉以外の協力的な身体言語などで温かみを伝えれば、望ましい結果を得やすくなります。

温かみのおかげで、金銭的な見返りが大きく増すこともあります。「はじめに」で紹介した自己宣伝家、ドイツ銀行のサブプライム担当筆頭トレーダーのグレッグ・リップマンとは異なり、ほとんどの営業担当者は、顧客に自分がどれだけ稼いだかという自己宣伝めいた自慢をして自らの優越性を示そうとはしません。彼らの戦略はもっと地味で、それゆえにずっと賢いものです。虚勢を張るのではなく、温かみを伝え、それによって顧客とのあいだに個人的なつながりをつくります（ここから生まれるのは喜びだけではありません）。ときとして、必要なのはちょっとしたお世辞一つだけということもあります。ウェイターが食事客のメニュー選びを褒めると、チップの額が増えます。美容師の場合も、「お客様なら、どんな髪型でもお似合いになります」と言えば、チップが増えます。また、温かみが職場を変えることもあります。ある研究では、職場の同僚から何か手伝いを頼まれて引き受ける気になる人の割合はおよそ五〇％でしたが、頼む側が最初に相手を褒めると承諾率は七九％まで上昇しました。[15]

リーダーたち（しばしば「よりハード」型のメッセンジャーだと考えられている人たちです）にも、温かみに富むソフト型メッセンジャーの仮面をかぶるメリットはあります。実際、過去二十年以上の全米選挙調査データを分析した政治学者ラッセ・ローストセンとアレクサンダー・ボアによれば、有権者が政治指導者を選ぶ場面で重要になる性質は、有能さよりも温かみです。[16] おそらく、この知見でいくらか説明をつけやすくなるのが、二〇一六年の米国大統領選挙の候補者討論でヒラリー・クリントンの直面した大きな困難です。クリントンには、自分が近年の歴史において最も有能で経験豊富な候補者と広く目されている一方で、温かみのある人物とはあまり思われていないという自覚がありました。『ニューヨーク・タイムズ』の記者、エイミー・チョージックは、二〇一八年四月に出版した本のなかで、クリントンが候補者討論会の準備中、側近たちに向かって「悪態の限り」を尽くしてドナルド・トランプをこきおろしていたと書いています。そうすることで、「舞台上で平静をたもち」、すでに多くの有権者が彼女に対して持っている否定的な見解に補強材料を与えないようにしていたのです。[17] もちろん、肝心の討論会で、こうした対策は実を結びませんでした。温かみが特に女性の美点と見なされやすいことに鑑《かんが》みれば、双方とも温かみに欠ける候補であっても、そのマイナスはおそらくトランプよりもクリントンに大きくのしかかったでしょう（もっとも、大事な点を強調しておくと、これは推測にすぎません）。温かみと好ましさが、政治の全領域で価値のあるものとされ、特にリベラル勢力のあいだで重視されているように思われるという事実も、やはりクリントンへの追い風とはなってくれなかったでしょう。[18]

産業界の重鎮たちにも、温かみのある人だと思われるメリットはあります。そうしたメリットを得ている人物の一人が、二〇一二年からコストコ社のＣＥＯを務めているクレイグ・ジェリネクです

（入社は一九八四年）。彼は従業員からも顧客からも、そして投資家からも好感の持てる人物だと考えられています。さらに二〇一七年には、米国の上場企業のＣＥＯのなかで最も好感の持てる人物に選ばれました。ジェリネクは以前、シアトル大学で経営学を学ぶ学生を対象とした講演で、リーダーとして成功するのに役立つと信じているいくつかの要素を挙げました。忍耐強さ、人々の成長と成功を手伝うこと、従業員とつながりを持つこと、そして、「ズボンを履くときにはほかの人たちと同じように一本ずつ足を通すこと」[19]。選ばれたのが性急な成功よりも慈愛と謙遜に強く結びついた性質であったという事実から説明しやすくなるのは、そうした性質があったからこそ、ジェリネク自身とコストコは新規参入者や新しい考えによってつねに変化している業界で成功できたのだと、多くの人が信じている理由です。

ジェリネクの温かみと顕著なコントラストを示すのが、いわゆる多忙なボスたちの行動です。彼らは会議中にＥメールの返事を書いたり、電話を始めたりしますし、話があるという従業員を「もっと重要なこと」に取り組むために追い払ったりもします。リーダーがこうした行動を取る場合、職場の生産性は上がるよりも下がる見込みが高くなります。最近の研究によれば、すぐスマートフォンに夢中になる（これは「電話《フォン》」と「人を無視する《スナッビング》」を組み合わせた言葉「ファビング」として知られる行動です）経営者のもとで働く従業員は、自分が評価されていないと感じるだけでなく、自分の能力に対する自信も揺らぎ、その結果、仕事に悪影響が出てしまいます[20]。それとは対照的に、米国とベルギーに拠点を持つ六十五社から集めたデータによれば、従業員の話にしっかりと耳を傾ける経営者のもとでは、最終的に従業員の自己評価、経営陣の有能さ、そして業績が上がります。[21] もし、ＣＥＯの立場にいる人が、自分には成功するリーダーにつきもののカリスマ性が欠けているとお悩みでしたら、無理に不自然で当てにならないビジョン提示型の手法を使うよりも、温かみのあるやり方を用いるほうがずっと賢明です。

温かみを発揮する

温かみのあるリーダーやＣＥＯ、営業担当者、捜査官、セラピストたちは、それぞれの支持者、従業員、顧客、被疑者、クライエントと、どうやって気持ちを通じさせているのでしょう。さまざまな要因が関係しているようだというのがその答えですが、特に重要なのは肯定的な態度です。あるオーストラリアの研究では、上司が部下と面談を行っている場面を参加者に見せました（場面は実際には俳優が演じたものです）。部下を励ます（「達成目標に近づいてると聞いて嬉しいよ」）上司もいれば、そうしない（「まだ目標達成に至っていなくてがっかりしたよ」）上司もいました。「上司」が肯定的な温かい態度でメッセージを伝えた場合、メッセージの内容自体がどんなものであれ、上司の有能さに対する参加者の評価は上がりました。[22] 肯定的なメッセンジャーの魅力は実に強く、悪い知らせのショックを軽減させるのに一役買えるほどです。それと同じように、否定的なメッセンジャーは良い知らせを大して嬉しくもないように思わせてしまいます。当然、肯定的なメッセンジャーにも限界はありますが（たとえば、悪い知らせをにこにこと伝えるのはやめたほうがいいでしょう）、信頼の絆（7章参照）をたもつ感情的調和があるなら、温厚なメッセンジャーは最も撃たれにくいと言えます。

彼らはまた、仕事の場面で上司や同僚から評価されやすくもあります。面接で肯定的な態度を示す人は（特に面接中に笑みを絶やさないようにしていれば）、最終候補に残りやすくなります。一貫して肯定的な雰囲気をたもつ従業員は同僚から協力を得やすく、成功が増え、キャリアで辿るコースも、ひいては給与もよくなります。[23]

温かみを伝える別のやり方には社会的報酬があります。シェイクスピアは『じゃじゃ馬ならし』で「気ちがいじみた強情な気質」[†]は、情けで殺せると述べました。別の言い方をすれば（そして現代的な用語を用いれば）、悪い行いを正すときによく効くのは脅迫的措置よりも社会的報酬です。現代の心理学者ならこれを「思いやりを伴《ともな》う報酬」と呼ぶでしょう。これがときに大変効果的なのは、現場研究からわかっています。

そうした研究の一つに、デューク大学教授のダン・アリエリーが実施し、のちに著書『ペイオフ――私たちの動機をつくる隠れた論理』で紹介したものがあります。その研究では、イスラエルの半導体工場で働く人たちを無作為に三つのグループに振り分け、それぞれにコンピューターチップの組み立て作業に対するボーナス（三種類用意したなかのいずれか一つ）を提供するというテキストメッセージを送りました。[24] 第一グループは百新シェケルを約束されました（新シェケルはイスラエルの通貨単位。百新シェケルは二十二ポンド／三十ドル程度）。第二グループに約束されたのはピザでした。

第三グループは社長からの称賛という形で感謝が示されると言われました。第四グループ（対照群）には特にボーナスの話はありませんでした。当然ながら、すべての誘因が従業員の士気をある程度高めました。提示のあった当日、ピザを約束されたグループと社長から感謝されると言われたグループは対照群と較べてそれぞれ六・七%、六・六%多く半導体を組み立てました。現金にも効き目はありましたが四・九%とピザや褒め言葉ほどの効果は出ませんでした。それどころか、日が進むにつれて、金銭的誘因を提示された人たちは、なんと対照群よりも生産性が低くなっていったのです（新古典派の経済学者にとってはショックな結果かもしれません）。対照的に、ピザや褒め言葉を受け取った従業員は生産性を維持しました。どうやら金銭的誘因は、最初こそ生産性を高めるものの、最終的には内発的な動機づけを弱めるようです。* 対照的に、称賛やプレゼントからは、こうした裏目に出るような効果は生まれません。半導体工場で不調に陥ったのは、炭水化物（あるいは褒め言葉）の摂取という形で社会的報酬を得た人々ではありませんでした。金銭的報酬を得た人々が、金銭を受け取ったあとの不調に苦しんだのです。

　アリエリーの結論と大変よく合致している別の研究もあります。たとえば組織心理学者のアダム・グラントとフランチェスカ・ジーノが実施した研究では、ちょっとした感謝の表現が好感度と相手の

† 引用はシェイクスピア（著）小田島雄志（訳）（一九八三）『じゃじゃ馬ならし』白水社。

* 従業員がこう考えるようになるためである。「自分は金を余分にもらえるからこんなに必死で働いているだけで仕事自体が好きってわけじゃない」。

パフォーマンスの両方を向上させました。[25] 寄付集めを行っているコールセンターで、責任者が従業員たちに心からの感謝を伝えると、その翌週に彼らのかけた電話の件数が五割増しになったのです。寄付の訴え方と成功率に違いがないとすれば、このような結果が示しているのは、チャリティーや寄付集めの場に限らず、どんな職場でも金銭的報酬に加えて社会的報酬も従業員に与えれば簡単に業績向上が見込めるということです。同様に、著者の一人が先頃米国のバス会社と実施した研究では、バスの運転手がシフト開始時に上司から温かい見送りの言葉をかけられると(「仕事中はくれぐれも気をつけて」や「頑張ってくれるので本当に助かるよ」など)、事故を起こしたり、余計なトラブルに首を突っ込んだりすることが減りました。どうやら、与えてしかるべき称賛の言葉を時折与えたときに見込めるのは、生産性の向上だけではないようです。職種によっては、それで人々の命を守れる場合さえあるのですから。

肯定的態度と社会的報酬とが、温かみという化学反応を生む二つの元素なら、三つ目の元素は同情心です。単純に言うと、メッセンジャーが受け手の苦難(あるいはもっと一般的に考えれば受け手の不満)に同情を示せれば、好感度が上がります。この基本原則はあまりに強く、そもそも不機嫌や不快な気分の原因が当のメッセンジャーにない場合にも適用されるほどです。その典型例は、ビル・クリントン大統領が一九九五年八月二十五日の演説冒頭で述べた言葉です。演説は米国国立公園局の開設七十九年を祝ってワイオミング州のイエローストーン国立公園にあるホテル、オールド・フェイスフル・インの前で行われました。演説全体のメッセージは単純ながらも大切なことでした。大統領は米国の自然遺産と環境を保全するための政府の取り組みについて、改めて述べたかったのです。しかし、最も強い印象を残したのは、演説冒頭の発言でした。演説の鉄則を破って、大統領はお詫びから話を始めました。「どうも、みなさん。なんというか、雨ですみません」。そのあとに続いた型どおりの上品な演説は速やかに忘れ去られました。しかし、冒頭部だけは聴衆の心に残ったのです。[26]

ある研究グループは、大統領のこの風変わりな話の始め方に興味を引かれて研究を実施し、メッセンジャーが自分のせいであるはずのない状況についてお詫びを言うと何が起きるのかを調べました。研究の一つでは、雨の日の駅で俳優に携帯電話を持っていない旅行者を演じさせ、通りすがりの人に携帯電話を貸してくれないかと頼ませました。即座に断る人がほとんどでした。しかし最初に悪天候を詫びてから頼むと（「雨が降っててすみません、ほんとに。ところで、携帯を貸してもらえませんか？」）、半分近い人が頼みを聞きました。[27] 社会科学が示しているのは、クリントンが本能的に知っていたと思われる知見です。メッセンジャーが、不愉快ではあっても自分ではどうにもできない事柄について謝ると、同情心に厚いと思われるのです。それによって、より温かみのある人物と見なされ、それが次に相手の心を動かして、メッセンジャーの言葉を受け入れる気にさせます。

必要のないお詫びでもそれほどの効果があるのなら当然かもしれませんが、する必要のある謝罪を行ったおかげで、非常に困難な状況が好転する場合もあります。そもそも謝罪は、極めて強力な社会的手段で、関係を修復したり、改めて築くのに欠かせません。このことの見事な実例を示したのが、オーストラリアの首相を務めたケビン・ラッドです。在職中の二〇〇八年二月に行った四分間の演説のなかで、彼は自らが首相に就任するずっと前の時代にオーストラリアの先住民が受けていた不当な扱いについて公式に謝罪をしました。「歴代の議会と政府による法律と政策が、我々と同じオーストラリア人である方々に、大きな悲しみ、苦しみ、損失を与えてきたことについてお詫びする」必要があると考えていると、彼は言いました。ラッドの前任者は謝罪を拒否し、そんな謝罪をすれば訴訟を起こされかねないし、そもそも過去の政府の行いについて自分は責任を感じないと主張しました。おそらく、彼は感じるべきだったのです。謝罪から二カ月がたった四月、ラッドはオーストラリア首相として歴代最高の支持率を記録しました。この記録はいまだに破られていません。[28] 多くの人がラッドを歴代首相のなかで最も人気があり、好感が持てると考えています。

温かみという化学反応を生む元素には、今取りあげておくべきものがもう一つあります。それは謙遜です。しかしこれは両刃の剣です。「称賛的謙遜」（ほかの人に思いやりや称賛を示し、それによって、つながりを持ちたいという欲求の高まりをあらわすこと）はおおむね肯定的なものです。バラク・オバマが二〇〇九年にノーベル平和賞を受賞したとき、彼は自分の成し遂げたことを自慢しませんでした。そうする代わりに、自分の成し遂げたことなど、歴代受賞者と較べればささやかなものにすぎないと、はっきり述べました。「この賞を受けた歴史上の偉人たち、たとえばシュヴァイツァーやキング牧師、マーシャルやマンデラと較べれば、私の成し遂げたことなど取るに足りません」。このような、自惚れずに他者を称賛できるという性質と結びつけて考えられるのは、より向社会的な傾向、つまり心の広さと、批判を受け入れ、そこから学ぶことを厭《いと》わない傾向です。その結果、オバマは温かみがあり、好感の持てる人物と考えられ、メッセンジャーとしての影響力が高まりました。[29] 一方、「自己卑下的謙遜」はほかの人の目にステータスの欠如と映ります。称賛的謙遜が肯定的でおおむね強い立場からなされるのに対し、自己卑下的謙遜は自己評価の低さのなせるわざです。これをする人に、一体感を求めようとする気持ちはありません。そして、ほかの人から尊敬されていないと感じています。彼らは従順でおとなしい人々です。そして、発せられたメッセージは結果として弱くなってしまいます。[30]

温かみの欠点

メッセンジャーが発するほかのシグナルと同じように、温かみも伝え方次第で微妙な違いが生まれます。非常に力強い説得力の備わる場合もありますが、やり方を間違えると、無視されたりつけこまれたりする原因にもなります。[31] あまりにも協力的に見えたり、あまりにも早く自責の念を表明したり、あまりにも相手の反応を気にしているところを見せると侮《あなど》られる場合もあります。そして、自分が有利になるようにいつも目を光らせている相手に、利用されるがままになってしまいます。また、仕方なくお愛想で示される温かみも、ほかの人から否定的に受け取られがちです。受け手は見せかけを見抜き、それに従った判断を行います。

また、寛大さや共感の表現が不釣り合いなものに思われると、相手の心をつかむよりも不安にさせてしまう危険も出てきます。たとえば、友達が説明もなしに大金をくれると言ってきたら、なんて太っ腹なんだろうと思うかもしれませんし、その友達が度を超えた自己犠牲を払おうとしているのが気になって、断るかもしれません。著者の一人がユニバーシティ・カレッジ・ロンドンでターリ・シャーロットと実施した研究では、どちらの反応も同じくらい見られました。お金をパートナーとどう分割するか決める場面で、不公平なほど多くを進んで相手に与えようとする実験参加者は、多くの場合、その様子を見ていた観察者役の人に不快感を与えました。**度を超した利他主義者**は利己的に振る舞う人より温かみがあると見なされるにせよ、そうした人の振る舞いも、ときに人を不快にさせるのです。[32] そして、極端な場合には、敵意を持たれさえします。たとえば、菜食主義者が、肉を食べる人相手に、自らの食習慣を正当化する場合、動物の幸せと地球環境の危機に対して敏感であるべきという主張はおうおうにしてはねつけられます。菜食主義者は道徳的高みに立ち、無意識のうちにほかの人を見下しているという受け手の認識が、メッセージを歪めているからです。ほとんどの人は良い人間だと見られたいので、その点に疑問をつけられているようなことを言われると、自尊心に傷がつきます。[33]

しかし温かみが引き起こす最大の脅威はステータスの認識に対するものです。この点についてはすでに1章で触れました。ステータスの高い人と低い人が待合室で一緒になった話を思い出してください。ステータスの高い人は、冷淡で、会話に熱を入れず、よそよそしい態度になりがちでした。ステータスの低い人は友好的で温かみのある態度を取りがちでした。つまり、温かみはステータスの低さの指標になりかねないのです。これが、特に社会的なやり取りの最初のほうでは、ソフト型メッセンジャーにとって大きな問題になります。待合室を使った研究では、ステータスの高い人は一緒にいる相手と話すよりも携帯を見ることを選びました。ステータスの低いほうの人の、話をしたいという合図（微笑みを浮かべたり、アイコンタクトを取ろうと視線を送ったり）は相手をその気にさせられませんでした。最終的に、ステータスの低いほうの人も同じことを始めました。携帯を取り出したのです。相手が失礼なくらい露骨に興味のなさを示したあとは、相手が何か言うのをぼんやり待ちはしませんでした。しかしもしも、彼が相手に取り入ろうとする試みに固執していたら、相手の目に映るステータスはさらに下落していたでしょう[34]。

この二項対立は身体的次元にも及びます。支配力《ドミナンス》を連想させるのは、すでに見たように、平均よりもがっしりとした顎、太い眉、大きな鼻、横に広い縦横比の顔です。有能そうに見える人は成熟を思わせる顔の特徴をもっています。温かみを感じさせる顔の特徴は、それとほとんど正反対です。つまり、輪郭が丸く、目が大きく、鼻が小さく、額が広く、顎は細い、子どもっぽい顔です[35]。これは男性にも女性にも当てはまります（特に女性に多い顔立ちなのは確かですが）。プラス面としては、ぱっと見た際の印象を調べた研究によれば、平均よりも子どもっぽい顔立ちの人は、冷淡だと思われにくく、誠実だと見なされやすいことが挙げられます。マイナス面は、有能だと見られにくく、ほかの人よりも保護を必要とすると考えられてしまうことです。子どもっぽい顔立ちの交渉担当者は、大人らしい顔立ちの押しの強いタイプと比べて、ほかの人から優秀だと思われにくいかもしれません。子どもっぽい顔立ちの政治家も、人々の信頼を得ようとするときには苦労するでしょう。かの有名な『サイエンス』誌に載ったある研究で、候補者の顔の第一印象だけで米上院議会選挙の結果を予想させたところ、的中率はおよそ七割にもなりました。[36] 童顔の候補者たちは全員おもわしくない結果に終わりました。さらに、米国の元大統領、ロナルド・レーガン、ビル・クリントン、ジョン・F・ケネディの顔写真を「童顔っぽさ」が強調されるように加工した際には、感じられる支配力、力強さ、抜け目のなさへの評価が大きく下がりました。[37]

子どもっぽい顔立ちがつねに、あるいは必ず不利に働くとは限りません。そうした顔は温かみがあり、有能さに欠けると見なされるため、不確実な状況では言動が善意に解釈されやすくなりますし、子どもっぽい顔立ちのおかげで、ほかの人から親切を受けやすくなりさえするかもしれません。また、子ども時代を過ごすあいだ、幼い顔立ちの子は親や兄弟からひいきにされ、雑用をやらされたり、親からお仕置きされたりすることが比較的少なくなります。[38] 大人になったあとは、若々しい顔立ちが裁判で驚くような利点をもたらすことさえあります。傾向として、少額の賠償請求訴訟の場合、童顔の原告は受け取れる金額が、成熟した顔立ちの被告は支払い金額が、大きくなります。[39] どうやら人は、童顔（つまり、温かみのある、子どもっぽい顔）の被告が悪意を抱けると信じるのが難しいようです。そのため、そうした顔の被告は有罪の判決を受けにくく、有罪の場合も罰が軽くなりがちです。そして、英国の心理学者デビッド・ペレットが指摘しているように、童顔の法律違反者は、不作為が含まれる犯罪（たとえば、消費者に製品回収の情報を伝え忘れた結果、ゆゆしき副作用や損害を引き起こしてしまうなど）の場合だと、ときとして通常以上に重い刑罰が科せられる一方で、「ひどい悪意」のある犯罪（たとえば進んで記録の改ざんを行ったり、計画的な襲撃を実行するなど）で法廷に立たされた場合には無罪判決や軽い刑罰を下されやすくなります。どうやら裁判官にとって、童顔の重罪犯人が故意にではなく、うっかりして、あるいは不作為から法を破ったのだろうと信じるほうが簡単なようです。[40]

温かみのマント

そういうわけで、総合的に考えると、ときとして寛大で協力的な振る舞いがステータスを危険にさらすとしても、温かみはおおむねメッセンジャーの評判を高め、つながりと影響力が強くなるというメリットをもたらします。概して人は社会の一員として温かみがあり、気遣いのできる寛大な人物だと見られたいものです。そしてほかの人々を助けるための自己犠牲や貢献、努力が社会的に報われる（評判が良くなったり、対人関係における影響力が強まったりする）と、将来的にそうした行動を再び取る見込みが高まります。[41] たとえば、無償で項目を立てたり、内容を編集したりするウィキペディアのボランティアは、その貢献を社会的に認められると、さらに多くの時間を作業に費やすようになります。ある研究で、二人の社会学者が、非常に熱心なウィキペディア編集人たちを無作為に選び、「バーンスター」賞という架空の賞を進呈して、この取るに足らない非金銭的報酬が彼らのやる気をどれくらい刺激するか試しました。その後九十日間、受賞者たちの作業量は、賞を受けなかった人々よりも六〇％多くなりました。[42]

このような顕示的贈与行為（ときに**競争的利他主義**と呼ばれます）は珍しいものではありません。ビル・ゲイツとメリンダ・ゲイツ夫妻、ウォーレン・バフェット、ジョージ・ソロス、マーク・ザッカーバーグ夫妻などの大資産家たちは、私財から巨額の金銭を分配するために基金を立ちあげています。大企業は企業の社会的責任プログラムやその作成計画を推進しています。多くの人が慈善事業に気前よく寄付をします。当然、利己心も一役買っているでしょう。寄付が税金対策になる側面は無視できません。しかし、そのような公の形でなされた同情心の発露が、寄付やボランティアをした人々にもたらす評判という形の利益もやはり無視できないのです。

次のような二つの社会貢献活動を例に考えてみましょう。

販売開始以来ずっと、トヨタのプリウスにはたくさんの批判が寄せられています。同サイズの平均的なガソリン車と較べてパワー、俊敏性、威厳に欠けると言われ、相対的な価格の高さも不評です。また、平均的な自動車より燃費が良く環境汚染が少ないとしても、個人がプリウスに乗り換えたところで気候変動や地球環境に与えられるプラスの効果はごくわずかだという批判もあります。しかし二〇〇七年に、大手メーカーでは世界初となるこの低燃費ハイブリッド・カーを買うために安くない差額を支払った人は三十万人もいましたし、同車の販売台数は今では一千万台を突破しています。なぜでしょう。

二〇一六年十一月八日火曜日、一億三千六百万人以上が米国大統領選挙の投票に行きました。これは近年のアメリカ政治最高の絶対投票数です。* 人々は自分たちの一票が結果に意味のある影響を与えるわけではないと知っていました。また、もっとメリットがあることや楽しめることをするという選択もできました。それでも彼らは延べ換算で数百万時間をかけて準備をし、何百万マイルも移動して投票所へ行ったのです。なぜでしょう。

実験経済学者は、慈善行為や消費者の購入行為、選挙投票といった行動の理解を深めるために公共財ゲーム（現実世界によくある状況のシミュレーションを行うゲーム）を好んで用います。ゲームの参加者はある程度の資金を渡され、好きなように使ってよいと言われます。独り占めにしてもよいですし、集団全体に利益をもたらすような大義に寄付してもよいわけです（ただし、プリウスや選挙の例から明らかなように、そうした行動が影響力を持つためには、集団が一丸となって行動しなければなりません）。

もし、自己利益だけが行動基準なら、人々はトヨタのプリウスを買ったりはしないでしょうし、選挙の投票日には家にいるでしょう。また、ジャムのびんやヨーグルトの容器を（そのままゴミ箱に捨てるのではなく）きれいに洗うのは手間ですから、リサイクル率もずっと低くなるでしょうし、環境

＊ ただし投票率（五六％）は過去最高ではない。投票率の最高記録はケネディとニクソンが争った一九六〇年の大統領選挙の六三・五％である。そのときは民主党候補のケネディが一般投票と選挙人投票の両方で勝利を収めた。

問題や動物の幸せを考えて菜食主義者やヴィーガンになったりもしないでしょう。しかし人間の行動原理はそうなっていません。当然ながら、第一に私たちは自分のことを温かみがあり優しい立派な人間だと思いたいのです。つまり、立派な行いというのは、他の人から承認を得るためだけに行うものではありません。しかし、そこに評判という形の利益が加わると、他者優先の思考になる理由がたくさん生じます。友人、家族、仕事の同僚がそうした向社会的行動を目にすれば、おそらくもっと私たちに敬意を払ってくれますし、私たちの無私無欲さを称え、今後協力してくれたり、つながりをたもってくれる見込みも高まるでしょう。実際、公共財ゲームでの投資結果がほかのプレイヤーに共有され、誰がどれくらいの金額を差し出したかが全員にわかるようにすると、評判を気にする意識が働いて、差し出す金額は全体的に上昇します。[43] 皮肉屋なら、金で好感を買っているだけだと言うでしょうが、それでもその実際的な効果は、より大きな集団にとって有益です。

これは単なる興味深い理論上の発見にとどまりません。米国連邦取引委員会の委員でもあるエレ・ヨエリは、カリフォルニア大学サンディエゴ校、イエール大学、ハーバード大学の仲間たちと、現実の公共財を扱う場面に評判の持つ力を適用し、より良い結果を出しました。ヨエリがカリフォルニア州大手電力会社の協力を受けて検討したのは、メッセンジャーの評判という効果を利用して、登録制の「デマンド・レスポンス」型電力プラン（停電リスクと環境負荷を軽減するために、需要ピーク時の電力使用を抑制する新しい取り組み）に申し込む世帯数を増やせるかどうかでした。公共の利益になるのは明らかでした。その一方で個々人が負担しなければならないコストがあります。電力使用の抑制とはつまり、暑い日のエアコン使用が大幅に制限されるということでした。

研究目的に合わせて、いくつかの集合住宅（共用地を管理するための組合があるもの）の各家庭に二種類のまったく異なった提案が行われました。第一グループが受け取った手紙には各戸に割り振られたＩＤが同封されており、それを共用地の掲示板に書きこめば、プランに申し込む意思表明になりました。別のグループが受け取った手紙はただ、プランへの申し込みを希望する場合には共用地の掲示板に名前と部屋番号を記入してくださいと書いてあるだけでした。申請率には驚くべき差が生まれました。つまり、片方の意思表示は匿名で、もう片方は実名で行うものだったわけです。名前と部屋番号を記入しなければならなかったグループの申請者数は、匿名で申請できるグループの三倍も多くなったのです。また、この参加者数は、以前試された、参加者に現金二十五ドルをプレゼントするという提案で獲得できた申請者数と較べても七倍の多さでした。研究者たちの推定では、良い評判から得られる個人的利益は、少なくとも省エネ活動の場面では、約百七十四ドルに相当します。[44]

プリウスのセールス面での成功が語るのも似た話です。環境への意識が高い人なら、運転による排出量の低減が購入の動機になるかもしれません。しかし、プリウスは、ほかと較べて値段の高い車なので、「環境のことを考える人だと思われる」ために割増料金を払わなければなりません。『ニューヨークタイムズ』紙の調査では、プリウスを買った人の過半数が、購買理由を「どんな人間かというメッセージになるから」としていました。[45]一台一台のプリウスは地球温暖化に大した影響力を持たないかもしれませんが、そのオーナーがどう見られるかに関しては、非常に大きな影響力を持つようです。経済学者は昔から、環境に優しい製品への需要が高まれば、消費者が環境に優しい製品を買うときに自己犠牲を強いられなくてすむように、メーカーはそうした製品を安くつくるしかなくなると論じていますが、ミネソタ大学カールソン経営大学院の著名な研究者であるヴラダス・グリスケヴィシウスによれば、真実はまったく逆かもしれません。重要なのは、ほかの人の目に触れる形で自己犠牲がなされる度合いなのです。

ヴラダスのある研究では、参加者に環境に配慮したバックパックと、それよりもおしゃれだと評価された多機能バックパックのどちらかを選んでもらいました。環境に配慮したバックパックは有機繊維だけを使用してつくられ、可能な限り製作段階で無駄を出さないようにデザインされており、リサイクルのやり方についての説明書がついていました。もう一つのバックパックには防水コーティングが施され、八つのポケットが備わっていました。色々な反応を得るために、研究者は参加者に、インターネットで（つまり人に見られずに）購入する場合を想像させることもあれば、店頭で（つまり人目がある場所で）購入する場合を想像させることもありました。また、選択に先だって短い記事を読ませましたが、その内容には二種類あり、片方には評判に関するメッセージが記され、もう片方にはそれがありませんでした。結果を見ると、先に自分の評判を考えるように誘導されていた人がインターネットでバックパックを購入する場合に好んだのは、おしゃれで環境に配慮していないバックパックでした。しかしほかの人の目があるところで買うときには、環境に配慮した選択肢のほうが好まれました。どうやら、地球を守るために環境に配慮した製品を買うという動機の強さは、そうした行動を取ったときに受けられる社会的承認の多寡にも左右されるようです。[46]

私たちは、なんらかのステータスを持つメッセンジャーにだけ耳を傾けるわけではありません。肯定性、同情心、謙遜といった特徴を通じて温かみを伝えてくるメッセンジャーにも大きな敬意を払います。おそらく、そうした特徴こそが、百五億ドルの訴訟で陪審員団を原告のほうへ向かせ、ハード型で、より冷淡だった被告側に不利な判断を下させたのです。

また、温かみがあると思われているからと考えれば、クレイグ・ジェリネクが米国で最も好感の持てるCEOに選ばれた理由もだいぶわかりやすくなります。温かみのあるメッセンジャーが影響力を持つのは、人々がそうした人との付き合いを本質的に有益だと考えるからです。こう考えれば、そうしたソフト型のメッセンジャー効果が受け手に大きな影響を及ぼす理由は明白です。また、人々が温かみのある人だと思われようとして、人助けとなる他者志向の行動を目立つほど頑張る理由も明白です。それらの行動は、受け手が相手とつながりを結んで協力したり、相手の言うことに従って行動したりすべきかどうかを決める際の、欠かせない判断材料なのです。

しかし、つながりを強める経路は温かみだけではありません。リスクを冒し、他者を自分の世界に招き入れることも、私たちと受け手を結びつけます。ただし、そうするためには自らの弱さを伝えなくてはなりません。

6

弱さ

自己開示、特定可能な犠牲者、そして率直さがいかにして閉じた心を開かせるか

インド南部トゥーットゥックディ出身のアルチャナ・パチラジャンは、テクノロジー系の起業家でいくつものスタートアップ企業を創業してきました。そのなかの一つ、Ｈｕｂｂｌはアプリを使って法人向け広告を供給する会社で（共同創設者は彼女のパートナーであるクシャル・チョークシ）、かなりの成功を収めました。二〇一三年後半、パチラジャンは同社を約千四百万ドルで売却しました。しかしまったく違った結末を迎えた可能性も大いにあったのです。売却の数年前、パチラジャンは、あらゆる急成長中の会社の経営者が恐怖に震えるような行動を取らなくてはなりませんでした。スタッフ（二十五人全員が高度な訓練を受けた技術者でした）に集合をかけ、開業資金が底をついたため、全員を解雇するしかなくなったと伝えたのです。

スタッフの反応は驚くべきものでした。彼らは会社を去ることを拒みました。そして、口々に大幅減給を申し出たのです。サービス残業を志願する者さえいました。[1]

あなただったら、上司のためにそんな真似をする気になるでしょうか。
もちろん、お金、キャリアアップ、スキルの向上はほとんどの従業員にとって欠かせない仕事の条件ですが、ほかにも同じくらい重要なことがあります。仕事や会社に対してつながりを感じられるかどうかです。つながりは忠誠心を生み出すのに一役買います。それは毎日職場に行く（金銭という当然の報酬以上の）理由となり、全力で働くよう人々を促します。たとえば、デンマークの医療従事者五千人を対象とした研究によれば、職場と感情的なつながりを感じている人は、より積極的に雇用主や同僚と関わるだけでなく、幸福感の高まりも経験しています。[2]アルチャナ・パチラジャンの同僚たちが、困難なときにも会社を支え続けたのは、そうしたつながりがあってのことでした。
どうすれば、雇用主は従業員たちとのあいだにそのような強い感情的結びつきを生み出せるのでしょう。ヒューストン大学ソーシャルワーク大学院教授で、自分らしさや社会的つながりに関する評判の良い本を何冊も書いているブレネー・ブラウンは、あらゆる社会的つながりの核にあるのは、なんらかの形の弱さであると説得的に論じています。社会的なつながりをつくるには、私たちがしばしば身につけている防衛用の仮面を進んで外し、誠実に心を開く必要があります。別の言い方をすれば、自らガードを下げ、自分の弱さを受け入れなければなりません。「私たちはほかの人々がありのままの自分を率直に見せてくれると嬉しく思うが、自分で同じようにするのは怖いのだ」と、ブラウンは書いています。[3]
このメッセージは広く受け入れられています。ブラウンのＴＥＤトーク『傷つく心の力』は並外れた再生回数を誇っています。また、彼女の見解は、パチラジャンの会社が財政難を乗り越えられた理由の説明にも役立ちます。同社の従業員たちなら、簡単に次の仕事を見つけられたでしょう。二〇一三年のインド南部では、コンピューター・エンジニアが引っ張りだこでした。しかし離職を促してもおかしくなかった金銭的理由は、会社にとどまることを促した感情的理由によって打ち負かされました。パチラジャンのスタッフたちは、彼女が誠実に自分の思いを打ち明けたと考えました。彼女が正直者で、良いニュースも悪いニュースも、ちゃんと伝えてくれると知ったのです。自分の夢も心配も、強みも欠点も包み隠さずに話してくれたと。パチラジャンはハード型リーダーの典型（つまり、背が高く、きちんとした服装をした中年男性）ではありませんでした。隠し立てせず、率直で、ときに生じる不確実性や感情的弱さを自ら進んで明かす人物でした。そしてそこが魅力だったのです。なぜなら、ブレネー・ブラウンが鋭く指摘するように、弱いというのは人間らしいということだからです。

弱さをさらすには（たとえば、間違った判断への関与を認める、恋愛感情を告白する、あるいは単に助けが必要であることを伝える）、ある程度の勇気が必要です。心の扉（と口）をしっかりと閉ざして自分を守るほうがよほど簡単です。自らの本当の気持ち、ニーズ、欲求をさらけ出し、そうすることで弱い立場に身を置くのは、ずっと困難なのです。

理由の一つは、他者に対して心を開くと、拒絶される危険が高くなるように思うからです。弱さを見せたあと、否定的な反応を返されるのは辛いものです。最初から自分をさらけ出したりしないほうがまだましだと考えるのもわかります。しかし実のところ、こうした悲観的な予想には、たいていの場合、ほとんど根拠がありません。バネッサ・ボーンズとフランク・フリンの研究によれば、さまざまな状況で、人はたいてい、求めたときに手に入る援助を少なく見積もります。これは「ノー」と言うのにかかる社会的コストを忘れがちなせいです。そうしたコストは当然、要請の性質や相手との関係性次第で異なります（たとえば、友達からの借金の申し込みを断るにしても、金額が千ポンドなら十ポンドのときよりも断りやすいですし、上司相手よりも知らない人相手のほうが「ノー」と言いやすいものです）。しかしそれでもコストは確かにありますし、それは「ノー」と言った人物への悪印象という形を取るかもしれません。「ノー」と言えば、思いやりがなく、薄情で理不尽な、場合によっては残酷な人間だと見なされかねないのです。また、「ノー」と言った本人が同じように感じ、最終的に罪悪感に苦しむ場合もあります。それとは逆に「イエス」と言うのは、より肯定的で報われる経験です。ほかの誰かを喜ばせることで、その人自身も良い気分になれます。相手とともに喜ぶことができますし、さらには良い行いをしたことで自分を善人だと思えます。また、協力するのに同意すれば、二人のつながりを強める助けともなります。そのため人はたいてい、私たちが考えるよりずっと「イエス」と言いやすいのです。ボーンズとフリンによれば、私たちは肯定的な反応が返ってくる見込みをおおむね五〇％前後低く見積もっており、そのために多くの機会が失われています。友人、顧客、恋人になるかもしれない相手と知り合う機会をふいにし、つながりを増やすチャンスを無駄にしているのです。[4]

これと関係してもう一つ、弱さを見せることに不安を感じる理由があります。私たちには、失敗するかもしれないという考えに囚われてしまう傾向があるのです。私たちはいろいろと気を揉みます。間違いを認めると仕事を失うかもしれません。誰かと関係を結ぼうとしたり、助けを求めようとすれば、拒絶されたり恥をかかされたりするかもしれません。そしてそうなれば、ステータスと自信を失ってしまいます。こうした悲観的な考えから導かれる恐ろしい結論があります。精神的な危機に陥り、最も助けを必要としているとき、ちょうどそのときにこそ、私たちが助けを求める見込みは最も低くなるのです。たとえば、米国でいじめに遭っている生徒を支援するために設置されたピア・サポート制度[†]は利用者の九〇%近くから肯定的に評価されているというのに、実際に制度を利用したことがあるのは被害者の約八%にすぎません。[5] その結果、助けを求める勇気が持てないと考える（これは無理もないことです）被害者は、必要のない苦しみを味わっています。しかも利用率の低さは、皮肉な話ですが、この価値あるプログラムの提供を決めた人々から、このような制度を求める人は多くないというふうに誤って解釈され、その結果、予算が削減されるかもしれません。自分の弱さを認める恥ずかしさと、その弱さのせいでステータスに生じかねない甚大な悪影響を乗り越えるのには多大な勇気が必要です。その一方で、逆説的な話ではありますが、アルチャナ・パチラジャンの事例がそうだったように、弱さを見せることが、率直さと自信のあらわれと解釈される場合も実はあります。[6]

　おそらくはそれが理由の一つとなって、リーダーはためらわずに自分の欠点や弱さを見せられるようになるべきだと教える経営大学院やビジネススクールが増えています。実際にメッセンジャーが自信のなさや潜在的な欠点をほかの人に打ち明けて、自らの弱さを見せると、たいていの場合、最終的にはより良い社会的交流が行え、より密接なつながりができます。あなたが自分の考え、経験、感情、特質などを打ち明ければ、ほかの人たちは類似性を見いだすか（「自分と同じだ」）、あなたの行動原理への知見を深めるかのどちらかです。どちらであっても、あなたはよりよく理解されるようになり、相手との関係が実り多いものになります。

英国の前首相であるテリーザ・メイは、注目を浴びるリーダーがリスクを取り、束の間とはいえ、うまく短所を長所に変えた良い例です。メイの一般的な印象は冷淡、ロボットめいているといったものので、有権者とのあいだにつながりをつくれていませんでした。そのため、二〇一八年の夏にアフリカを訪問した初日のイベントで、請われるまま現地児童の集団に交じってダンスを踊ったときには、笑いものになりました。ダンスに対する自信と天分に恵まれているとはとても言えなかったため、メイの踊りは大勢から「ぎこちない」あるいは「恥ずかしい」と酷評されました。ツイッターのユーザーたちは「メイボット‡が動いてる」と馬鹿にし、「油を差し忘れてるぞ」と嘲《あざけ》りました。それだけに、数カ月後の保守党党大会で、メイがアバの「ダンシング・クイーン」に合わせて踊りながら登場したのは大きな驚きでした。それはさらなる屈辱と容赦ない嘲笑を引き起こしかねない大胆な行動でした。

† 同じような経験を持つ支援者（ピア・サポーター）に相談できる制度。
‡ テリーザ・メイにつけられていたあだ名。「メイ」と「ロボット」の合成語。

そして実際に、またしてもメイボットの話題がインターネットを席巻しました。しかし全体的に見て、彼女の自虐的なぎこちないダンスへの反応は驚くほど好意的でした。アバのメンバーで「ダンシング・クイーン」の作詞作曲者の一人でもあるビョルン・ウルヴァースでさえ、好意的な反応を示しました。「思うに、あれをやったとき、彼女はとても勇敢だった。あの人はリズム感に恵まれてるわけじゃないけど……実を言うとぼくはちょっと感動した」[7]。自らの弱さ（不得手）を受け入れたおかげで、メイはジョークのネタにされるのではなく、そのジョークをネタにすることができたのです。そして、少なくとも短期間、それまで自分に向けられていた辛辣な見方をある程度和らげるようなつながりを確立しました。党大会でのスピーチは（踊りながら登壇した直後に行われたものです）、彼女のベストスピーチの一つだと称賛されました。彼女に対して非常に批判的な批評家たちすら感心したようでした。『スペクテイター』誌の政治担当副編集長ケイティ・ボールズは「首相就任以来最高のスピーチの一つだった」と述べ、『ガーディアン』紙の編集長は「メイ首相のスピーチとしては最も野心的で、おそらくは最も成功した」ものだと結論しました[8]。メイボットは、少なくとも一時的には、メッセンジャーとしての実力が上がったのです。発言内容を変えるのではなく、自らの弱さを進んで人目にさらしたことで。

弱さを進んで人目にさらすメリットは、ビジネスや政治の世界で高いステータスを有する、アルチャナ・パチラジャンやテリーザ・メイのようなメッセンジャーだけのものではありません。法廷において、被告弁護人はしばしば依頼人を弱い人間、つまり社会システムに裏切られ、非常に辛い人生を歩んできたため、直面した厳しい状況に対処できなかった人物として示し、裁判官や陪審員を味方につけて、幾分かの情状酌量を引き出そうとします。腕の良い弁護士は「犠牲者を演じる」ことがしばしば好結果をもたらすと知っているのです[9]。同じように、タレントオーディション番組の参加者で、自らの抱えた「弱さ」や不運な「バックストーリー」が強みになるという経験をした人はたくさんいます。どちらの要素もほかの参加者とは違って見えるのに役立つからです。この点については、英国の人気番組『ブリテンズ・ゴット・タレント』の歴代優勝者たちから、いくつかの具体例を引き出せます。二〇一七年のシリーズで繰り返し伝えられたのは、最終的に優勝したピアニスト、トキオ・マイヤーズが、十歳のときに学校で教師が刺されるのを見てしまったというエピソードでした。誰にとっても恐ろしい経験ですが、子どもであればなおさらです。二〇一八年には、障害があって幼い頃から喋ることのできなかったコメディアン、リー・リドリー（別名ロスト・ボイス・ガイ）が、ボイスシンセサイザーを用いて繰り出した愉快な一言ネタの数々で優勝をさらいました。彼らが優勝に値しなかったと言いたいわけではありません。そうではなく、彼らが弱さ（触れられたくないこと）を進んで人目にさらしたことは、チャンスを潰すどころか、おそらくは広げたのだと言いたいのです。テレビのリアリティオーディション番組における、そうしたバックストーリーへの需要は、この種の番組への批判の原因になっています。著名な心理学者のグレン・ウィルソンに至っては「（参加者の抱える）欠点や欠乏が才能と同じくらい重要になっている」と主張したほどです[10]。

当然ながら、弱さを見せることに、こうした劇的な自己開示がつねに必要なわけではありません。

自分について率直に話す気構えを示すだけでも大きな効果が見込めます。交渉の第一段階を「相手を知ること」に費やせば、自分がどういう人間かを伝える機会が双方に生まれ、そこからつながりの感覚が芽生え、最終的に合意にこぎ着ける見込みが高まります。取引のプロセスを個人情報の交換から始めれば、頓挫する見込みが減り、(双方にとって)良い結果になる可能性が高まります。自己開示というプロセスはより身近な交渉、つまり交際相手との交渉にも愛情の高まりというメリットをもたらします。警察による目撃者への事情聴取でさえ、より個人的なアプローチを用いると、その後得られる情報の量が増え、質も良くなるということがわかっています。どうやら、警官とのつながりを感じている目撃者は優秀な目撃者になるようです。[11]

もちろん、やり過ぎは禁物です。共有するのは文脈とその時点における関係性にふさわしいものに限るべきです。そうでないと気まずさや当惑を与えてしまう危険があります。過剰な自己開示はお返しの気持ちを引き起こしにくく、否定的に見られ、つながりを強めるよりもむしろ「そんなことまで知りたくなかったのに!」という反応を招きがちです。しかし、すでに述べたとおり、逆側の極端に走ってどんな弱さも見せないようにすれば、あらゆる潜在的長所を手放してしまいます。進んで弱さを見せたおかげで、アルチャナ・パチラジャンは最も困難な時期に従業員の忠誠心と支持を勝ち得ました。テリーザ・メイは数週間のあいだ世論の重圧を減らしました。ほかの人も同じようにすれば、よりよい決断を下すための知識や洞察を増やせるかもしれません。また、同僚の理解や許しが得られ、仕事上の関係が改善されることもあるでしょう。あるいは、進んで弱さを見せたことをきっかけに、生涯続く愛情に満ちたパートナーシップが始まるかもしれません。

手助け

頼られたときに手を貸してあげたいという衝動は強いものです。それは自動的に生じる感情反応であり、本書で説明しているほかのメッセンジャー効果の多くと同じように、人生の早い時点で形成されます。[*12] これは人間だけでなく、動物も同じです。たとえばネズミは、ケージに閉じ込められた仲間の脱出を手伝いますし、研究者が意図的に配置したチョコレートクッキー（ネズミの大好物）を後回しにしてそうすることも珍しくありません。おいしいお菓子より仲間の救助を優先し、うまく助け出したあとは、その仲間にクッキーを食べさせてやることから考えて、仲間を助けようとするネズミの動機は明らかに利他的です。[13]

はっきりと求められていないときでさえ、援助の手は差し伸べられます。モリー・クロケットがユニバーシティ・カレッジ・ロンドンの同僚たちと実施した実験では、二人一組になった参加者が電気ショックを与える機械につながれ、苦痛とお金がトレードオフになった一連の選択を行うよう指示を

＊　子どもたちの援助行動を収めた（可愛らしい）動画を見たければ、ユーチューブにアクセスして「Toddler altruism」で検索を。

受けました。参加者は電気ショックの回数を増やして報酬を増やすか、受け取る金額を減らして電気ショックの回数を減らすかを選べました。ただ、考えどころも一つありました。お金は必ず手に入るのですが、電気ショックは自分が受ける場合と（顔の見えない）パートナーが受ける場合とがあったのです。そのため、金額を増やすのは、苦しむのがパートナーのときだろうと予想されました。ところが実際にそうした人はほとんどいませんでした。苦しむのがパートナーのときには、ほとんどの参加者が提示されたお金の追加分を諦めました。[14] 同情心や罪悪感は強力な意思決定要因なのです。そのような原動力を考慮すれば、人々がしばしば苦労をいとわず見知らぬ人に害がなされるのを防ごうとする理由や、弱く、ステータスらしいステータスを持っていないと見られるメッセンジャーが、それでもときとして人々に耳を傾けさせるだけの影響力を持つ理由がわかりやすくなります。

実は、弱い立場の人のニーズに注意を向けさせるだけの行為に、強い説得力が備わることがあるのです。論文に「自分だけのことではない《イッツ・ノット・オール・アバウト・ミー》」という表題がつけられたある研究では、医療チームに感染予防策を守らせるうえで、彼らの注意を本人に関する心配に向けさせるよりも、彼らの行動が弱い立場にいる他者にもたらしかねない悪影響を伝えるほうが、ずっと効果的でした。病院で石けんやジェルの容器の上方に「手指衛生は病気の感染からあなたを守ります」と書いた掲示物を設置しても、医師たちに診察前の手洗いを促す効果はほとんどありませんでした。しかし、注意を患者に関する心配に向けさせるような掲示物を設置した場合には（文面は「手指衛生は病気の感染から患者を守ります」）、石けんやジェルの使用率が四五％増加したのです。[15]

もちろん、ほとんどの医療従事者には、選んだ仕事の内容から考えて、他者を助けようとする傾向があるとは言えるでしょう。しかしそうした自然な動機が存在しない場面でさえも、ありがたいことに支援は受けられます。それを面白い形で実証して見せたのが、ハーバード大学の経済学者フェリックス・オーバーホルツァー・ジーの研究です。その研究では、ストレスレベルが高く、他人がいらだちや不満の種になりやすい環境、つまり混雑した駅で頼み事をするという実験を行いました。長い列、くたびれた乗客、それに短気な駅員たち。駅というのは、安心と善意に満ちた場所として最初に思い浮かぶようなところではありません。むしろ正反対の場所というイメージがあります。「誰もが自分のことだけで精一杯」という格言が当てはまる場所といえば、ありふれた駅のありふれた券売所ですし、そこが人間の最も良い面を引き出す場所だと想像するのは困難です。それにもかかわらず、オーバーホルツァー・ジーはその環境で、切符を買う列に並んだ人々に人助けで列の順番を譲る気にさせる最も重要な要因を特定しようとしました。表面上、その答えは当たり前のもののように見えました(また、ジーの内なる経済学者を喜ばせる答えでもあったに違いありません)。お金だったからです。

しかし、見かけは当てになりませんでした。オーバーホルツァー・ジーは、学生たちにあとから駆け込んできて頼み事をする旅行者役を演じさせました。学生たちが、列の前のほうに並んでいる人を選んで、前に割り込ませてほしいと金額を提示したわけです。大勢の人が喜んで承諾しました。そして提示額が大きくなるほど、割り込みの依頼に承諾する人が増えました。

ここまではしごく当然の成り行きです。金額をつりあげると自分の前に入れてくれる人が増えたというわけですから。しかしオーバーホルツァー・ジーが発見したのは、前に入れてくれた人のうち、実際にお金を受け取った人がほとんどいなかったということだったのです。どうやら、重要だったのはお金自体ではなく、お金があらわしているもの、すなわち必死さのほうだったようなのです。そして提示額が大きくなるほど、相手に伝わる必死さも大きくなりました。ほとんどの人は「なんと、割り込みさせてくれたら十ドルくれるだって？　あんた大したお金持ちだな」とは考えませんでした。彼らが実際に考えたのは「なんと、割り込みさせてくれたら十ドルくれるだって？　そりゃよっぽど譲ってもらいたいに違いない」ということだったのです。この場面で、お金が伝えたのは必要性でした。そして人々はその必要性に反応して、（無料で）助けの手を差し伸べたのです。[16]

助ける義務

ここには一見矛盾があるように思われます。今紹介した研究が示しているのは、私たちが困っている人を助けたくなるということです。しかし日々の経験から知っているように、いつもそうだとは限りませんし、すでに触れたスタンレー・ミルグラムの有名な電気ショックの実験（五五ページ参照）が示すように、実際には多くの人が自ら進んで、弱い（抵抗できない）人々に苦痛を与えます。いったい何が人に、ある場面では同情心を、別の場面では無関心（ときにはもっとひどい行動）を起こさせるのでしょう。

ミルグラムの実験を考慮すれば、ステータスの観点からこの問いに答える誘惑に駆られます。つまり、私たちは弱さを見せる（つまり、少なくともその場においては低いステータスの地位にいることの多い）メッセンジャーに対して同情的な反応を示すものの、高いステータスを持つメッセンジャー（つまり権威のある人物）がそうしないように言った場合はその限りではないと。しかし、それがすべてではありません。さまざまな要因が、弱さに対する私たちの反応に影響を及ぼしています。

重要な要因の一つは物理的な状況、特にメッセージを受け取る人と、発する人との距離です。ミルグラムの実験では、電気ショックを受ける人の顔が見えず声も聞こえない条件の場合は、六〇％以上の参加者が、相手が死んでしまいかねない四百五十ボルトの電気ショックを与えました。しかし条件を変更して、実験参加者本人が電気ショックを受ける人の手を電極板に押さえつけなければならないようにすると、電流を流す人は三〇％だけになりました。弱い立場にいる人とのあいだに存在する距離が大きくなるほど、助けの手を差し伸べることのできる人は相手を無視しやすくなります。あるいはミルグラムの実験に沿って言えば、電流を流しやすくなります。[17]

さて、明敏な読者は、この話が本当なら、なぜモリー・クロケットの研究の実験参加者たちはお金がもらえるという誘因があったのに、顔の見えないパートナーに電気ショックを与えたがらなかったのだろうと考えているかもしれません。どうやら理由は二つあるようです。第一に、一般的に言って、人は純粋な自己利益のために（つまりこの場合なら個人的に得られる金銭的利益のために）他者に害をなすのは道徳に反していると考えます。[18] そして第二に、ミルグラムの実験に参加した人々は、行為への責任を放棄し、ただ命令を実行しただけだと考えることができましたが、クロケットの実験参加者は自らの決定について、主体としての意識がずっと強かったため、他者の苦痛への責任がすべて自らの肩にかかっていたのです。

ちょっとしたひと言で個人的責任を刺激すると、弱さを見せるメッセンジャーに対する反応がどう変わるかについて興味深い具体例を提供しているのが、米国で最も有名な大規模街頭募金活動の一つ、救世軍のレッド・ケトル・キャンペーンです。このキャンペーンでは、クリスマスまでの数週間、陽気なボランティアたちが鮮やかな赤いエプロンを身につけ、サンタの帽子をかぶり、ベルを鳴らしながら道行く人に寄付を呼びかけます。集まったお金は、大勢の困っている人々への食料、おもちゃ、衣服の提供に役立てられます。さて、道行く人のなかから時折、寄付をする人が出てくるのには、なんの不思議もありません。興味深いのはむしろ、ボランティアがただベルを鳴らすだけか、それともなんらかのやり方で買い物客ともっと親しく交わるかによって、集まる金額が大きく変わったところです。店の出入り口でベルを振り鳴らす場合、平均して三分間に一度、寄付が得られました。一方、それに加えて「メリー・クリスマス。今日は寄付をお願いしています」と口頭でのちょっとした要請を行うと、寄付してくれる人の数は五五%、寄付総額は六九%増えました。[19] 通りすがりの人を当事者にする、ちょっとした口頭の合図には、信じられないほど強い力があると証明されたわけです。*

困っている人が特定可能な個人として登場したときに、同情心がどれほど強い動機づけになるかをよく示しているのが、イングランド北西部リバプールのショーン・オブライエンの体験です。彼が話題になったきっかけは、二〇一五年に深夜のバーで披露した（よく言っても）ありがちなおやじダンスでした。† すぐそばにいた男性グループがショーンに目をとめ、そのうちの一人が携帯電話を取り出して、ご機嫌に踊る肥満の男の姿を何枚か撮影し、後日その写真に「このあいだ見かけたやつ。本人は踊ってるつもりらしい。おれらが笑ってるの見てやめちゃった」というコメントをつけてインターネットの画像掲示板「4chan」に投稿しました。最後の写真には、見知らぬ人たちから笑われていたと知って、悲しげにうつむいているショーンの姿が写っていました。

この投稿は拡散され、大勢がショーンを嘲笑しました。しかしロサンゼルス在住の政治活動家でウェブサイト『ゲートウェイ・パンディット』の記者、カサンドラ・フェアバンクスは、そのネットいじめに恐怖を覚えました。そのため、ツイッター（フェアバンクスによれば、このSNSは以前、迷子にしてしまった犬を見つけるのに役立ったそうです）にショーンの画像と「誰かこの人物か、この画像を投稿した人を知らない？　ロサンゼルスの有名な女性グループが特別なことをしたいと考えていて……彼をロスに招いて、この街で最もクールで素敵な女性を集めたVIPのダンスパーティーに招待したいと思ってるの。協力お願い」というツイートを投稿しました。それからそのツイートに

＊　寄付集めをする人に、はっきりと寄付を要求させることの難点は、多くの人々が彼らを避けるようになってしまうことであった。

†　原文 dad-dance。中年男性が大げさな身振りで音楽に合わせて踊ることをこう言う。

ハッシュタグ #FindDancingMan《ダンシング・マンを探せ》を追加しました。反響は尋常ではない大きさでした。二日後、太った恥さらしの「ダンシング・マン」と嘲《あざけ》られていた人物、ショーンと連絡が取れました。

そこから事態は急展開をみせます。非常に多くの優しい心の持ち主たちが、ショーンの件を聞いて同情を示し、彼を嘲っていた者たちへの怒りを表明しました。段取りが整うと、ショーンは飛行機でまずニューヨークへ向かい、テレビの生番組に出演し、ロックフェラー・プラザでシンガーソングライターのメーガン・トレイナーとともにダンスを披露しました。それからロサンゼルスへ行き、フェアバンクスが約束どおりに催した贅沢なパーティーに主賓として参加しました。フェアバンクスの言った「有名な女性グループ」だけでなく、ロサンゼルス社交界の名士たちや数名の有名人も、一言挨拶をするために顔を出しました。ミュージシャンのモービーもDJをしにやってきました。パーティーのあと、一生に一度の晴れがましい舞台が終わったとショーンが考えたとしても、それは無理もないことだったでしょう。しかしそうではありませんでした。翌日、彼はロサンゼルス・ドジャースの対サンディエゴ・パドレス戦に招かれ、始球式を行いました。そしてこうしたことが続いているあいだも、大勢の有名人たちがネット上の誹謗中傷に苦言を呈していたのです。フェアバンクスのハッシュタグ #FindDancingMan 入りツイートが火をつけたキャンペーンは大成功を収め、いじめ撲滅を掲げるチャリティーには七万ドルの寄付が集まりました。[20]

ネット上の誹謗中傷のほとんどが、見過ごされ、批判されないご時世だというのに、なぜリバプールのダンシング・マン、ショーン・オブライエンの苦境は善意の洪水といじめ撲滅を掲げるチャリティーへの寄付を引き起こしたのでしょう。それは、概して人が、「ダンシング・マン」のように、はっきりと特定できる被害者には、もっと大きな抽象的集団に対してよりも支援の義務を強く感じるからです。群衆とは匿名の集団です。一個人というのは自分と同じ人間です。そのため私たちは、被害者集団に感情移入するのを難しく感じる一方で、個人に対しては比較的簡単に自分を重ねます。ソビエトの独裁者ヨシフ・スターリンは次のような有名な言葉を残しています。「一人のロシア兵の死は悲劇だが百万人の死は統計の数字でしかない」[21]。

ニュースに対する私たちの反応は、この根本的な性質をよく示しています。人間の苦しみに関する概論的記事はほとんどの場合、大した影響力を持ちません。対照的に、一個人に焦点を絞った記事は、反響を呼ぶことがずっと多くなります。たとえば、西側メディアのサウジアラビアに関する記事は傾向として非常に批判的で、空爆によって多数の死者を出している同国政府のイエメン侵攻については特にそうです。しかしサウジのジャーナリスト、ジャマル・カショギの殺害は、それよりもずっと大きな怒りを引き起こし、西側の認識に非常に大きな影響を与えました。カショギ事件は「特定可能な被害者効果」の働きを示す典型的な例です。私たちは一人のメッセンジャーが関わる悲劇に対しては心を揺さぶられますが、多くのメッセンジャーが関わった一つの悲劇に、はっきりと特定可能な中心的人物がいないと、相対的に無関心でいます[22]。

この本能は非常に強く、フィクションのキャラクターにまで手を広げます。そして、一九九五年の映画『ベイブ』の主人公の場合は、実在しないだけでなく人間ですらありませんでした。『ベイブ』は言葉を話すブタの物語で、そのブタは農場の手伝いをしてニワトリを整列させたり、羊の群れを移動させたりします。さらには牧羊犬のコンテストにも出場し、訓練された牧羊犬たちと技術を競います。その一方で、人間がブタを食べるという恐ろしい事実を知って家出もします。幸い、最後はハッピーエンドですが、それでも当時の観客の一部は、ベイブが食べられてしまうかもしれないということにショックを受け、それに対してはっきりとした反応を示しました。『ベジタリアン・タイムズ』誌の記事によれば、米国農務省は同作が封切られたあと、ブタ肉および「スパム」などブタ肉関連の缶詰食品が五年ぶりの低水準まで売上げを落としたと発表しました。映画を見に行った人の多く（特に少女たち）が「ベイブ・ベジタリアン」†になったからです。映画のなかで牧場主の役を演じた俳優のジェームズ・クロムウェルまでもが、ヴィーガン‡になりました。[23]

なぜスーパーマーケットの精肉コーナーに並んだベーコンのパックより、生きているブタに対して感情的反応が強くなるのかを理解するのは難しくありません。ブタは高等な生物です。犬と同じく子ブタも二、三週間で自分の名前を覚え、呼ばれると反応するようになります。また、生来社会的な動物でもあります。群れで生活し、仲間と会ったときには挨拶を交わして鼻をくっつけ合ったりお互いを舐め合ったりします。人間と同じく、自らの社会集団のなかで攻撃的で支配的なのは誰で優しい性格なのは誰かを知っています（これはまったく文字どおりに、ブタに見られるハード型、およびソフト型のメッセンジャー効果です）。しかしベイブ・ベジタリアンへの効果という観点から言えば、ベイブにはさらなる強みがありました。人間と似た心をもち、英語が話せたので、経験、感情、欲求、意図を映画の受け手と分かち合えたのです。

擬人化されたブタの物語に映画の観客がこれほど強い反応を見せたという事実には、菜食主義推進キャンペーンを行う人たちが引き出すべき明確な教訓があります。そして実際、最近成功しているキャンペーンの多くが、「特定可能な犠牲者」という概念をしっかりと利用しています。良い例はヴィーガニュアリー・キャンペーンです。このキャンペーンでは、クラウドファンディングで集まった三万ポンドでポスターを作成し、ロンドンの地下鉄車内に掲示しましたが、その中心メッセージは、一月《ジャニュアリー》の一カ月間、ヴィーガニズムに挑戦してみようという訴えでした。そして、それまでに数知れず行われてきた菜食主義推進キャンペーンのように、事実と統計に基づいた主張を行うのではなく、つながりの感覚を土台とした感情に訴えかける主張を行うという戦略が取られました。メッセンジャーに選ばれたのは可愛らしい動物たちで、それぞれに人間のような名前がついていました。力なき個体であるメッセンジャーには影響力がありました。このキャンペーンによって、二十万近い人が(少なくとも)一カ月はヴィーガンとして過ごそうとしたと言われています。[24]

世界ではますます分断が進んでいるだけに、社会が人々にお互いへの共感をもう少し示すよう促すメリットはたくさんある、と主張することはできそうです。しかし、イエール大学の心理学者、ポー

† 『ベイブ』をきっかけにして菜食主義者になった人のこと。

‡ 完全菜食主義者。ビーガン。

ロンドンの地下鉄車内に掲示されたヴィーガニュアリー・キャンペーンの広告

ル・ブルームが論じているように、共感的反応に頼ることの問題は、共感というものが数字をさっぱり理解できないところにあります。人が「統計的な」犠牲者に共感するのは簡単ではありません。[25] のちにノーベル賞を受賞した米国の経済学者、トーマス・シェリングは、一九六八年に次のように論じました。

個人の命と、統計にあらわれた命とのあいだにははっきりとした違いがある。茶色い髪の六歳の女の子がクリスマスまで延命するための手術代数千ドルを必要としていれば、郵便局にはその子を救うために送られた五セントや十セントの硬貨が山積みになるだろう。しかし、売上税がないとマサチューセッツの医療機能が低下し、その結果、本来防げたはずの死の件数が統計上でかろうじて認識できる程度の増加を示すと報道した場合に、涙を流したり小切手帳に手を伸ばしたりする人は、そう多くあるまい。[26]

おうおうにして、誰がいちばん弱い（困難を抱えている）のかは特定困難、あるいは不可能です。そうした人はしばしば大勢のなかに紛れてしまっているからです。そのため、共感に駆られて私たちが助けの手を差し伸べるのは、困難を抱えていると喧伝された人であって、必ずしも最も助けが必要な人ではありません。それどころか、特定可能な受難者に対して私たちが覚える共感が、苦痛の除去という立派な行為のなかで、まったく非倫理的な判断につながってしまう場合もあります（たとえば、助ける相手を選ぶときに、匿名の八人の子どもよりも、特定可能な一人の子どもを選ぶ）。ほかの例として考えられるのは、医療の専門家が、苦しんでいる特定可能な患者と強いつながりを感じているせいで、その人を治療の順番待ちリストに並んだ顔の見えないほかの患者たちより先に治療する（その結果、ほかの患者は待っている期間がさらに長くなる）のが許されると考えやすくなってしまうような場合です。[27]

一人の特定可能な犠牲者よりも多数の統計的存在の苦しみのほうが無視しやすいという事実から、戦争の際には、国家のリーダーたちが自らの行為に対する人的コストを適切に検討できないかもしれないと心配する人もいます。「膨大な数の顔の見えない市民」というものの抽象的性質を考えれば、たとえば、米国の大統領にとっては、敵国を核攻撃することよりも、名前のある犠牲者一人がその攻撃でこうむる苦しみを案じることのほうが葛藤が大きいかもしれません。この懸念から、ハーバード大学の法学教授、故ロバート・フィッシャーは、核攻撃開始手順への変更を提案しました（そして、多少の論争を招きました）。フィッシャーの提案はこうです。大統領がどこへ行くときでも、若者が一人、必ず同行します。この若者をもう少し具体的にイメージするため、その若者はロバートという名前で年は二十歳、背が高く黒いくせ毛だとしておきましょう。ロバートの役割はブリーフケースを運ぶことですが、その中身は核兵器の発射コードではなく、大型の肉切り包丁です。発射コード自体は小さなカプセルに入れられ、ロバートの胸、心臓のすぐ近くに埋め込まれています。そしてもし、大統領が核兵器の発射を命じようというような場合には、大統領はまずブリーフケースから肉切り包丁を取り出して、自らの手でロバートの胸に包丁を突き立て、発射コードを収めた血まみれのカプセルを回収しなければなりません。別の言い方をすると、何十万という特定できない犠牲者の命を奪うような攻撃を指示する前に、まず一人の特定可能な犠牲者を具体的かつわかりやすいやり方で殺さなくてはならないということです。このアイデアを米国国防総省の知り合い何人かに提案したとき、さまざまなレベルの驚きがあったとフィッシャーは報告しています。ある高官の反応はこうでした。「ちょっと待ちたまえ。それは恐ろしい考えだ。誰かを殺さなきゃいけないとなったら、そのせいで大統領の判断が歪められてしまう。それじゃ絶対に発射ボタンを押さなくなってしまうかもしれない」[28]。

弱さの限界

困難を抱えたメッセンジャーがはっきり特定できると同情しやすくなるのだから、そうした状況ではいつもメッセージに注意を向け、その内容に耳を貸し、それに沿った反応をするだろうと推測するのは、もちろん間違いです。私たちのほとんどは、道を歩いていてホームレスとすれ違っても気がつきません。私たちのほとんどは、一人の子どもの苦境に焦点を当てた寄付の訴えを見たからといって、寄付をするわけではありません。私たちはいつでも立ち止まって、明らかに困っている人を助けるわけではありません。

なぜそうなるのかを理解する方法の一つは、弱い立場にある人に対する私たちの感情的反応を、不動のものではなく、ある連続体に沿って広がったものとして見ることです。一方の端（肯定）には支援へと駆り立てる同情と連帯感があります。もう一方の端（否定）には無関心を、あるいはさらにひどい場合には敵意を促す、怒り、反感、さげすみなどの感情があります。メッセンジャーが引き起こすのは、そのどちらかの端の感情かもしれませんし、その両方かもしれません、あるいは中間に位置するような感情かもしれません。たとえば、おやじダンスを踊ったショーン・オブライエンは、軽蔑と反感の大波と共感と連帯の大波とを（それぞれ別の集団から）浴びました。

私たちがこの連続体のどこに位置を定めるかを決めるのは、文脈と個々人の衝動です。ときに他人の失敗を見物するのが大変喜ばしいこともあります。その相手とのあいだになんらかの意味で直接的な敵対関係がある場合には特にそうです[29]。たとえば、二〇一八年六月二十七日、英国の人気タブロイド紙『サン』は、サッカーのワールドカップ・ロシア大会でドイツのグループリーグ敗退が決まったと大喜びで報じました。同紙のスポーツ特派員は「これぞ一九六六年以来ずっとイングランドのサポーター全員が待ちわびていた瞬間だ」と書き、自国代表チームの有名なライバルに対する大衆の感情をくすぐりました[30]。同様に、ショーン・オブライエンをネット上で嘲ったり挑発したりした人たちは、まず間違いなく優越感と軽蔑の気持ちを覚えていました。そのために彼に対する反応が嗜虐《しぎゃく》的なものへと傾いたのです。

また、ほかの事例をいくつか見るに、人は自動的に自分の共感を押さえ込み、そうすることで、自分が感じたかもしれない他者の苦難に対する共感的な感情をすべて弱めているようです。共感を覚えなければ、倫理のルールや「援助を行うべし」という規範は破りやすくなります。要するに人は、ショーン・オブライエンを苦しめた人々のように、積極的に非人道的行為を始めるものなのかもしれません。あるいは困難を訴え、援助要請を行っているメッセンジャーの横を通り過ぎ、無視するものなのかもしれません。

助けなくてよい理由をひねり出すだけで、弱い立場にいるメッセンジャーの苦しみを簡単に無視できるというのは残念な事実です。たとえば、裕福な女性ベリンダが通勤中にホームレスの前を通り過ぎたとしましょう。その汚れた格好の人物は明らかにお腹をすかせ、困っており、お金をくださいと書いたボール紙を掲げています。ベリンダは自然な共感の導くままに意思決定を行い、立ち止まって小銭を少し渡すかもしれません。あるいはそうした感情を押さえ込むために、お金を渡さない理屈をひねり出すかもしれません（たとえば、ホームレス全員にお金を渡すことはできないとか、お金を渡したってすべてお酒やクスリに使ってしまうかもしれないとか、お金を渡しても問題が解決するわけじゃないし、この人はますます物乞いに頼るようになるかもしれないとか、ホームレス支援団体に寄付したほうが有意義かもしれないとか）。そうした理屈一つひとつの妥当性はここでのポイントではありません。重要なのは、こうした反対理由が彼女に共感や絆を感じないことへの免罪符を与え、彼女が自分の決定に問題がないと考えるようになることです。[31]

弱い立場にいる人々への共感的反応を抑えるために使われる認知戦略の一つに、相手の非人間化があります。最近プリンストン大学で行われた研究によれば、ホームレスや麻薬中毒者などの烙印を押された人を見るとき、他者の気持ちを理解するのに使われる脳の領域の活動は減少します。つまり、そうした人々は人間未満のものとして認識されるのです。結果として、そうした人の、他者から見た道徳的価値は著しく低下し、哀れみや同情を示されるのではなく、無関心にさらされます。彼らに対するつながりの感覚が急減するためです。[32]

非人間化は人間の行動のなかで重要な役割を演じていますし、場合によっては、私たち自身の幸福、ときには生存にさえ欠かせません。たとえば、発砲してくる敵に兵士が共感を覚えたり、被害者が加害者に強い共感を抱いたりするのは、良い考えとはとても言えません。同じように、百キロ以上の体重とがっちりとした肩を誇るラインバッカーが、タックルを決めたあと相手チームのプレイヤーに負わせた痛みを分かち合ってしまうなら、名選手にはなれないかもしれません。誰かから脅されたと感じたときも、その相手を非人間化できれば、より効果的な防御行動や攻撃行動が取れます。[33]

また、ときには多少の非人間化から重要な心理的メリットが得られもします。人情味に欠けると思われるかもしれませんが、共感には感情的・物質的コストがかかります。研究によれば、落ち込んでいる人とたくさんの時間を費やす人は、やがてその人自身も沈んだ気持ちを感じ始めます。[34] 相手と親しくしていたり、社会的な結びつきがある場合には特にそうなりがちです。共感はときに両刃の剣になります。社会集団の日常的なやり取りに欠かせない一方で、感情的な対価を必要とするため、ときに生産性を阻害します。医者をはじめとした医療従事者で、鬱状態にある患者と関わる際に一緒に苦しんでしまう人は、精神的消耗や、仕事上の努めを果たせるのかという不安を感じやすくなります。[35] 対照的に、患者と密接なつながりをつくらない対策（たとえば、希望、悲嘆、悲観主義などの患者特有の人間的感情について考えないようにするなど）の取れる医療関係者が、燃え尽き症候群の兆候を訴えることはそれほど多くありません。

こうした対策を取るのはおそらく、医療従事者にだけでなく患者にとってもメリットがあります。いくつかの研究では、カルテに患者の写真を添えておくと、医者の仕事がていねいかつ入念になりました。[36] しかしオランダの研究者ヨリス・ラマースとディーデリク・スタペルによれば、患者の人間的特性を無視できる医師のほうが、たとえほかの治療法より苦痛が大きくても最終的により効果の出る治療法を勧めることが多いのです。[37] この問題はステータスを原動力とするメッセンジャーとつながりを原動力とするメッセンジャーとのあいだの対立を典型的にあらわしています。あなたが患者だったら、あなたの人間的側面を過小評価している気がする代わりに、よりうまくいく（苦痛は増すにせよ）治療法を提案してくれそうな医師にかかりたいでしょうか。それとも、つながりを大事にし、あなたに共感してくれるものの、そのせいで、より苦痛の少ない、おそらくは効果も少ない治療法の提案をしてくる医師にかかりたいでしょうか。想像するに、ほとんどの人が望むのは、両方の長所を兼ね備えつつ、どちらの短所も持っていない医師のはずです。

また、非人間化がどの程度なされるかは、弱い立場にあるメッセンジャーが、そのとき直面している困難に対してどの程度責任があるか、つまり、どの程度まで自業自得だと考えられるかによっても変わります。そもそも、メッセンジャーに状況の全責任があるのなら、すなわち、その人が転落やその後の苦しみをほとんど保証しているような振る舞いや行為に及んでいたのなら、あまりに強い同情を示すのは不適切です。罰と苦痛は、人々が愚かな行動をしたり、(自己)破壊的な行為に走るのを防ぐためにあるのですから。弱い立場にあるメッセンジャーの苦痛が自業自得なものだとわかると、思いやりの心を伴った反応をする気が急に失せるのも当然といえます。

被害者の自業自得かどうかを考えるときの心理プロセスについて素晴らしい知見を提供しているのが、カイ・フィーザの神経科学的研究です[38]。この研究では、参加者に二種類用意した交通事故の記事のどちらかを読ませました。どちらの記事も「交通事故で男性が死亡した」と書いてありましたが、片方はそのあと男性が「カーブで不注意からハンドル操作を誤った」と続き、もう片方は男性が「四人の子どもの父親」だったと続きました。予想どおり、男性が不注意だったと思った人々は、事故の責任が本人にある以上、同情には値しないと判断しました。その一方で、興味深い発見もありました。研究者たちの集めた神経学的データによれば、亡くなった人は非難に値すると参加者が考えた途端、最初の共感的な反応を引き起こした脳の領域(左側の島皮質、内側前頭前皮質および前帯状皮質)

が別の領域（背外側前頭前野）によって抑制されたのです。過剰な単純化をしてしまう危険はありますが（神経科学的研究はいつだって複雑なものです）、どうも私たちの脳は責任の押しつけに長けていて、そうするときには、咎《とが》められるべき個人とつながりを結んだり共感したりするような衝動をすべて締め出すようです。

この研究から得られる結論の一つは、人間には弱い立場にある人自身にその苦しみの責任があるという証拠を探そうとする傾向が生来備わっているのかもしれないということです。このようなプロセスの働きをはっきりと、そして辛い形で示す例を提示しているのがレイプ被害者たちです。性暴力被害者がしばしば無視され、ときには責任の一端を押しつけられていることは明確に立証されています。「夜ひとりで出歩くなんて、彼女は何を期待しているんだろう」「彼女の服装がどれほど挑発的だったかご覧ください」「彼女は明らかに酔っていたし、ひょっとすると違うものもやっていたかもしれない」「彼女が彼をそそのかしたんだ。いったい何を期待していたのやら」。こんなふうに被害者を非難し、それによって、苦しみを訴えるメッセージや慰めと救済の必要性を無視すれば、メッセージの受け手は共感を弱めてもよいと考えやすくなり、被害者の辛さに寄り添う苦痛を避けられるのかもしれません。[39] どうやら脳は、本質的に、弱い立場にある人の辛いというメッセージに共感することで生じる、感情的支出を避ける方法を探すようにできているようです。そしてそのために、共感しなくてもよい理由を積極的に見つけ出そうとするのです。

また、メッセンジャーに対する非人間化は、心理的コストではなく物質的コストが目立っている場合にも生じます。二〇一四年の『ジャーナル・オブ・ニューロサイエンス』誌に掲載された論文によれば、実験参加者に採用担当者の役を割り振り、何人かを新規に採用して給与を与えるよう指示した場合、彼らはお金を渡した相手のことを、それ以外の人よりも非人間化した見方で見やすくなりました。それどころか、支払いが発生した途端、他者の考えを考慮したり理解しようと努めたりすることに関係した脳の領域の神経活動が低下したのです。[40] この発見は、職場という世界に無視できない結論をもたらします。もし、この研究が示しているように、雇用する側に従業員の経済的属性を重視する傾向があるとすれば、彼らは従業員を同じ人間としてではなく、むしろ原材料として扱うようになるでしょう。そして従業員は、なんらかの理由で商品を供給できなくなったときに、ほかの場合であれば支えとなってくれるはずの共感が存在していないことに気づかされるのかもしれません。

つながりをたもつ

弱い立場のメッセンジャーの苦境は、ときとして痛ましいものになります。助ける立場にいる人から、なんらかの理由で非人間化されてしまっている場合は特にそうです。しかし他の人の同情を自動的に引き出せない弱い立場のメッセンジャーが、それでも受け手に影響を与えられるやり方がいくつかあります。

その一つは、第Ⅱ部冒頭で示したように、相手との共通点を強調する、別の言い方をすれば、つながりの感覚を作るというやり方です。困っている人とのあいだに何か共通点（たとえば国籍）があると、それを見た人は助けの手を差し伸べやすくなります。[41]また、違っている部分に気づくだけで集団間の敵意が生まれることもあるのとまったく同じように、比較的些細な類似点があるだけで強力な肯定的効果が生じることもあります。英国のサッカーファングループ（全員がマンチェスター・ユナイテッドのサポーターでした）を対象に行われた研究の参加者たちは一人ずつ、応援するチームの好きな点に関するアンケートに答えたあと、別の建物に移動するよう指示され、その移動中に、ジョギングをしている人が転倒する場面を目撃しました。実を言えば、転倒した人はランカスター大学を中心とした研究チームの一員で、怪我をした演技をしたのです。三種類用意されたシナリオの一つでは、転んだ人は白いシャツを着ていました。二つ目のシナリオではマンチェスター・ユナイテッドのシャツを着ていました。そして第三のシナリオではマンチェスター・ユナイテッドと長年のライバル関係にあるリバプールのシャツを着ていました。転んだ人がマンチェスター・ユナイテッドのシャツを着ていた場合、八五％の人が足を止め、助けに行きましたが、着ていたのが白いシャツやライバルチームのシャツだと、助けに行く人は三〇％しかいませんでした。どの場合も「転倒してしまいました、助けてください」というメッセージは同じでした。違っていたのは苦しんでいる弱い立場の人物とのつながりの強さでした。

もしこの研究が実証しているのが、ほとんどの人が直感的に知っていたこと（敵対関係や違いの強調は集団間の敵愾心を助長する）なのだとすれば、第二の研究がはっきりと示しているのは、そうした敵愾心を弱めるために何ができるかです。その研究では、マンチェスター・ユナイテッドのサポーターたちに（チームの好きなところではなく）サッカーファンをやっていて良かったと思う点を尋ねました。すると、そのあとジョギングをしている人が転ぶのを目撃したとき、実験参加者であるサポーターたち（つまり、サッカーの好きな点について考えていたため、転んだ人との違いよりも同じ側面に意識が向いていた人たち）は、助けが必要なライバルチームのサポーターに救いの手を差し伸べる割合がずっと高くなりました[42]。

つながりの感覚を強める別のやり方は、もちろん、非人間化の力を弱めることです。これは、別のグループとの交流を勧める、もしくはもっと簡単に、別のグループに所属しているところを想像させることでも達成できます。北アイルランドやイタリアの研究によれば、違うグループ同士が頻繁に交流を楽しめれば、当事者たちの属するコミュニティに共通点がほとんどない場合でも、信頼、共感、寛容が育まれます[43]。四年生の児童に同年代の移民の子どもとの交流を想像させたり、ティーンエイジャーに異文化交流を扱った本を読ませたりするだけでも、非人間化が弱まるということもわかっています。そうなれば自然と、（以前の「内集団」なら無視するか拒絶するかしたかもしれない）見ず知らずの移民の子どもとつながりを持とうという前向きな気持ちが強まります[44]。

また、弱い立場にいるメッセンジャーの人間的属性に目を向けさせるのも、非人間化を弱めることにつながります。研究者のラサーナ・ハリスとスーザン・フィスクが実験参加者にホームレスや麻薬中毒者の写真を見せたとき、写真への典型的な反応は嫌悪感を伴ったものでした。さらに、実験参加者の脳スキャンデータは、通常、他者の気持ちについて考える際に活性化する神経領域の活動の減少も示していました。簡単に言えば、参加者たちは写真に写る人々を非人間化していたのです。しかし、参加者に写真を見せながら、「この人はにんじんが好きでしょうか?」と尋ねると、脳のスキャンデータに、問題の領域の活性化が示されました。参加者たちは、それまで嫌悪感を持って見ていたのと同じメッセンジャーを人間化したのです。[45] 弱い立場のメッセンジャーに関心を向ける必要がある作業のおかげで、メッセンジャーはより人間として見られるようになりました。ここからわかるように、チャリティーなどで弱い立場にいる人々の代理人として活動するなら、必要とされる現実的な支援方法について語るだけでなく、彼らも同じ人間だとわかる特徴も強調したほうがよいでしょう。

弱さを見せるとメッセンジャーに対するつながりの感覚が強まるのは、そこに共感や罪悪感、あるいは仲間意識を生む力が宿っているからです。そしてそれらの性質こそが、個々に、あるいは組み合わさって、人々を促し、寄付の呼びかけに応じさせたり、苦しんでいる人を助ける気にさせたりするのです(例としては「ダンシング・マン」ことショーン・オブライエンの事例)。つながりがあれば、たとえば『ベイブ』に出演してヴィーガンになった俳優、ジェームズ・クロムウェルがそうだったように、自分の行動がほかの生きものに害を及ぼしているとわかったときに、自分の自己中心的な行動を改めるようになります。また、社長が会社の立て直しを行えるように、従業員が自ら賃金削減を申し出るようなことも起こります。そして、つながりの感情はオーディション番組の出場者が支持を取り付けたり、政敵が首相への批判を弱め、演説に耳を貸すようにするのにも役立ちます。さらには列に並んだ人々に順番を譲らせもします。

しかし弱さは一方向にだけ働くわけではありません。このダンスは助けの手を差し伸べる人と、それを求める人の二人で踊るのです。本章は助けを求める側に焦点を当てました（私たちはその人たちに耳を貸すかもしれないし貸さないかもしれません）。7章は助けの手を差し伸べる側、いわば私たちが自分の弱さを最も見せやすい人たちに焦点を当てます。

信頼できる人々に。

7

信頼性

核となる信条、利益の背反、そして誠実なのはほかの選択肢がないときだけという人々

一九六一年夏のある週末、金持ちや有名人を顧客に抱えた整骨医で遊び人のスティーブン・ウォードは、クリブデンハウス（バークシャーにあるアスター卿の邸宅）で催されたパーティーに出席していました。同伴者はクリスティーン・キーラーというモデル志望のストリップ・ダンサーで、ロンドンにあるウォードの家に転がり込み、同棲生活を送っていましたが、どうやら肉体関係はなかったようです。パーティーには、英国陸軍大臣のジョン・プロヒューモも来ていました。プロヒューモはすぐキーラーの虜《とりこ》となり（おそらく、彼の注意を引きつけたのは、裸で泳ぐ彼女の姿だったのでしょう）、しばらく性的な関係が続きました。ただ、プロヒューモは気づいていませんでしたが、キーラーはウォードが紹介したほかの男性たちとも関係を持っており、そのなかには駐英ソ連大使館付海軍武官補でKGBとのつながりがあるとされるエフゲニー・イワノフもいました。つまり、冷戦の緊張が高まるなか、英国の陸軍大臣が、ロシアのスパイとも寝ている十九歳のストリップ・ダンサーと肉体

関係を持っていたというわけです。

プロヒューモがキーラーとの関係を解消してから、しばらくたった一九六三年、二人の関係に関する噂が表に出始め、さらにロシアとの関係もがほのめかされました。どう考えても、噂を沈静化させるために何かする必要があったので、プロヒューモは院内幹事長の助言を受け入れ、誤解を解くため下院で個人声明を出すことに同意しました。一九六三年三月二十二日の朝、彼は議会で「ミス・キーラーとの交友について不適切な点はどこにもありませんでした」と断言しました。[1]

話はそれで終わるはずでした。政治ジャーナリストの故ウェイランド・ヤングも言ったように、伝統的に議員の個人声明が信憑性を疑われることはありません。それは特別高い信頼性を示す機会なのです。プロヒューモも間違いなくそう信じていました。それゆえに、自分の誠実さを伝えるメッセージを発したあと、すぐに席を立ち、下院を出て、午後に催される競馬を皇太后と観戦すべくサンダウンパーク競馬場へ向かったのです。

プロヒューモにとって不運だったことに、警察はすでにスティーブン・ウォードの商取引やロシアとのつながりについて捜査を始めていました。そしてその捜査のなかで、クリスティーン・キーラーから、陸軍大臣と寝ていたのは本当だという証言を得ました。また、キーラーのルームメイトで、やはりモデル志望のマンディ・ライス・デービスからも話を聞きました（彼女のこともウォードはよく知っていました）。デービスはキーラーの証言を裏付けました。ほどなく真実が明るみに出て、プロヒューモはすべてを妻に打ち明け、辞任するしかないと悟りました。

スキャンダルに端を発したこの失脚劇は、保守党の大臣一人だけに政治的および社会的不名誉をもたらしたわけではありませんでした。それをきっかけとして、最終的には内閣が倒れるに至りました。野党労働党は、保守党党首のハロルド・マクミラン首相が政治的理由からウォードへの捜査の詳細を隠していたと主張しました。「首相はこの問題が日の目を見ないほうに賭けていたのです」[2]。新聞各紙も批判を書き立てました。そのうちの一つは、どうやら「首相は耐えがたいジレンマに陥っているようだ。この窮地を脱するためには、自分が並外れたお人好しか、とんでもない無能か、大嘘つきか、もしくはその三つすべてが当てはまる人物だと認めるしかないのだから」と論じました。[3] 数カ月後の保守党党大会前夜にマクミランは体調不良を理由に引責辞任しました。それから一年で保守党は野党に転落しました。

最終的にプロヒューモを破滅させたのは、クリスティーン・キーラーとの情事ではありませんでした。致命的だったのは下院に対して嘘をついたという事実だったのです。同様に、マクミランの地位が揺らいだのは、大臣の一人の不品行のためではなく、信頼性というものに対する彼の判断に間違いがあると示されたためでした。信頼はどんな人間関係にも欠かせません。メッセンジャーと受け手の関わり方、メッセンジャーがどう思われるか、そしてひいては受け手との結びつきがどれくらい強くなるかに影響します。また、あらゆる人間的交流の土台でもあります。信頼がなければ、恋愛関係の成就も、職場における生産的な協力関係の構築も、儲けのある経済的取引の促進も難しくなります。人が他人をどれくらい信頼するかは、個々人それぞれが一人で生み出すのが難しい、さまざまなメリットを産み出す能力に直接的な影響を及ぼします。[4]

プロヒューモの事例が示すように、個人のあいだにも集団のあいだにも信頼は同じくらい必要です。民衆には、指導者を信頼する必要があります。国家同士もお互いを信頼する必要があります。ほかの国が、たとえば貿易協定を反故にしたり、気候変動などの世界的課題に取り組むという約束を破ったりすることはないという信頼なしには、どんなパートナーシップも永続しません。信頼およびそれに続く信頼の表現（つまり協力）があってはじめて、二人以上の個人、二つ以上のグループ、共同体、社会、国は、独力で達成しようとしてもまず達成不能な繁栄が手に入るのです。

しかしそもそも、信頼とは正確なところどのようなものなのでしょう。

信頼の意味は人によってさまざまです。たとえば、私たちがダニエルを信頼するのは彼のやる気のもとが自分たちと同じだからです。アレックスを信頼するのは過去に忠誠心が証明されているからです。エルを信頼するのは、立派な行いをたくさんしてきたからです。ウィリアムを信頼するのは何をしているか簡単にチェックできるからです。サマンサを信頼するのは、彼女が契約を重んじるからです。信頼の核にあるのは、他者の行為や意図に対する期待です。つまり信頼とは将来の善意に対する予想なのです。

大まかに言って、信頼には二種類あります。一つは**有能さ**を土台とする信頼で、もう一つは**誠実さ**《インテグリティ》を土台とする信頼です。[5] 有能さを土台とする信頼は、メッセンジャーの有能さに対する信用を前提にするので、これまでの実績から強い影響を受けます。つまり実績によって将来の行動を正しく予想できると想定しているわけです。こうした意味で信頼される人は、クリケットやラグビーでいつも確実にボールをキャッチしてくれると信じられている選手を呼ぶ言い方を借りて、「頼りになる人《セーフ・ペア・オブ・ハンズ》」と呼ばれます。これとは対照的に、誠実さを土台とする信頼は、この人なら社会道徳のルールや規範を破る誘惑があっても、それに負けないだろうという確信の度合いに左右されます。誠実さを土台とする信頼の場合、前提になるのはほとんどの人が妥当だと考える一連の規則の遵守です。

6章では、弱い立場にあるメッセンジャーは話を聞いてもらうために社会的リスクを取らなくてはならないということを説明しました。それとは対照的に、信頼に頼るメッセンジャーは自分に賭けるよう受け手に求めます。そして、ジョン・プロヒューモが思い知ったように、そのあと受け手を失望させたり裏切ったりしたのがわかったときには、その影響は広範囲にわたり、取り返しがつかなくなることとすらあります。

信頼ゲーム

複数の社会集団が協力してうまくやっていこうとするなら、信頼は欠かせません。[6] この基本的真理を見事に実証しているのが信頼ゲームです。行動科学者たちのあいだでは有名な、あまりパッとしない名前を持つこの実験モデルでは、第一のプレイヤーが第二のプレイヤーにお金をいくら渡すか決めなくてはなりません。渡した金額が三倍になって相手に渡るのはわかっていますが、相手がそのうちのいくらを送り返してくるかはわかりません。はっきりしているのは、第一のプレイヤーが相手の信頼性を、おそらくは相手に備わった説得力から、もしくは（こちらのほうが多いでしょうが）相手についての知識や集めた情報から、判断しなければならないということです。それどころか、判断の根拠が何一つない場合もあります。[7] そしてもう一つはっきりしているのは、相手を信頼できなれば確実に損をするのと同様に、両方のプレイヤーが相手を信頼すれば、双方が得をするということです。

同じ法則は日常生活にも当てはまります。同僚に親切を行うときには、相手がそのうちお返しをしてくれるかもしれないという考えが念頭にあります。当事者双方に得があるわけです。友人にお金を貸すときには、返せるようになったらすぐ返してくれると信じています。もしそうならなければ、友情にひびが入り、二度とお金を貸そうとは思わないでしょう。もしお金が返ってくれれば、友情はたもたれ、今後もどちらかが困っているときには融通し合うかもしれません。信頼がなければ、社会的交流や関係性は壊れてしまいます。

私たちの全般的な信頼レベルは**命令的規範**[*]によって定められています。この規範によれば人は、たいていの場合、他人を信頼するという心構えでいるべきです。知らない人に面と向かってあけすけに不審の念を示せば、社会的なリスクを抱えるかもしれません。そのため、たとえば、よく知らない土地に夜遅く到着してタクシーに乗るときに、運転手を疑いのまなざしで見るのは、たぶん無理もない

＊　ほとんどの人が適切だと信じている考えや行動。

のでしょうが、やめておいたほうが無難です。侮辱されたと思われるでしょうし、実際に危険を招きかねません。また、見知らぬ人を信頼しない人は、道徳性が低いと見なされることもわかっています。よって、一般的に言って人は、他者を信頼するべきだと考え、そしてそうすればたいていの場合、相手からの道徳的承認を得られるとも考えています。[8]

研究によれば、「一般的に言って、ほとんどの人は信頼できると思いますか？　それとも、人を相手にするときには、いくら警戒しても足りないと思いますか？」という質問に対して、信頼尺度の高いほうに回答が集まる国々の人たちは、ほかの地域の人よりも周囲の人と協力を行いやすく、ボランティアをする割合が高いという結果が出ています。また、より民主主義的な考えをもっており、主観的な幸福度が高くなる傾向もあります。[9] まわりの人たちを信頼できると信じていれば、協力をしたり一緒に働いたりするのが簡単になります。最近の世界価値観調査によれば、スカンジナビア半島の国々では六〇％以上の人が基本的に他人を信頼すると答えています。コロンビア、ブラジル、エクアドル、ペルーなどの南アメリカ大陸の国々では、この数字が一〇％まで下落します。[10]

このような結果が示唆するのは、信頼のレベルを決めるのは、個々人の交流だけでなく社会全体だということです。社会全体の信頼感が高い地域の人々はお互いに協力し、搾取されたり裏切られたりする心配をあまりしません。ほかの人たちも言ったことを守るはずだと考えているからです。また、逆も真なりで、何らかの事件や論争（たとえばウォーターゲート事件やエンロン事件、二〇〇三年のイラク侵攻へとつながった状況や、二〇〇七～二〇〇八年の金融危機など）によって人々の信頼感が揺らぐと、全体的な信頼レベルは低下しがちです[11]。全般的な信頼感が強い人々とそうした人々が暮らす社会では協力が生まれやすいという事実からは、あらゆるメッセンジャーにとってとても重要な結論がはっきり見て取れます。メッセンジャーのステータス、つながりの度合い、メッセージ自体の内容がどうであれ、その成功をしばしば左右するのは、受け手がどの程度、人間は基本的に信頼できると考えているかということなのです。いくつか不祥事が続くと、無理もありませんが、人々はビジネスや政治の世界の人間が一人残らず強欲さに突き動かされて汚い真似をしており、欲しいものを手に入れるためならどんな道義上のルールも平気でねじ曲げると推測するようになります。信頼は、社会がスムーズに機能するのに欠かせない一方で、とても簡単に崩れてしまうのです。

二〇〇九年に露見したプロゴルファー、タイガー・ウッズのスキャンダルの副作用を見れば、広範囲にわたる信頼が一つの不祥事によってどれほど失われるのかがよくわかります。当時、ウッズの名声の高さと称賛の大きさは大変なもので、ナイキのゴルフボールを宣伝することが決まってからの一年半で、ナイキのシェアが一・五%から六・六%に上昇したほどでした。実際、ウッズがナイキと契約していた十年間に、ナイキのゴルフボールは一千万個近く売上を伸ばしたと考えられています。このような、ブランドとの強い結びつきを考えれば当然ですが、ウッズの一連の不倫スキャンダルが報じられたとき、ナイキの売上は激減しました。一月《ひとつき》足らずのちに推定を行った二人のカルフォルニア大学の経済学者によれば、ウッズの性欲によって株主がこうむった損失は五十億ドル以上です[12]（ナイキだけではなく、彼と契約していたほかのブランドの株主も含む）。しかし、この不祥事の影響は彼のスポンサー以外にも及びました。その後数カ月にわたって、タイガー・ウッズとは縁もゆかりもない、ほかのゴルフボールブランドも販売不振に見舞われたのです。これは、この不祥事だけの話ではありません。こうした不祥事が起きたときに割を食うのは、そのメッセンジャーのスポンサー企業だけではないのです。場合によっては、業界全体に被害が広がります。[13] 結局のところ、それが二〇〇七～二〇〇八年の金融危機で起きたことでした。いくつかの銀行が愚かに、あるいは悪どく立ち回っていたことが明らかになる一方で、ほとんどすべての銀行の評判に傷がつきました。信頼が失われると、投げかけられる影が本当に大きなものになることもあるわけです。

信頼マトリックス

相手を信頼するかどうかはどのようにして決まるのでしょう。人によってはそれを社会的なリスクテイキングの一形式として考えます。つまり、他者の将来の行動に関する自分の予想に基づいて、ある種の賭けをしているのだというわけです。また、多くの学者が言うように、リスクと報酬を用いた単純な計算だと考える人もいます。[14] その場合、信頼の置きどころを決めているのは、信頼ゲームの土台になっているのと同じ種類のゲーム理論です。そこで扱われるのはごく少数の変数ですが、その一つひとつが複雑で評価しにくい場合もあります。最初にやるべきことは、信頼した場合、あるいは信頼しなかった場合に得られそうな損得の見積もりです。その次の第二ステージでは、相手方の現時点

	相手が信頼に応える	相手が信頼に応えない
信頼する	利得× 信頼に応えてくれる見込み	損失× 信頼に応えてくれない見込み
信頼しない	信頼しないことを選んだ場合の期待値	

信頼マトリックス　これを使えば，相手を信頼するかどうかを決めるために，それぞれの場合に起こりうる結果と関連した期待値を算出できる。

での信頼性を評価しなければなりません。これは現在直面している状況で相手方が信頼に応える（あるいは応えない）ことで得るものと失うものを考慮して行います。それから（1）相手が信頼に応えてくれる見込みと，その場合のこちらの利得をかけ合わせ，（2）相手が信頼に応えてくれない見込みと，その場合のこちらの損失をかけ合わせ，（3）信頼した場合の全体的期待値を算出したのち，これを信頼しない場合の期待値と比較します。

これを具体的に説明するため，ここではジョージ・R・R・マーティンの長編小説を原作とするテレビドラマ『ゲーム・オブ・スローンズ』のプロットラインの一つを検討しましょう。こう想像してください。あなたはロバート・バラシオン王に心からの忠誠を捧げるエダード（ネッド）・スタークで，「王の手」として仕えるために王都へ来るよう請われました。そして，南への旅を経て王都に着き，殺人と見られる事件の調査を行います。協力者はピーター・ベイリッシュ卿。この人物はまたの名をリトルフィンガーと言い，王国の大蔵大臣を務めています。しかしあなたは彼を完全には信頼していません。妻に言い寄っていた過去があるからです。

調査を続けるうち，王妃が王を騙していたこと，彼女の子どもたちの父親はロバート・バラシオンではなく，王妃の双子の弟であることがわかります。つまり、子どもたちには王位継承権がなく、正当な後継者は王の弟、スタニス・バラシオンだったのです。しかし、この情報を伝える機会がないままに、王が狩猟中の「謎めいた」事故に遭ってしまったため、手をこまねいていれば、王国は王妃の婚外子である長男が成年に達したとき、彼に受け継がれてしまいます。あなたは王の法執行機関シティ・ウォッチを味方につけてサーセイ王妃の護衛たちを倒し、王妃とその子どもたちを拘束するという計画を練ります。しかしこれを実行するには、リトルフィンガーを説得してシティ・ウォッチに賄賂を渡し、王妃ではなくあなたに従わせる必要があります。あなたが検討しなくてはいけないのは、リトルフィンガーがこの重要な役割をちゃんと果たしてくれると信じるかどうか、あるいは、これまでの信頼性のなさから考えて、こちらを裏切るかどうか、という問題です。

あなたはどうしますか。信頼マトリックスに当てはめて考えてみましょう。まずリトルフィンガーを信頼した場合に考えられる結果は次のとおりです。

1 リトルフィンガーがあなたの要請に従い、シティ・ウォッチに金を渡して、サーセイおよびその子どもたちの拘束に協力する。
2 リトルフィンガーがあなたを裏切り王妃の側につく。
3 それ以外の予想できないような何かが起こる。

今度はリトルフィンガーを信頼しなかった場合に考えられる選択肢を見てみましょう。

1　リトルフィンガーに頼らず、自分でシティ・ウォッチの説得にかかる。
2　王都を脱出し、娘たちとともに家臣の待つ北部へ戻って、正統な王、スタニス・バラシオンの軍勢に加わる。
3　王位継承権の真実を知りつつ、サーセイ王妃の長男に忠誠の誓いを立てる。

こうした選択肢には、魅力を感じるものも、あまり感じないものもあるでしょうから、あなたは一つひとつ選択肢の価値を考えようとするかもしれません。しかしはっきりしているのは、リトルフィンガーを信頼した場合の潜在的な損と得の双方がとてつもなく大きいということです。そのため、あなたはゲーム理論家の信頼マトリックスの第二ステージに進まなくてはなりません。つまり、信頼に応えてもらえる見込みの見積もりです。

リトルフィンガーが誠実に行動してくれそうな見込みはどれくらいあるでしょう。また、信頼に応えず、裏切る見込みはどの程度でしょう。こうした問いの答えを得るには、リトルフィンガー側の信頼マトリックスがどうなっているかを考える必要があり、ちょっとした読心術を用いなければなりません。リトルフィンガーの求めるものはなんでしょう。あなたと協力して彼が得られそうな（あるいは失いそうな）ものはなんでしょう。そしてあなたを裏切った場合に得られる（あるいは失う）ものは。

ここで問題になるのは、ほかの人間の誘因を評価するのは自分自身の誘因を評価するよりもはるかに難しいということです。リトルフィンガーがあなたと同じくらい熱心に、正当な後継者を玉座に戻そうとしているかどうかは、あなたにはわかりません。というよりも、すでにリトルフィンガーから計画への難色を示されていることから考えて、彼にそんなつもりはなさそうです。それに、リトルフィンガーに約束を守る気があるかどうかもわかりません。その点についても、あなたは疑わしく思っています。リトルフィンガーは嘘をつくのにそれほど抵抗を覚える人物ではなさそうですし、あなたの見るところでは道義心に欠けています。また、リトルフィンガーには、あなたを裏切って得られるメリットがたくさんあるのも確かです。サーセイ王妃とその息子が権力を握ることができれば、彼らに大きな恩を売ることになります。そしてあなたを排除できれば、リトルフィンガーはかつての片思いの相手、つまりあなたの妻を自分の花嫁にすることさえできるかもしれません。

実際のところ、ネッド・スタークが最終的に取った行動には、いくつかの計算違いがありました。彼は誰もが自分と同じくらい信義や高潔さ、法を重んじるという勘違いをしました。また、これは王国の法と合致する正しい行動なのだから、リトルフィンガーは協力するだろうという勘違いもしました。リトルフィンガーと自分との関係についても判断を誤りました。その後取った行動の結果、ネッド・スタークは命を落とします。彼は信頼に値しないメッセンジャーを信頼し、究極の代償を払ったのです。

「マンディ・ライス・デービスのアレ」

さまざまな直接的要因が（しばしば組み合わさって）個々の状況における人物の信頼性を左右します。性は強力な動機づけ要因ですが、そうなるのは人間行動の非常に多様な側面で、興奮と欲望が判断や意思決定に強く関わっているためです。人は性的満足を得るためなら、望まない妊娠のリスクを冒すことも、性感染症の危険に身をさらすことも、さらには自らの道徳律に反することも厭《いと》いません。[15] 野心もまた強い動機づけ要因です。英国のEU離脱をめぐる辛辣な論戦が行われていたあいだ、「離脱派」の旗振り役ボリス・ジョンソンのことを、本心を隠した信用ならない人物だと感じた人々は、彼は国益よりも首相になるという自らの野心の追求に関心があるのだと論じました。「ボリスは自分のことしか考えていない」と、政府高官筋は言いました。[16]

隠し事が露見して恥をかきたくないという保身の欲求のせいで、信頼を失う場合もあります。ジョン・プロヒューモを不誠実な行為に走らせたのは、情事の詳細が明るみに出ると、面目を失い、仕事にも支障が出るという予想でした。スティーブン・ウォードが売春斡旋の罪に問われた裁判で、キーラーのルームメイト、マンディ・ライス・デービスはアスター卿（悪名高いプールパーティーの会場だったクリブデンハウスの所有者）と肉体関係があったと証言しました。ウォードの弁護人はこれを一笑に付し、アスター卿は彼女と肉体関係を持つどころか、会ったことすらないと断言していると述

1960年代の有名なスキャンダル，プロヒューモ事件で鍵を握った人物，マンディ・ライス・デービス（左）とクリスティーン・キーラー（右）。デービスが裁判で婚外交渉の証言を否定された際に発した「ええ，それはそう（言う）でしょうね」は，メッセンジャーの動機に注意を引き，その信頼性に疑問符をつけたいと考える人たちによって，今もよく使われている。

べました。ライス・デービスの返答は、歴史に残る名言になります（有名な話ですが、メリルボーンの治安判事法廷の証人席で苦笑しながら放った一言です）。彼女はこう言いました。「ええ、それはそう（言う）でしょうね」。

この台詞はあまりにも有名になったため、「マンディ・ライス・デービスのアレ」（あるいは縮めてM・R・D・A）は特定の状況におかれた人が、目の前の困難を避けようとして嘘をつくかどうかの反応を見る試験として重宝されており、レディットのようなニュースサイトが、メッセンジャーの主張する動機と実際の誘因との不一致に読者の注意を向ける際の決まり文句となっています[17]（『オックスフォード引用辞典』[†]にさえ載っているほどです）。

当然ながら、受け手にとっては、そうした不一致に目をとめ、それを評価するというのがそもそも難問なのですが、そうした不一致に気がついたときには、それ相応の警戒感を抱きます。1章で、有名人が製品を褒めすぎると逆効果になりかねないという話をしました。褒め言葉が大げさになると、消費者は、その有名人はたぶんお金をもらっているのだろうから、この褒め言葉は眉唾だなと考えるようになります。しかし狡猾な広告業者ならわかっているように、こうした自己本位の動機は隠せます。有名人にお金を払って製品をおおっぴらに褒めてもらうのではなく、使ってもらうようにすると、結果はずっと良くなります[18]。動機はいつもはっきりしているとは限らず、ときに隠されもします。リトルフィンガーはこう言っています。「動機のない者は、誰も疑わない。つねに敵を惑わすのだ。本心や望みを敵が知らなければ、次に何をしようとしているのかも悟られることはない」。

人の動機を読み取る難しさを考えるとわかりやすくなるのは、私たちが個々の状況における相手の信頼度を定量化するよりも、相手の人間性全般について判断したくなりがちな理由です。私たちは「この人物を信頼できる可能性はどの程度だろう」と考えることもできますが、多くの場合、そうする

† 原題 *The Oxford dictionary of quotations*（未邦訳）。書名が似ているがアントニー・ジェイ（著）和田宗春（訳）（二〇一〇）『政治発言――オックスフォード引用句辞典』（*The Oxford dictionary of political quotations*）はる書房とは別の書籍である。

代わりに「この人の人柄全般を私はどう思っているだろう」という、ずっと答えやすい問いについて考えます。前者では、つねにはっきりしているとは限らない証拠の重み付けをしなければなりません。後者は毎日やっているある種のおざなりな判断をすればいいだけです。

そしてそのとき、基本的に私たちは人物像を広く三つに分類して、そのいずれかに相手をあてはめます。一つ目は、この人なら騙したり裏切ったりする誘惑に駆られないと信じられる人。二つ目はそういう誘惑に駆られるかもしれないけれども、おそらくは自らの道徳規範や誠実さ、つながりの感覚といったものから生じる内的葛藤に苦しみ、結局は私たちを落胆させるような誘惑にちゃんと打ち勝てる人。三つ目はコメディアンのクリス・ロックが「誠実なのはほかの選択肢がないときだけ」な人々と呼んだ人です。ロックが言及したのはパートナーを裏切って浮気をする人のことでしたが（彼自身もそうでした）、その基本原則にはずっと広い適用範囲があります。一つ目と二つ目のタイプに分類される人たちはときとして私たちを失望させるかもしれません。しかし私たちの信頼を裏切る可能性が最も高いのは、三つ目のタイプです。そのような人たちには高潔さが欠けています。身内に忠実でいようという内的動機を持っていないのです。おそらく、そうした人は価格に納得すれば自分の祖母でも売り払うでしょう。

「誠実なのはほかの選択肢がないときだけ」というメッセンジャーが最も信頼できないのはいいとして、残りの二種類のうち、より信頼できるのはどちらでしょうか。誘惑に打ち勝つメッセンジャーでしょうか。それともそうした誘惑をはじめから感じないメッセンジャーでしょうか。後者のほうが信頼できると見られる理由は簡単にわかります。純粋な心を持っているために、彼らはほかの選択肢を拒絶する必要がありません。手元の選択肢ほど良いものは一つもないからです。もちろん、問題は、不誠実な振る舞いへの強い誘因があらわれたときに、どう反応するかがほとんどわからないという点です。イエール大学の心理学者クリスティーナ・スターマンズとポール・ブルームによれば、内的葛藤を抱えながらも、それに打ち勝てる人は、しばしば道徳的により優れていると見なされます。[19]しかし話はそれほど単純ではありません。たとえば、親密な関係において、最も信頼できると考えられる人物は、ほとんどの場面で浮気の衝動に打ち勝てる人ではなく、そもそも浮気の衝動を持ったことのない人です。パートナーとのつながりがあるので、彼らは自動的に注意を魅力的な乗り換え候補から切り離しています。その結果、彼らが浮気に走る可能性は、ほかの相手に目移りし、誘惑に駆られる人たちよりも五〇%近く低いのです。[20]有名人が美しく軽薄なファンと寝たいという欲求を我慢すれば、道徳の試験に合格したと見なされはするでしょうが、欲求を我慢する必要があったという事実によって、最終的に彼らの信頼性は低下します。

核となる信条と矛盾した諸性質

実際のところ、私たちは誰かの信頼性を評価するときに、手の込んだゲーム理論に取り組むよりも、相手の大まかな人物像を推測しがちであり、そのことが、さまざまな要因を解釈してメッセンジャーの信頼性を三種類に分類する際に大きく影響しています。理屈としては、相手が持っている協力への外的・内的誘因を探し、それを自分の誘因と突き合わせて、信頼すべきか否かを決定するべきです。しかし現実には、それよりもずっと単純なやり方で決定が下されます。これは相手に対する漠然とした印象で判断を行うためです。誰かに真実味がある、つまり相手を正直者だと見なすのと、その人に信頼性があると考えるのとは同じではありません。真実は事実を土台としており、証拠や蓋然性を検討する必要があります。信頼は関係性を土台とし、より広範で曖昧な評価に基づいています。

そして、場合によっては、信頼できると見なされることが、正直だと思われることよりも大切になります。

この一見しただけではよくわからない状態をうまく説明してくれる具体例が、ドナルド・トランプに対してよく見られる態度です。メッセンジャーとして、トランプは確実に「誠実なのはほかの選択肢がないときだけ」カテゴリーの人物です。彼は最近の大統領たちの慣習を破り、納税申告書に関する情報開示要請を拒否しています。不倫をしたという非難を受けています（本人は否定しています）、また、顧問弁護士のマイケル・コーエンに金を渡し、『プレイボーイ』誌の元モデル、カレン・マクドゥーガルが彼との関係について話さないよう口止め料を払ったとも言われています（これについても本人は否定しています）。『ワシントン・ポスト』紙のファクトチェックによれば、大統領就任から二〇一九年なかばまでに九千以上の虚偽もしくは誤解を誘う主張を行っています[21]。

それでも中核的支持層はトランプを信頼できると考えています。

これにはおそらく二つの理由があります。一つ目は彼が核となる信条を曲げていないということです。彼はいくつかの国のイスラム教徒の米国入国を禁じ、南の国境に壁を築き、減税を行い、米国を気候変動に関する国際協定から解放すると言って選挙戦を戦いました。それらが称賛に値する取り組みかどうかは問題ではありません。事実として、彼はこうした主要公約をすべて、実行するか、最低でも実行しようとはしました。[22] トランプは入国禁止令を出すと言いました。そして、少なくとも三度、実際に出しました。メキシコとの国境に沿って物理的な壁を築くと言いました。そして、それを実行するために国家非常事態を宣言しました。減税を行うと言いました。そして実際に行いました。気候変動の国際協定（パリ協定）から米国が離脱できるよう努力すると言いました。そしてやはり、言ったことを守りました。

さらに、トランプの批判者たちはトランプ自身も公約も信用ならないとして斥《しりぞ》けたのかもしれませんが、支持者は彼の公約を自分の信条や世界観と合致し調和したものだと考えました。彼らが好きなのは、自分は政治の素人だと主張する人物であって、口のうまいワシントンの政治家ではありません。そして、彼らが称えるのは、トランプのやる気に満ちた態度と、振る舞いに関する規範（協力、妥協、そしてポリティカル・コレクトネスと彼らが呼ぶもの）への無関心です。また、批判者はトランプを軽率で衝動的だと見ていますが、支持者は彼の「素早く対応する」姿勢に喝采を送ります。彼らにはトランプが何を象徴しているのかわかっています。トランプが象徴しているのは、彼らが信じているものなのです。

研究によれば、ある集団の規範に最初から適応し、それに従う人は「集団からの信用」を得ます。この信用は、何か間違いがあったときの損失を埋めるのに利用できます。十分な量を貯め込んでいれば、そもそもその人物が支持を得た理由だったものからの逸脱となるような大きな政策変更や心変わりでさえ、受け入れられる場合があります。[23] そのため、驚くような話ではありませんが、心理学者のブライオニー・スワイア・トンプソンの研究によれば、トランプの支持者の大部分は、彼が嘘をついたり偽の情報を流したりしていたと知っても、次の選挙の投票先を変えようとはしません。[24] ギャロップ社などの行う世論調査では、二〇一八年の二月から四月にかけて、大統領を「誠実で信頼できる」と考える有権者の数が一割も減りましたが、全体的な支持率は少しもゆらぎませんでした。[25] 対照的に、「集団からの信用」を貯め込んでいないと、ときとしてあっという間に支持を失います。フランスのマクロン大統領がその例です。当初、マクロンに政治的な仲間（左派右派問わず）がいないのは、優秀さのあらわれと見られていましたが、ほどなく欠点に変わってしまいました。左派からも右派からも猛攻撃を受けるようになったからです。集団の線引きが曖昧だと集団からの信用を貯めるのは困難です。大統領就任時、五五％あったマクロンの支持率は、たったの一年で就任後最低の三五％まで落ち込みました。[26]

ここからは、トランプが信頼される二つ目の要因を見ていきましょう。すでに述べたように、信頼への裏切りは、その業種、団体、政府への全般的な忠誠心の喪失につながりかねません。しかし実は、裏切られた側に信頼の絆が残っているなら、許容できる行動に関する調整つまみのほうが動かされる場合もあります。最近実施された公共宗教調査研究所とブルッキングス研究所の合同世論調査では米国の白人福音主義者（トランプおよび共和党の熱烈な支持層であり、社会は道徳的価値を重視すべきと考える傾向が最も強い集団の一つ）が、ある問題への考えを大きく変えていたことがわかりました。二〇一一年には白人福音主義者の七〇%が、選挙で選ばれた当局者が私生活で道徳に反する行いをしているなら、その人物が公的・職業的生活で倫理的に行動し義務を果たすとは思えないと考えていましたが、この数字は二〇一六年の大統領選までに、たったの三〇%にまで減っていました。[27] まるで彼らが個人的高潔さに置く重要度はゴムでできていて、候補者の人柄と人気に合わせて伸びたり縮んだりするかのようです。ローマ時代の著述家プブリウス・シルスは「信頼は、魂と同じく、ひとたび失ってしまうと二度と取り戻せない」と言っていますが、信頼には融通がきくこともあります。ハーバード大学の研究者マックス・ベイザーマンとフランチェスカ・ジーノが実証しているように、人が他者の非倫理的な行いを批判する見込みは、その違反行為が当たりまえになるにつれて減少していきます。さらに、ひとたび批判の声がなくなれば、沈黙は容易に同意だと解釈され、さらなる非倫理的な行いを助長します。[28]

自分の核となる信条に対して一貫性をたもつことの力をよく示しているのが、エリオット・スピッツァー（ハーバード大学とプリンストン大学で学んだのち、ニューヨークの州司法長官、州知事を歴任した人物）とキース・ヴァズ（英国のベテラン議員で英下院内務特別委員会の元委員長）の対照的な政治的運命です。どちらもセックス・スキャンダルが露見しました。スピッツァーは二〇〇八年に、ワシントンのホテルに娼婦を呼んでいるところを盗聴され、ヴァズは二〇一六年に男娼二人に現金を渡して性的なサービスを受けたことが発覚しました。[29] しかし、スピッツァーが辞任するしかなくなったのに対し、ヴァズは職にとどまり、のちには司法特別委員に任命されました。これほど似た二つの事例がこれほど異なる結果を生んだのですから、当然「なぜ？」という疑問が湧きます。

もちろん、純粋に地域的な要因というものも働いたのでしょうが、この二人の人物に多くの共通点があったことは強調しておく価値があります。どちらも注目される仕事に就いていました。どちらも既婚者でした。どちらも買春に関わった政治家への見方が伝統的に曖昧な社会の出身でした。そしてどちらも非常に公的な形で謝罪を行いました。しかし、二人のあいだにははっきりとした違いも一つありました。それまで買春に対して取っていたスタンスです。スピッツァーはメディア受けする気の利いたコメント（たとえば「私は動機なんて気にしません。気にするのは信頼できるかどうかです」）に長けた人物で、州司法長官時代に一度ならず売春グループを摘発していました。対照的にヴァズは、セックスワーク合法化支持を公言し、セックスに金を払う男性が起訴されるのはおかしいと公衆の面前で断言していました。ヴァズは、性的サービスの購入者が犯罪者として制裁を受けるべきかどうかの審議で議長を務めていました。そのため、英下院内務特別委員会の委員長として公平な人物ではないという非難に自らの身をさらしたとは言えるでしょう。しかし、行動と買春に対する発言とが矛盾していなかったという事実は、彼にとても有利に働きました。スピッツァーは、偽善者だと思われたのが命取りになりました。

発言の一貫性が持つ力は、間違った行いの証拠がもっと曖昧な場合でも発揮されます。心理学者のダニエル・エフロンとベンワ・モナンが実施した研究の一つでは、参加者に次のような架空の事件を検討するよう求めました。[30] ハッチンソンという社長がセクシャル・ハラスメントで告発を受けています。申し立てによれば、彼は昇進の可能性について話し合おうと言って、女性従業員をディナーに誘いました。女性によれば、そのとき彼は自分と親しくなっておけば昇進に有利だとほのめかしたそうです。女性は誘いを断り、ハッチンソンは別の人を昇進させました。「そのディナーのことは非公式ながらも厳密に職業的な面接の機会としてしか考えていなかった。彼女はこちらの意図を読み誤ったのだ」というのがハッチンソンの言い分でした。また、ほかの昇進候補者たちも食事に誘ったし、最終的に最も優秀だと考えた候補者を昇進させたとも言いました。さて、エフロンとモナンの用意した文書は二種類ありました。片方のバージョンには、ハッチンソンはハラスメント対策を実施し、社内のセクシャル・ハラスメント件数を減らすことに成功していたと書いてありました。もう片方のバージョンにこの情報はありませんでした。

実験参加者たちに見解を尋ねたところ、ハッチンソンがハラスメント対策を実施していたという記述を読んでいた人たちは、彼がセクシャル・ハラスメントを行ったとは信じませんでした。非常に単純化して言えば、その話はハッチンソンの人柄に関する彼らの知識と合致しなかったのです。対照的に、ハラスメント対策の話を読んでいなかった人たちのなかでは、ハッチンソンがセクシャル・ハラスメントを行ったと考える人がずっと多くなりました。スピッツァーの場合とは逆に、ハッチンソンが行っていた性的搾取対策への取り組みは、彼に有利に働きました。これは証拠が曖昧だったため、人々が女性の告発とハッチンソンのそれまでのスタンスとのあいだにある不一致よりも、彼の言い分と人柄とのあいだにある一貫性を見ようとしたからです。

この知見からわかりやすくなるのが、たとえば、性的な不正行為が露見するまでに、しばしばとても長い時間がかかる理由です。典型的な事例は、オリンピックで米国体操代表の「チームドクター」を約二十年務めた整骨医、ラリー・ナサールです。彼は非常に信頼されていたため、二人の元選手（一人は匿名）の告発が『インディアナポリス・スター』紙に載ったあとですら、ほとんど誰も（被害者たちの親の多くさえも）ナサールが性的暴行を働いていたとは信じませんでした。[31] 彼が同僚や患者からの信用をたっぷり貯め込んでいたためです。彼は信頼されていました。オリンピック選手になるべく練習に励む少女たちの親は、この仕事では彼がベストだと聞いていました。しかも、実際に、彼は患者が何か症状を訴えたときに、どこに原因があって、何をすればいいのか、正確にわかっているように見えました。治療を受けた少女たちはそれを「ラリーの魔法」と呼んでいました。

ナサールが信頼されていたのは腕前だけではありませんでした。人々は彼の高潔さも信じていました。彼は自分よりもほかの人のことを第一に考える人物という評判を勝ち得ていました。「何時であっても、何曜日であっても、お電話をいただければ、お嬢さんの治療を行います」と少女たちの親に言い、実際にそうしていました。友人が困っていれば、いつでも手を差し伸べました。人々はラリーなら冬の雪かきも手伝ってくれるし、自分が倒れたときには病院に運んでくれると信じていました。さらに彼は虐待行為を医療の専門性という見せかけで隠すことができました。ナサールは珍しい治療法も行っていました。たとえば「仙結節靱帯《せんけっせつじんたい》リリース」です。これを施術するときには、女性患者の両脚のあいだに指を当て、外陰部のそばを押していきます。これは合法的な治療法であり、医学療法士には患者の背中や腰の痛みを軽減させるためにこの治療を行うことが認められています。そのため、彼の意図に関して、いくぶんかの曖昧さが生まれました。彼が少女たちのデリケートな部分に軽々しく触れていたのは確かでした。問題はその行為が適切だったかどうかでした。

そして最初の告発がなされたとき、ナサールの関係者は誰もその告発を信じませんでした。訴えは彼らのナサールに対するイメージと完全に食い違っていたからです。人々がようやく訴えに耳を傾けるようになったのは、警察がナサールのハードディスクに何枚もの幼い子どもの画像が保存されているのを見つけたあとのことでした。それまでの行為すべてが、信頼できるという印象を非常に強く打ち立てていたせいで、議論の余地のない証拠が出てくるまで、人々の前提や信念はびくともしなかったのです。

信頼を構築する

一貫性が信頼性に対する私たちの認識を大きく左右するのは、それが、ある人物の今後の行動を予想するのに役立つからです。ドナルド・トランプは、もちろん一貫性の奇妙な例です。ほとんどの場合、一貫性の示され方はもっとずっとはっきりとしています。ごく大雑把に言えば、私たちは誰かとの肯定的なやり取りを何度も同じように繰り返すと、相手を信頼できると考えます[32]。

それがスタンフォード大学経営大学院のフランク・フリンの観察したことでした。彼は通信会社で働く技術者百六十一人を対象に社会的交流の持つ効果を調べました[33]。アンケート調査と業績記録からわかったのは、同僚と公平で互恵的な交流ができている従業員は、社内で最も生産的なばかりか、最も信頼できると見なされてもいるということでした。そしてこの互恵的な交流の頻度が増すにつれ、さまざまな有形無形のメリット（協力、成績、信頼）も増していたのです。フリンによれば、過去に信頼性が証明されている人は、善意で行動することを当てにできるため、将来的により多くの裁量を与えられやすくなります。より多くの人が話に耳を貸してくれるようになります。より多くの人が助けてくれるようにもなります。

これとまったく同じ機能を果たしているのが、オンライン取引や商品売買を行うプラットフォームに掲載される推奨コメントです。それは過去のやり取りがどのようなものであったかを裏付けることで、将来的なやり取りがどんなものになりそうかを示すメッセージになります。イーベイの取引記録を見れば、好意的なレビューのメリットは二種類あることがわかります[34]（同社によれば、購入者の六割近くが購入後に販売者についてのフィードバックを残しています）。一つ目は明白です。イーベイで好意的なレビューを読めば、自分でも注文してみようという気持ちが強まります。二つ目のメリットは、良い評判のおかげで、販売者が提示価格を高めに設定できるようになるということです。

研究によれば、好意的な評価を競合他社の二倍集めているオンライン業者は、中古の携帯電話なら〇・三五％、新品なら〇・五五％、ＤＶＤソフトなら三・七％高い値段をつけることができます。この差は小さいように見えますが、もちろん、これは大企業から個人経営の会社まで膨大な範囲の販売業者を平均した数字です。このことからよくわかるのは、大勢のメッセンジャーから本質的に同じメッセージを受け取るとき（たとえば、「携帯電話を買いませんか」）、私たちは値段だけに影響されているわけではない、ということです。信頼性（この業者はちゃんとしていそうなところだろうか、それとも盗品や偽物の携帯電話を売りさばいていそうだろうか）にも価値があります。したがって、好意的な評価がたくさんつくことには金銭的価値があるわけです。となれば、オンライン上の評価システムがおおむね機能しているように見えるのは、驚くような話ではありません。それは強力な誘因として働き、メッセンジャーたちに、言ったことを守らせているのです。

もう一つ指摘しておくべきは、すべてのレビューに同じ価値があるわけではないという点です。たとえば、星五つのレビューが六個、星四つが二個、星一つが二個入っている業者の信頼性は全体を平均すればかなり高い四・〇になりますが、二つある星一つ評価は購入を考える人により大きく影響しがちです。これは単純に、否定的な評価には好意的な評価よりも強い影響力があるためです。ほとんどの人は、悪い評価を一つ読んで（そのあとに大量の好意的評価が続いていても）あっけなくオンライン購入を思いとどまったという経験をしています。この現象は、「信頼関係は築くのに恐ろしく時間がかかるけれども、もろい花瓶と同じように、不注意な行為一つで一瞬のうちに壊れてしまう」という、信頼に関してやはり長く言われ続けている考えを裏づけているように思われます。[35]

同じことは人間関係にも当てはまります。相手の信頼への裏切りは、とても強い否定的感情を起こさせるため、ときには関係に深い亀裂が入り、二度と元には戻らないかもしれません。人は「裏切りへの嫌悪」を示します。また、裏切られた結果から生じた損失を、まったくの偶然から生じた損失よりも重く見ます。[36]命令的規範はおそらく、他者を信頼する義務を（そうすることに物質的利益がない場合でさえ）人に課しています。しかし、背信行為への恐怖は人々を逆の方向へ導く強い力として働きます。恐怖は人々に疑念を抱かせ、他者を疑わせます。そしていつでも、見知らぬ人同士のあいだに信頼が生まれるのを邪魔するのです。[37]

知らない人を信頼する

誰かの履歴を評価してその人の将来的な信頼性を判断するには、前提としてその履歴が手に入らなければなりません。判断する相手が、公的な人物、友人、職場の同僚、オンラインショップの場合であれば、おそらく手に入るでしょう。しかし、初対面の相手の信頼性はどう測っているのでしょう。実は非常に大雑把な出来あいのシグナルに頼っているのです。

主なシグナルになっているのは、単純な接触です。何十年分もの研究によれば、知らない人に協力してもらえる見込みは、もし要請を行ったり行動を起こしたりする前に相手とコミュニケーションの回路を開《ひら》ければ、大きく高まります（具体的には四〇％も高くなります）[38]。誰かと初めて会ったその瞬間から、私たちは相手についての手がかり（友好的かうさんくさいか、言ったことを守るタイプに見えるか、など）を探します。そしてすぐに肯定的な情報が集まれば、（あとでその判断を変更するかどうかはともかくとして）その後のやり取りに好意的な眼差しを向けやすくなります。ほとんどの場合、ただ誰かと関わるだけで、私たちはつながりを感じます。双方に共通した人間性を知覚するからです。そしてもしその交流が対面の形で行われるなら、ますます結構です。口頭の言葉は書かれた言葉よりも二～三倍効果的だと推計されています[39]。一度、実際に顔を合わせれば、相手は抽象的な名前ではなく、実在の人物になります。どんなときならEメールをやめて電話したほうがよいのかをわかっていることには、たくさんのメリットがあります[40]。

また、顔を合わせることは、外見から人柄を推測したいという人間の根源的な欲求を刺激します。信頼されるメッセンジャーにも、支配的だと見なされるメッセンジャーや有能だと見なされるメッセンジャーがそうであるように、顔立ちの特徴があり、私たちはときに千分の一秒単位の素早さで、相手が信頼できる顔かどうかを判断しています。さまざまな顔に対する人々の信頼性評価をもとに、顔のコンピュータ処理モデルを開発した心理学者たちによれば、どうやら信頼できない顔は、驚くほど怒りと似た表情を浮かべており、それに対して信頼できる顔は幸福そうに見えるようです[41]。この基本的事実は、「無表情」の顔が判断されるときでさえ当てはまります。気を抜いている顔が、ほかの人よりほんの少し幸せそうに見える人もいます。もしあなたが運よく表情をつくらなくても幸せそうに見える顔立ちなら、あなたは信頼できると思われやすい人です。不運にも自然な表情が（たとえごくわずかでも）怒っているように見える顔立ちなら、信頼しにくいと見られているでしょう。

人間がこのような関連性を思い描いてしまうのは、かなりおかしな話に思われるかもしれません。そもそも、ある人の顔立ちが幸せそうに見える度合いとその人の信頼性とのあいだには、なんの共通点もないのですから。けれども、私たちは、相手の外見的な取っつきやすさを考慮して反応を決めているようなのです。もし相手が幸せそうなら、その人に対して安心感を覚え、信頼する気持ちが強まります。もし相手が怒っているようなら、警戒心が高まり、信頼しにくくなります。信頼ゲームを用いた研究によれば、「信頼する側」の役割を与えられた人たちは、たいていの場合、相手が信頼できそうな見た目をしていると送金額が多くなります。また、現実の世界でも、信頼できそうな顔をしている人たちのほうが、ピア・トゥー・ピア方式の融資サイトで申請が通りやすいということがわかっています。もっと重要な情報（クレジット支払い履歴、借金と収入の比率、収入の金額、雇用状態など）が容易に手に入るというのに、そうなるのです。[42]

怖いくらいの単純化に見えるとすれば、それは実際にそのとおりだからです。一般論として、人は処理しやすい手がかりを好みます。他者の真の動機や意図を突き止めるのは難しい、というよりほとんど不可能です。相手の見た目からその人物を手っ取り早く評価するほうがずっと簡単で、ずっと楽にできます。[43]誰かの顔を見て何を考えているのか推測するのは、毎日やっているわけですから。確かにほとんどの人は相手が嘘をついているかどうかに関する手がかりを見つけるのが非常に下手ですが、それでも手がかり探しをやめたりはしません。[44] また、私たちの信頼性評価が当てにならないという事実もここではやはり役に立ちません。信頼できそうに見える程度と実際に信頼できるかどうかとのあいだには、せいぜい弱い相関しかないはずですが、それでも私たちは見た目に基づいた推論をやめないのです。[45]

しかし、相手との付き合いが長くなるにつれて、私たちは別の直感的手がかりに頼って（たとえば、相手といるときにどんな気分になるか、など）、信頼性の判断を行うようになります。そしてどうやら感情的反応のほうが、顔立ちに基づいた初対面の印象よりも信頼性が高い指標のようです。このことを実証した非常に興味深い研究があります。その研究ではお互いに紹介されて間もない女性二人をペアにし、原爆投下後の広島と長崎の惨状を収めた映像を見て、それについて二人で話をするよう求めました。ただ、各ペアの片方は知らなかったのですが、もう片方の人は「あなたの感じている感情が相手にまったくわからないように振る舞ってください」という指示を受けていました。映像を見たあとの各ペアの会話を観察すると、二つのことがとてもはっきりしました。第一に、感情を出さないよう指示された人たちは過度の緊張状態に陥りました。つまり、血圧が高くなったのです。第二に、ペアのもう一方の人たちも血圧が上昇しました。これは感情を抑圧したためではなく、話している相手が何か隠しているのを直感的に読み取っていたためでした。信頼性の欠如を感じて身体が反応したというわけです。[46]

これは、受け手の立場からすると、メッセンジャーの言葉と感情のあらわれが噛み合っていない気がするというときに誰もが経験する「今、何かが変だぞ」という感覚です。そしてその感覚は、広島と長崎の映像を見たあとにお喋りをした女性たちがそうだったように、身体および神経に影響を及ぼします。別の研究では、研究参加者をPET（陽電子放出断層撮影）検査機に入れ、皮膚コンダクタンス測定器とつないだ状態で、俳優が一人称の物語を語る動画を見せました。話の内容は悲しいものと喜怒哀楽のないもののどちらかで、それらを語るときの表情は内容にふさわしい場合とふさわしくない場合がありました。その結果によれば、俳優の語る内容と表情が合っていないと、それを見た実験参加者は皮膚コンダクタンス反応が高まり、社会的葛藤の処理を行うと考えられている脳の部位の活性度が高まりました。別の言い方をすれば、参加者の脳と身体が「今、何かが変だぞ」と訴えたのです。[47]そしてどうやら、何かが変だという感覚は高精度の嘘発見器としては使えないかもしれませんが、日常生活を送るうえでは、おおむね頼りになるもののようです。[48]

欠点の利点

相手の顔立ちが、その人の信頼性について即座に下す判断に影響するように、当然、その人の話し方も（話す内容ではありません）、私たちの考えに影響を及ぼします。たとえば、誰かが自分の議論の欠点となりかねない点に受け手の注意を引いてから長所について話すと、私たちはその人が信頼できると考えやすくなります。メッセンジャーが「素晴らしい結果になりますよ」とか、「これはもう最高のアイデアです」とか「本当に野心的です」とか「これほどのことは誰にもできませんでした」と言わなかったために、私たちはそのメッセンジャーに気を許すのです。そして、専門家が不確実性を認めることで受け手の信頼を得る（六四ページ参照）のとまったく同じように、その人をますます信用するようになります。法廷に立つ弁護人が、相手側の弁護人から指摘されるより早く、主張の薄弱な部分を認めると、勝訴の見込みが高まります。選挙の候補者が対立候補の美点に触れてから演説を始めると、多くの場合で、信頼できると思う人の数が急増します。広告業者が製品やサービスのささいな欠点を指摘してから長所を強調すると、ときに売上げが大きく伸びます。これは受け手がすでにその欠点に気づいている（ために、言っても言わなくてもダメージは変わらない）場合には特に有効な手法です。[49] 同様に、「あなたに嘘はつきません。実は……」や「文句を言いたいわけではないんですけど……」あるいは「正直に言えば……」といったフレーズは、信頼レベルを上げるのに驚くほど効果的です。よく知られた話ですが、こうした「**非選好標識**†」は疑いや否定性の兆候を導入する手法の一つである一方、発言者の誠実さを強調するため、その人物の好感度や信頼性への認識はたもたれます。それどころか、場合によっては、メッセージに対する受け手の反応に良い影響を与えさえします。たとえば、同じ否定的なレビューであっても、こうしたフレーズが含まれていると、こうしたフ

† 正確には、「非選好反応の談話標識（マーカー）」。先行の談話に対して、期待に反する談話が発せられることを示す文頭のフレーズ。

レーズのないレビューほどには消費者の購買意欲を削ぎません。[50]

信頼を（再）構築する

メッセンジャーの信頼性に疑問符がついたときに、彼らの使える選択肢はいくつかあります。一つ目はドナルド・トランプが主に主要メディアの主張に対してよく使う戦術、全面否認です。トランプはよく「あなたが見ているものや読んでいるものは実際の出来事とは違う」と主張します。[51] しかしこれは危険な戦略です。もしそのあとで決定的な証拠が出てきて、嘘だと言っているほうが嘘をついていると証明されれば、信用失墜の角度はますます急になり、ダメージはいっそう大きくなります。

また、正当化や弁解という手もあります。社会学者のマービン・スコットとスタンフォード・ライマンによれば、正当化は、悪い結果の責任を認めつつも、その行為の非道徳性は認めないことで、たとえば、兵士が戦闘で敵を殺したときなどに用いられます。弁解は、行為の非道徳性を認めつつ、その責任は認めないことで、たとえば、民間人を殺した兵士が、ただ命令に従っただけだと主張するときに用いられます。[52]

そして最後に、謝罪という手もあります。一般的に謝罪は、損害を与えるような行為に対して責任があるときにメッセンジャーが取るべき、道徳的かつ賢明で適切な行為だと考えられています。謝罪は、間違った行為への批判的反応を和らげ、社会的なつながりや協力の再構築を助けます。そのため、たとえば、諸研究が明らかにしているように、顧客が何か不満を抱えた場合には、起こってしまった間違いに対する直接的な責任を認め、後悔の念を表明する企業のほうが、よそに責任を押しつけようとする企業よりも、許されやすくなります。もちろん、謝罪を行う個人や団体の負うリスクもあります。謝罪という行為そのものが有罪を認め裏付けているからです。度の過ぎた謝罪を行う人には、その率直さへの称賛と、起きてしまったことへの批判が同時に寄せられるかもしれません。[53] そうだとしても、謝罪は非常に強力な道具です。ただし、これを有効に用いるためには、三つの基本原則に従わなくてはなりません。第一に、速やかに行われなくてはなりません。第二に、誠実に行われなくてはなりません。そして第三に、自責の念と今後は変わるという態度表明が入っていなければなりません。[54]

謝罪が素早く行われれば、不確定性や怒り、いらだちを払拭しやすくなるのは、空港で何かトラブルがあったのに、なんの説明も聞こえてこないという場面に居合わせた人ならきっとわかるでしょう。ただ、状況に即した内容にする必要はあります。もし航空会社が早めに遅延情報を発し、謝罪を行い、十分に具体的な遅延理由を伝えれば（たとえば、機械系統の故障なら、どこが故障し、どんな修理が行われているのかの説明）、謝罪はおおむね受け入れられます。なんにでも使える出来合の謝罪では駄目です。とはいうものの、何が起きているのか完全に把握できていないときには、「暫定的な」謝罪だけでもしておいたほうが、何も言わないよりずっとよいでしょう（たとえば「みなさま、遅延の発生を心よりお詫び申し上げます。現在、原因はまだ完全には把握できておりませんが、一刻も早くみなさまがご出発になれるよう、また再発防止のためにも、調査に全力を挙げています」）。

ここでは、速やかな謝罪を行わなかった場合の事例研究として、二〇一四年のフェイスブック社のお粗末な対応を見てみましょう。その年、同社は七十万人近いユーザーのニュースフィードを一週間にわたって操作し、ユーザーが肯定的（あるいは否定的）なニュースばかりに触れた場合、それに合わせて投稿内容も肯定的（あるいは否定的）なものが増えるのかどうかを調べようとしました。結果は「感情伝染」という概念を支持していました。その後この研究は有名科学誌に掲載されました。しかし、フェイスブック社が顧客への理解を深めるのに有益だと信じていたこの研究は、すぐに広報上の大問題と化しました。一日に何度も利用し、それまで大きな信頼を寄せていたソーシャルメディア・プラットフォームに操られていたと知って、ユーザーたちが怒りの声をあげたのです。

ところが、フェイスブックのCEO、マーク・ザッカーバーグが、この問題について発言したのは、一週間近くもたってからでした。しかもそのときでさえ、問題の研究の「伝え方に問題があった」というおざなりなコメントを出しただけでした。さらに、入念に言葉を選びつつ、ユーザーが同意した利用規約（当時は九千語もありました）によって、フェイスブック社は「承諾を得ていることになる」という事実を指摘した声明文で同社の行為を正当化したのも藪蛇になりました。数カ月後、同社の別の広報担当者がまた「わが社はあのような反応が寄せられるとは思っていませんでした」そのため「対応に不十分なところがありました」というおざなりの声明を発表しました。目立って欠けていたのは「申し訳ありません」や「謝罪します」という文言でした。

この出来事がすぐに忘れられたのは、おそらくフェイスブック社にとって幸運でした。現代の世界は高速で動き続けています。しかし、この一件で示された大衆の抱える不安は、個人情報を扱う際の有益な教訓となってしかるべきでした。もちろん、「信頼を裏切ったときに対応をしないとどうなるか」ということの新たな教訓にも。しかし、忘却したのは世間だけではありませんでした。フェイスブック社も忘れてしまいました。四年足らずのうちに、そのことが同社に重くのしかかってきます。

二〇一八年、クリストファー・ワイリーという内部告発者が英国の新聞『オブザーバー』紙にケンブリッジ・アナリティカ社（英国を拠点とする政治コンサルタント会社。設立者は保守派の大富豪ロバート・マーサーと、ドナルド・トランプの重要な相談役スティーブ・バノン）がフェイスブックのユーザー五千万人から情報を収集していたと伝えました。[55] ワイリーの説明で、ユーザーたちがとりわけ苦痛を覚えたのは、フェイスブック社が、アンケート調査への協力を承諾したユーザーだけでなく、そのユーザーの友達や家族からのデータ収集もケンブリッジ・アナリティカ社に許していたという点でした。同社は洗練されたモデルを構築して、データの「研究目的」利用に同意した数十万人のユーザーから、彼らとつながったほかのフェイスブックユーザー数百万人分のデータを取得しました。データはその後、米国では政治家テッド・クルーズとドナルド・トランプに、英国ではブレグジット推進派に売却され、選挙や国民投票の結果に影響を与える企みに使われたと言われています。*

＊　トランプ陣営はこの主張を否定した（https://www.theguardian.com/technology/2017/oct/26/cambridge-analytica-used-data-from-facebook-and-politico-to-help-trump）。

「わたしたちはフェイスブックを利用して何百万人ものプロフィールを収集しました。そしてその人たちについてわかったことを利用するモデルや彼らの内なる悪魔を標的にするモデルをつくりました。そのモデルが企業全体の活動の土台でした」と、クリストファー・ライリーは『オブサーバー』紙に語りました。[56]

迅速な謝罪は誠実な謝罪です。一方、報道が出て五日もたってから、マーク・ザッカーバーグがやっとコメントを出したのは、どうやら後悔の念に駆られたのではなく、証拠の山と世間からの批判に追い詰められたためのようでした。「わが社には利用者のデータを保護する責任があり、もしそれができないなら、サービスを提供する資格がありません」とザッカーバーグは書きました。「目下何が起きたのかを正確に把握し、どのような再発防止策が有効かを検討しているところです。良いお知らせは、再発防止のため、すぐ行うべき非常に重要な対策のいくつかは、何年も前に実行済みであるということです。しかし私たちは間違いも犯しました。やるべきことはまだあります。私たちは向上する必要がありますし、必ず向上します」[*57]

またしても謝罪はありませんでした。そして、フェイスブック社がユーザーのデータを保護しなかったことに対する具体的な説明もほとんどありませんでした。かなり長いあいだ、同社はそれを「データ流出」と呼ぶことさえ拒み、そうする代わりにまたしても四年前に散々用いた「承諾を得ていることになる」という論法を選択しました。最終的にフェイスブック社には、透明性の欠如とユーザー情報保護義務違反に対して、五十万ポンドの罰金（法律が規定する罰金の最高限度額）が科せられました。「フェイスブック社はデータ保護法によって義務づけられている保護の提供を怠った」と、英情報コミッショナー機関のエリザベス・デンハム委員長は述べました。このときも幸運はフェイスブック社の味方でした。もしヨーロッパで新たに制定された一般データ保護規則が適用されていたら(二〇一八年四月より施行)、罰金はフェイスブック社の全世界収益の四%、つまり約十九億ドルになっていた可能性もあったのです。しかしそれほど高額な罰金でさえも、フェイスブックの評判についた傷の大きさに較べればものの数ではなかったでしょう。二〇一八年七月、フェイスブック社の株価は一八%下落しました。つまりおよそ一千百九十億ドル分の企業価値が失われたのです。[58]

これほどの下落を経験した企業は歴史を見てもほかには存在しません。

興味深い話ですが、同社の信頼性を揺るがしたスキャンダルのあと、フェイスブック社は「謝罪広告」とでも呼ぶしかないものに、巨額の投資を行っています。また、これも興味深い話ですが、その投資先のかなりの部分を、ソーシャルメディアの勃興により、最もダメージを受けてきた数々のメディアプラットフォームが占めていました。つまり、テレビ、印刷版の新聞、雑誌、屋外広告板、バ

＊　声明の発表を書面で行うという決定もまた興味深い。書面による声明は、勢いよく拡散されるかもしれないが、スピード面のメリットにはやはり対価が伴う。対価というのは人間味を失うことである。気持ちを的確にあらわすなら、口調や表情といった、誠実さを伝える合図を含んだスピーチのほうが簡単だ。しかしスピーチにも危険がある。特に話し手が神経質でぎこちない人物の場合は。そして、「神経質」も「ぎこちない」も、以前ザッカーバーグに貼られたことのあるレッテルなのだ。

スや列車の広告スペースです。アトランタからアムステルダム、ロンドンからロサンゼルス、サンクトペテルブルクからシドニーまで、メッセージは「フェイスブックは変わります」で統一されていました。

各地の広告はこう主張しました。「今後、フェイスブックはあなたの安全をたもち、あなたのプライバシーを保護するためにいっそう努力します」。

まあ、それはそう言うでしょうね。

人は変われるか

ペンシルベニア大学ウォートン校教授のモーリス・シュヴァイツァーは、コロンビア大学のアダム・ガリンスキー、ハーバード大学経営大学院のアリソン・ウッド・ブルックスとともに、効果的な謝罪に共通する最も重要な特徴は、**変化へのコミットメント**の表明であると主張しています。「謝罪によって『それまでの自分』からの距離が生まれる」と彼らは書いています。「そして、同じ過ちを繰り返さない『新しい自分』がうち立てられる」[59]。そのような約束にはとても強い力と説得力が備わります。しかし人間は変われると本当に信じてもよいものでしょうか。

シュヴァイツァーらの研究グループが実施した大変面白い研究によれば、この点を大きく左右するのは、謝罪が行われ、変わるという約束がなされる前の受け手の心的態度（マインドセット）です。

シュヴァイツァーたちは、ある信頼ゲームを用意しました。そのゲームでは参加者が収益増を期待して投資家役にお金を渡します。しかしすぐに、相手が信用できない人物だと判明します。第一ラウンドが終わったときにお金はまったく戻ってこなかったのです。第二ラウンドも同じでした。当然ながら、信頼は急速に低下しました。第二ラウンドが終わったあと、もう一度九ドルの現金を相手に渡すリスクを冒そうという人は六％しかいませんでした。

しかし第三ラウンドが終わったあと、彼らに投資家役から「申し訳ない。あなたに損な取引をさせてしまった。態度を改めます。今後は返す金額に九ドルを上乗せします」というメッセージが届きました。その後、約束どおり、相手から十分な金額が返ってくるようになると、信頼は回復し始めました。しかし面白かったのは、参加者全員の信頼が同じだけ回復したわけではなかったところです。信頼ゲームが始まる前、参加者のあるグループは、「人間の性格は岩みたいなものなので変わらない」という記事を読んでいました。別のグループも人間の行動に関する記事を読んでいましたが、その記事には「人間の性格は決まっているわけではなく、新しい決断や経験をするたびに少しずつ変わっていく」と書いてありました。「性格は岩みたいなもの」という記事を読んでいた人たちで、ゲームの最終ラウンドにお金を渡したのは三八％だけでした。一方、「性格は変わる」という記事を読んでいた人たちでは五三％が、それまで信頼を裏切ってきたメッセンジャーを自発的に信頼しました。[60]

人間は変われるのでしょうか。答えはイエスです。ただし、人は変われるという考えを受け入れる気持ちが裏切られた側にあるなら、という条件がつきます。性格は変わらないと信じているなら、相手にチャンスを与える見込みは低くなります。

もちろん、非常に極端な信頼崩壊があった場合には、謝罪だけでは不十分です（たとえ謝罪が変化へのコミットメントをしっかり伴っていたとしてもです）。残された手段は人間が関係を築いていくやり方で信頼を再構築することだけです。つまり、ゆっくりと透明性のあるやり方で。

その最も励みになる例の一つは、ブラジルとアルゼンチンが、核兵器を巡って敵対していた時期である一九七〇年代の終わりから八〇年代に、南アメリカ地域全体の安全保障関係に回復不能なダメージが生じると考えていました。また、そうなれば、ブラジルが「自国の安全を強化し、国際社会での威信を取り戻す」ために、核兵器開発能力の獲得を模索するかもしれないとも推測していました。ブラジルとアルゼンチンの関係は元々良好とは言えませんでした。核という要素はそれをいっそう悪化させたのです。

しかし両国首脳（ブラジルのジョゼ・サルネイとアルゼンチンのラウル・アルフォンシン）はなんとか状況を好転させました。「私たちは両国のあいだに信頼関係を樹立しました」とサルネイは二〇一五年に言っています。「今イランとのあいだに起こっている大きな困難を私たちは目撃していますが、あれと同じことがここ南アメリカで起きたのです。しかも国際社会の調停はありませんでした」。ゆっくりと、慎重に、両国は警戒を解くための小さなステップを一歩一歩進め、最終的に核開発の相互監視プログラムを取りまとめました。それにより透明性が高まり、両国間のより密接な協力関係が生まれたのです。[61]

同時に、両国首脳は個人的な関係の強化にも努めました。アルフォンシンが初めてサルネイに会ったとき、彼はイタイプ・ダムを訪問したいと述べました（そこは、それまで十年近く、水資源をめぐる両国の紛争の中心地でした）。サルネイは黙って受け入れました。それから、アルフォンシンはそのお礼としてサルネイをアルゼンチンのピルカニジェウにある原子力施設に招待しました。お互いへの信頼を示す両者の行動こそが、新たな互恵的精神の到来を告げたのです。この危機を扱ったすばらしい論文で、キングス・カレッジ・ロンドン戦争学部の客員研究員フランチェスカ・グラネッリが示しているように、両首脳は透明性を持った「信頼と安全を築く措置」（両国軍の軍事交流、科学および技術分野の交流、そして原子力政策に関する共同委員会の形成など）を先導するという個人的なコミットメントを引き受けたのです。南アメリカの二国間の緊張が非常に高まっていたという事実も、二人に幸いしました。どちらも弱さを感じ、その弱さをさらす覚悟ができていました。そしてそうしたからこそ、真の持続可能な信頼を生み出せたのです。その後の厳しい状況にも耐えられるだけの強い信頼を。

8

カリスマ性
長期的展望、闊達さ、そして人を引き付ける力の秘密

ジョン・マークスは現在九十四歳で大変なカリスマ性の持ち主です。バー経営者のユダヤ人家庭に生まれ、ロンドン郊外の屈強でよく働きよく飲む客を相手にバーを営む父親と、家を切りまわす母親、ローズの姿を見て育ちました。家は騒がしくも居心地の良い場所で、愛に満ちていました。中にはたくさんの人が、外にはたくさんの家畜がいました。犬、ガチョウ、ニワトリ、ウサギ、さらには奇妙なヤギまでもが歩き回る庭はいつも、ぼろを着た、ときには靴も履いていないような地元の子どもたちの遊び場でもあり、ジョンの両親はよく、彼らを夕食に招いたものでした。彼らにとってはおそらく、その週で一番のごちそうだったことでしょう。[1]

第二次世界大戦のあいだ、若きジョン・マークスの教育は中断されました。ロンドン一帯に甚大な被害をもたらしていたドイツ軍の空襲から子どもたちを守るため、田舎への集団疎開が実施されたからです。けれども、のちの反抗的な性格の萌芽が見られる話ですが、マークスは田舎の学校から逃げ

だし、ロンドンの両親のもとに戻ってしまいました。やがて、おそらくは子ども時代に両親が他者に愛情を注ぎ世話をする姿を何度も見ていたのが動機となって、医学の道へと進みます。医師免許取得は（いかにも彼にふさわしく）一九四八年七月五日、英国の革命的な（そして無料の）新国民健康保険サービスが誕生したのと同じ日でした。そして、親ゆずりのこの世話好きな性質が、権力や権威に対する生来の健全な反抗心とあいまったからこそ、彼の四十年に及ぶ職業人生はあれほど実り多く、活動的で傑出したものになったのかもしれません。

マークスは英国家庭医学会の設立メンバーの一人で、英国が中絶の合法性を堅持するのに大きな役割を果たしました。また、シートベルト着用キャンペーンを行い、それによって数百、いやひょっとしたら数千の人の命を救いました。世界中でＨＩＶへの恐怖がパニックと集団ヒステリーを引き起こしていたときに、エイズ患者のプライバシーを尊重するよう訴えました。一九八四年には、英国医師会（ＢＭＡ）の会長に就任し、その後、ＢＭＡは「頑迷《bigoted》、死に体《moribund》、無気力《apathetic》」の略だと発言したチャールズ皇太子とことあるごとに衝突しました。医療改革と医療提供分野へのインターナルマーケット†の導入について、政府に異を唱える反抗的立場を取っていなければ、きっと今頃は貴族の称号を与えられ、サー・ジョン・マークスになっていたでしょう。

また彼は、本書著者の一人、ジョセフ・マークスの祖父でもあります。

† 国家医療制度下で医療費運用の自由度が高められた医療制度。

孫のマークスが祖父のマークスに執筆中の本（現代のメッセンジャーに関する本）について話したとき、祖父のマークスは当然、誇らしさと興味の両方を覚えてくれました。「カリスマ性に一章を割くだって？」とカリスマ性に富む九十代の老人は言いました。「そりゃ、おまえ、やっても仕方ないぞ！カリスマ性に気づくのは簡単だ。でも定義なんてできっこない」。そして、祖父の言うとおりなのです。あるメッセンジャーにカリスマ性が備わっている理由を正確に指摘するのは大変困難です。人がカリスマ性について語るとき、使われるのはたいてい、それ自体が定義を必要とするような曖昧な抽象概念です。たとえば、ある本ではカリスマ性をこう定義しています。「忠誠心を引き起こす、逆らいがたい外見および内面的魅力」。こんなものを読んでも、逆らいがたい外見および内面的魅力とはどんなものだろうと思うばかりです。ローザンヌ大学で組織行動を研究しているジョン・アントナキスが二〇一六年に論じたように、カリスマ性は依然として「曖昧で定量化できない才能」のままです[2]。しかし、だからといって、それが存在しないわけではありません。ジョン・マークスが言うように、カリスマ性に気づくのは簡単なのですから。ほとんどの人のカリスマ性に対する見解は、米国の最高裁判所判事ポッター・スチュワートがハードコア・ポルノについて述べた有名な見解と同じでしょう。つまり「見ればわかる」[3]。あるメッセンジャーのカリスマ性について、人々の意見はおおむね一致します。実際、パーソナリティに関するアンケート調査で自分のカリスマ性を高く評価する人は、ほかの人からもそう見られている傾向があります[4]。「見ればわかる」のです。

カリスマ性はたいてい、言語学的な結合双生児のように、リーダーシップという言葉と結びつけられます。カリスマ性があるという認識を生みだす謎めいた性質の数々は、しばしば、ある指導者に人々の耳を傾けさせ、その人物に従わせる特徴でもあるからです。そのため、私たちはカリスマという用語を性質そのものとして分析するのではなく、特定の人物と結びつける傾向があります。「カリスマ的」と言うとき、私たちはダイアナ元妃やオプラ・ウィンフリー、バラク・オバマ、マハトマ・ガンジーを思い浮かべます（ときにはアドルフ・ヒトラーが思い浮かぶことさえあります）。そのため、驚きはありませんが、一般の人にも学者の世界にもカリスマ性への関心が広く見られるというのに、それについて調査を行う人々は研究範囲をリーダーシップという分野にほぼ限定しています。実際、カリスマ性を学問的に研究した草分けの一人、ドイツの哲学者マックス・ウェーバーは、リーダーシップにおけるカリスマ性の欠かせない役割について、はっきりと述べています。[5]

「カリスマ」という単語は個人に備わったある性質にも適用される。その性質を備えた人物は並の人間ではないと考えられ、超自然的、超人的、あるいは少なくともまったく例外的な能力や性質に恵まれた人物として扱われる。そうした性質は常人の持てるようなものではなく、神に由来するもの、つまり手本とすべきものと見なされる。そしてこの性質に基づいて、それを備えた人物は「指導者」として扱われる。

非常に多くの現代リーダーシップ論がカリスマ性に多大な重要性を与え、カリスマ性を有する最高経営責任者が引っ張りだこで高額報酬を受け取っているのは、少しも不思議ではありません。二十五年近い年月をかけて収集されたデータのメタ分析が示すように、カリスマ性に富むリーダーは部下の業績をかつてないほど高める力を持つだけでなく、同時に彼らの精神により強い貢献の気持ちを植えつけることもできるのです。[6] 特に危機や大きな変革の時期にはそうです。3章で私たちは支配的なメッセンジャーがとりわけ強い影響力を持つのは紛争や不確実性のある時期だと説明しました。そうした時期には、カリスマ的なメッセンジャーも活躍します。他者を感電させる彼らの能力には強い説得効果が備わっています。[7] ウェーバーはこのつながりをほのめかし、カリスマ的なメッセンジャーはしばしば社会的変化や革命的変化の先頭に立つと述べました。そのような状況下で人々が求めるのは、彼らのアイデンティティと価値観のためにみんなを団結させる人物です。

ここにはいくばくかの自己選択があります。カリスマ性を連想させやすい性質（たとえば、目立ちたいという欲求や、大勢の前で自分の意見を表明したいという気持ち、慣習に従わない態度など）の持ち主には、リーダーの役割を求め、それを得ようとする傾向が強くあります。[8] しかしカリスマ性をリーダーシップとだけ結びつけるのは間違いでしょう。カリスマ性を持つ人はたくさんいます。それは友人、家族、さらには知らない人のなかにも見つかります。

カリスマ性の諸要素

カリスマ性を示す特徴はたくさんあります。少し例を挙げれば、自信、表現力、活力、将来に対する楽観主義、巧みなレトリック、躊躇《ちゅうちょ》なくリスクが取れる、現状に異議を唱える、そして創造性などです。しかし、カリスマ的人物がこうした特徴すべてを同じだけ持っているわけではないため（それどころか、場合によってはこうした特徴のいくつかをまったく持っていないこともあるため）、研究者がカリスマ性の主な特徴を指摘したり評価したりするのは、驚くほど難しいということがわかっています。それでも、カリスマ的と考えられやすい人物におおむね備わっている、はっきりとした特徴がいくつか存在します。

その一つは集団のアイデンティティとビジョンを言葉で表現する能力です。マーチン・ルーサー・キング・ジュニアは平等と思いやりと愛を奉じました。アドルフ・ヒトラーは一国の怒りを方向付けました。チャーチルは国が危機を跳ね返す力のシンボルとなりました。エバ・ペロン†は弱者の旗振り役でした。ほかの点で、彼らはそれぞれにまったく違っていましたが、全員が受け手グループの集団的アイデンティティを引き出す能力に長けていました。受け手の共有する歴史と変化の必要を思い出

† アルゼンチンの女優、大統領夫人。一九一九～一九五二。

させ、理想化された将来のビジョンを言葉で表現できたのです。全員がそれぞれのやり方で複雑さを単純化し、ときにほとんど二者択一にしてしまう才能の持ち主でした（内集団と外集団、味方と敵、英雄と悪役など）。その才能によって、彼らは支持者のあいだにつながりの感覚を呼び起こし、支持者は支持者同士のつながりだけでなく、集団の目標に対するつながりも育みました。そしてその目標のためなら自己利益すらも犠牲にしようと考えたのです。彼らはすっかり変わりました。そして、彼らを導くカリスマ的メッセンジャーは変化を引き起こす力を持っていると考えられました。[9]

また、そのような力のおかげで、彼らは出会った相手に畏怖の念を起こしもしました。畏怖というのも、カリスマ性と同じく、かなり曖昧な概念に思えますが、研究者たちによるとこれは、個人的自我が縮小し、つながりを求める気持ちの高まりが認められる心の状態です。そのため、ときとして畏怖の念は人々の倫理に関わる行動を変えます。心理学者のポール・ピフの研究では、畏怖の感情を経験したときのことを思い出させたり、ユーカリの高木が立ち並ぶ林のなかに立たせたりすると、そのあと、参加者たちには自分という感覚が弱まり、向社会的行動に従事したいという考えが強くなる傾向が見られました。[10] 別の言い方をするなら、畏怖の念は人々に自分をより大きなものの一部と見なすよう促すのです。カリスマ的指導者は熱狂的に支持されたり、英雄視されることさえあります。しかもこれは、その指導者が支持者の期待に添い続けるかどうかとは無関係です。

カリスマ的リーダーが、将来の理想世界のビジョンをうまく言葉で表現する手法はいくつもあります。そのなかでも特に強い力を持っているのが、アリストテレスの言う万人に欠かせない雄弁術の武器、メタファーです。メタファーに強い効果が備わっているのは、直接的なうえに、多くの場合、非常に視覚的だからです。メタファーは発信される内容の意味をほとんど変えずに象徴的意味を呼び起こし、感情反応を引き出します。たとえば、ビル・クリントンが一九九三年に行った就任演説で、季節のメタファーを用いて米国国民の注意を新しい始まりに向けさせたことを思い出してください。「同胞である米国人のみなさんは春をもたらしました。これからは私たちがこの季節の求める任務を遂行しなければなりません」[11]。あるいはジョン・F・ケネディが一九六〇年代の宇宙開発競争を取り上げた演説でキーフレーズとして用いたメタファーを思い出してください。「この国は宇宙という壁の向こうへキャップを放ったのです……」[12]。メタファーは特に独創的でなくてもかまいません。必要なのは直接的で感情に訴えるということだけです。そして、それゆえに効果的だったのが、英国の国会議員エノク・パウエルが一九六八年に行った「血の川」演説でした。彼はウェルギリウスの叙事詩『アエネーイス』から剽窃したフレーズを用いて、移民の大量流入への警戒を呼びかけました。「将来に目を向けると、胸騒ぎがして仕方ありません。かのローマ人(ウェルギリウス)のように、私には『おびただしい血に泡立つティベリス川』が見える気がするのです」[13]。

メタファーの使用と、認識されるカリスマ性の強さとの相関を示す統計的証拠があります。カリフォルニア州立工科大学のジェフリー・スコット・ミオ心理学教授は、過去の米国大統領たちのメタファー使用を綿密に研究し、シモントンのカリスマ性ランキング*で上位を占めた人たちがみな、その就任演説で大量のメタファーを用いていたことを発見しました[14]。たとえば、ジョン・F・ケネディ、フランクリン・D・ルーズベルト、リンドン・ジョンソン、ロナルド・レーガンは一期目の就任演説で平均二十個のメタファーを用いました（どの人もカリスマ性ランキングの上位二五％以内にランクされた大統領です）。対照的に、グロバー・クリーブランド、ラザフォード・B・ヘイズ、ジェームズ・モンロー、ウィリアム・タフトは、平均でたったの三つしかメタファーを用いていませんでした（全員がカリスマ性ランキングでは下位二五％以内でした）。また、スコット・ミオは、シモントンがカリスマ性を低く評価した大統領たちの多くは再選されず、一期だけで大統領の座を離れたとも述べています。シモントンが最もカリスマ性を評価した大統領はフランクリン・デラノ・ルーズベルトです。その就任演説はたったの三分三十八秒しかありませんでしたが、二十一個ものメタファーが用いられました（つまり十秒につき一つ使われた計算です）。そしてルーズベルトは、大統領を四期務めました。

メタファーは直接的で、しばしば感情的な反応を引き出しますが、それと同じ効果を持つのが物語や逸話です。物語の長所はそれだけではありません。物語は体験、背景、困難などが共通しているという考えを引き起こすため、話をする人と聞く人とのあいだに個人的な絆が生まれやすくもなります。ロンドン市長選のあいだ、候補者のサディク・カーンが重視したのは、自分がパキスタン人移民家庭に生まれた八人兄弟の一人だという事実でした。演説では繰り返し「父はバスの運転手で母は縫製工場で働いていました」と述べました。[15] この戦略が勝利を呼んだのです。企業も自社の神話に等しい物語を紡ぎます（たとえば、アップル社のスティーブ・ジョブズとスティーブ・ウォズニアックが大学をドロップアウトし、カリフォルニア州ロスアルトスにあるジョブズの実家のガレージで初期の試作機を組み立てたという話のような）。こうしたバックストーリーを聞くとその受け手は（消費者であれ、有権者であれ）そのメッセンジャーの特徴に自分を重ねやすくなります。

どんなタイプのバックストーリーが人々から最も良い反応を引き出すかは、受け手の求めるものがステータスなのか、つながりなのかで変わります。人々が共感やつながりを覚えるつもりになっているときなら、弱者の物語を持つ人や企業が好まれます（たとえば、裸一貫から身を起こした政治家や、近くの大手チェーン店相手に苦しい闘いを強いられている個人経営の小さなコーヒーショップ）。一方、誇らしい気分でいるときには、一流の、よく知られた、あるいは立派な経歴を持つ、ステータスの高い人物やブランドを好む気持ちが強くなります。メッセンジャーがお金持ちだったり、支配的だったり有能だったり、容姿に恵まれていたりすると引け目を感じてしまうタイプの人が特に応援したくなるのは、感動的なバックストーリーを持った弱者です。その一方で、ステータスのある人々が好みやすいのは、勝ちそうな人です。[16]

＊ ディーン・キース・シモントン（カリフォルニア大学デービス校心理学教授）は、米国大統領について五つの重要な観点から検討を加えた。五つとは、対人関係能力、カリスマ性、熟慮性、創造性、そして神経過敏性である。

闊達さ

カリスマ性とよく結びつけられる性質の二つ目は闊達さです。この気質の典型的な特徴は、肯定的態度、旺盛な活力、有益な経験を強く求めることです。闊達さのある人々は楽観的で社交的で話しやすいと見られます。ほとんどの心理学者は、人間の性格が五つの主要因子（勤勉性、協調性、情緒安定性、経験への開放性、外向性）で記述できるという考えを認めていますが、闊達さは五つ目の主要因子、つまり外向性と密接に結びついています。[17]

闊達さと感情表現は密接に関連しています。カリスマ的メッセンジャーは多くの場合、感情表現に長け、受け手を特定の感情に（それはマーチン・ルーサー・キングが訴えたような肯定的なものもあれば、ヒトラーが訴えたような否定的なものもあります）うまく引き入れます。闊達さが肯定的感情と結びつくと、受け手が注意を向ける見込みも協力する見込みも高まります。さらに感情には伝染性があるので、人から人へと広がります。[18] 簡単に言い直すと、メッセンジャーの感情表現が豊かになればなるほど、受け手はメッセンジャーの熱意を「キャッチ」しやすくなるのです。

心理学者のウィリアム・ドハティは感情伝染尺度を開発し、他者からの感情をキャッチするという人間の傾向を測定しています。[19] 彼によれば、最も感情伝染を起こしやすいのは、感情の表出を読み取るのに長けた人たちです。そうした人たちは他者にしっかりと注意を払っており、自分を他者から独立した存在ではなく、互いに結びついた存在だと考えています。闊達さはとりわけそうした性質に強く訴えます。また、模倣も（やはりドハティの感情伝染尺度で重視される特色です）闊達さの重要な特徴の一つです。そしておそらくはそのせいもあって、カリスマ的メッセンジャーにとって非常に重要なのがボディーランゲージです。嘘偽りのない笑み、アイコンタクトの増加、魅力的な身振り、こういったものすべてが（巧みに使われた香辛料がおいしいカレーを生み出すのとほとんど同じように）カリスマ性を持つ人物のメッセージを増幅します。[20]

それを見事に実証した驚くべき研究があります。その研究では、演説をしている人の映像から音声を消去し、人物自体を棒状のアニメーションに変更しました。そうしてできあがった映像を（もちろん、言語的な手がかりも顔の表情もすっかりなくなっています）実験参加者に見せ、棒状のキャラクターと化した人物のいくつかの特質について評価させました。評価項目には信頼性、支配力《ドミナンス》、有能性のほか、心理学の主要五因子パーソナリティ特性、つまり勤勉性、協調性、情緒安定性、経験への開放性、外向性も含まれていました。発見されたのは、はっきりとしたパターンでした。活力、熱意、表現力（すなわち闊達さ）があると見なされたキャラクターは全般的に、手を動かす回数がずば抜けており、ほとんど動きを止めなかったのです。

さらに、棒状になった人物の身体の動きだけを見たあとで性格評価を行った実験参加者たちは、もともとの演説がどれくらいの拍手を起こしたかも言い当てていました。これは演説をする人が活力にあふれ、感情を豊かに伝えるような身振りによって闊達に見えるなら拍手喝采を受ける見込みが高いと参加者たちが（正しく）考えたためでした。[21] どうやら手の動きというのは、ある種の「第二言語」として働いているようです。それは受け手に手がかりや特質を伝える派生言語を形成し、受け手はそれをもとにしてメッセンジャーの闊達さを判断します。こうした手の動きはメッセンジャーの隠された感情を文字どおり発信し、彼らが問題や状況を本当はどう感じているのかを伝えます。そして、メッセンジャーが受け手の注意を引き、耳を傾けさせ、最終的に相手の行動を引き起こせるかどうかを大きく左右します。

もしこの棒状のキャラクターを使った研究が少々理屈っぽく思えるというのでしたら、インターネットコンテンツ『TEDトーク』から得られる証拠を用いて、この大まかな傾向を裏付けてみましょう。例として取りあげるのは、リーダーシップに関する二つの講演です。一つ目はフィールズ・ウィカー・ミウリン（元ロンドン証券取引所事業戦略ディレクター、現在は国際的なソーシャル・エンタープライズ、リーダーズ・クエストの代表）が、三人の驚くべきリーダー（アマゾンのある部族の長《おさ》、インドのNGOの責任者、中国南西部の地方博物館の館長）について語ったものです。これは素晴らしい講演です。論旨が明確で、しっかりとした証拠があり、興味深い人物たちが登場します。そして、経営大学院の、独自モデルや綺麗なグラフをたくさん載せたMBAシラバスでは、これまでほとんど取りあげられてこなかった人々や場所から、リーダーシップについての重要な教訓を学ぶことができることを説得的に示しています。[22]

二つ目は、作家で組織コンサルタントのサイモン・シネックの講演です。彼もリーダー（個人と組織の両方）について、そしてそうした人や企業がどうやって他者の行動を促しているかについて話しています。ウィカー・ミウリンの講演同様、シネックの講演も素晴らしいものです。論旨が明確で、しっかりとした証拠があり、やはり興味深い人物（マーチン・ルーサー・キングやライト兄弟など）が登場します。[23]

しかし二つの講演は受け手の広がりという点で大きく異なっています。この原稿を執筆している時点で、ウィカー・ミウリンの講演の視聴回数は百万回を少し超えた程度ですが、シネックの講演は四千三百万回以上になっています。講演時間（十八分）も取りあげているトピックも同じだというのに、どうしてこれほどの差がついたのでしょうか。もちろん関係している要因はたくさんあるでしょうが、それでも、シネックのほうがたくさん手を動かしているということが、彼の講演の人気に重要な役割を果たしているという結論は受け入れざるを得ません。

作家でボディーランゲージ・トレーナーでもあるヴァネッサ・ヴァン・エドワーズは何百本ものTEDトークの講演を分析し、どうしておおむね同じ主題を扱い、内容的にも魅力の点でも、ほとんど差のないメッセージを発しているというのに、ある講演は驚くほど反響を呼び、別の講演はまったく話題にならないのかを突き止めようとしました。[24]そしてこのヴァン・エドワーズこそ、リーダーシップに関するサイモン・シネックの講演が、フィールズ・ウィカー・ミウリンの講演の四十倍もの人を

† 社会問題の解決を目的として収益事業に取り組む事業体のこと。

引きつけた理由を説明するのに役立つ研究を立案した人物でした。彼女は、オンライン調査チームへの参加者をクラウド・ソーシングで集め、たくさんのＴＥＤトークにあらわれる言語的および非言語的パターンを分析しました。その結果、ある興味深い傾向が特定されたのです。ＴＥＤトークのウェブサイトでトップクラスの人気を誇る講演者たちは、ほかの講演者たちの二倍近くも手を動かしていました。通常の講演時間十八分のあいだに手を動かした回数の平均はトップクラスで四百六十五回、それ以外では二百七十二回でした。講演者は話に手ぶりを交えれば交えるほど、温かみと活力があると見なされます。また、身ぶり手ぶりの回数から、講演者のカリスマ性を視聴者がどう判定するか予想できます。動きに乏しく堅苦しいと、冷たく分析的だと見なされやすくなります。

もちろん、人生においては何事もそんなに単純ではありません。いつだってやり過ぎは逆効果になります。二〇一六年の大統領予備選挙で、共和党系州知事のジョン・ケーシックは、その攻撃的で、あまりにも頻繁な「ニンジャの手ぶり」[†]がもの笑いの種になりました。忘れられないのは、彼が外交政策を論じている際に、ハエを叩くような手ぶりをしながら、ふざけた声で、米国は「ロシアの鼻面に一発かましてやる」べきだと叫んだことです。[25] 対立を煽っているように見えたのは間違いありません。しかしカリスマ的かといえば、答えはほぼ間違いなくノーです。

シンキング・ファスト&フロー

たとえば研究者がカリスマ性を顕微鏡に乗せ、その主要成分を特定しようとしたとすると、どうしても知性との結びつきを探そうとしがちになります。そうなるのは無理もありません。私たちはカリスマ性とリーダーシップを結びつけます。そしてリーダーは知的だと考えています。ゆえに、カリスマ性の備わった人々には高い知性が備わっていると考えるのです。

しかし諸研究によると実は、メッセンジャーのカリスマ性と全般的な知性との相関はあってもごくわずかにすぎません。[26] 少し考えるだけで、知性は平均的でもカリスマ性に満ち満ちた人物は大勢思い浮かびますし、カリスマ性は皆無でも非常に賢い人物なら、さらにたくさん思い浮かびます。賢い人物はカリスマ性に富んだ（受け手がメッセージの内容とより強く結びつく）やり方でメッセージを伝える術を知っているはずだというのは、一見もっともそうに思われるかもしれませんが、カリスマ的な人物に備わっているのは直感的な能力であり、彼らと近いのは、合理的でしっかりと検討された思考から何かを生み出す人よりも、むしろサッカーボールを蹴るのが上手な人たちなのです。

アルベルト・アインシュタインを例に考えてみましょう。この現代理論物理学の父なら、誰の「知

† 手刀を振るような手ぶり。

的人物」リストにもきっと登録されているでしょう。しかし彼は大勢への発信に長けた人物ではありませんでした。というか、人並みにも届かないレベルでした。実際、彼の講義は退屈の代名詞でした。ベルン大学で熱力学を教えたとき（有名な $E = mc^2$ という方程式を発表してすぐの頃です）、受講者は数えるほどしか集まりませんでした。しかも全員、アインシュタインの親しい友人だったのです。次の学期に大学は講座の打ち切りを決めました。チューリッヒ工科大学教員職に応募し無事採用されたのは、ある友人がアインシュタインは「話がとてもうまい」わけではないけれども、そのポストに値するだけの知性を持っていると学長に請け合ってくれたおかげでした。「（アインシュタインの）講義はまとまりがないと見られがちだった」と、彼の伝記を書いたウォルター・アイザックソンは述べています。アイザックソンによれば、アインシュタインは学生のやる気を少しも引き出せない教師でした。

高い知性を持ちながら発信能力に欠けていた人物はアインシュタインだけではありません。ペンシルベニア大学ウォートン校の組織心理学者アダム・グラントは鋭くこう指摘しています。「自分でできない人間が教える側にまわるとよく言われるが、むしろ何かを最も上手くやれる人は、おうおうにして教師としては最悪だと言うほうが現実に即している」[27]。皮肉な話ですが、最も優秀で最もカリスマ性を備えた教師というのは、多くの場合、学問的研究を通じて名声を獲得した教授ではなく、実績の乏しい若手研究者で伝え方を知っている人々です[28]。「大事なのは、その人が何を知っているかということだけではない。大事なのは、その人がどれくらい新しい知識を、どれくらいわかりやすく学んだか、そしてそれを、どれくらい明確に、どれくらいの熱意をもって伝えるかだ」というのがグラントの考えです。

ただ、だからと言って、知性とカリスマ性の両方と結びつく特徴が存在しないわけではありません。多くのカリスマ的人物が持っている才能の一つに、情報を迅速に、よどみなく処理する能力があります。彼らは頭の回転が速いので、状況判断を即座に行い、その判断に合わせて自分の行動を微調整できるのです。そのような素早い思考のおかげで、彼らはもっとずっと賢い人々が陥りがちな、いらだたしい決断不能状態を回避できます。また、この才能のおかげで多彩な返答ができ（多くは気の利いた即興コメント、独特の言い回しによる考えの表明、面白おかしい一行ジョークという形を取ります）、そうした才能に乏しい私たちに「あんなふうに考えられたらいいのに」という羨望の気持ちを起こさせます。頭の回転の速さは社交スキルを促進します。そのため、頭の回転が速い人は口が達者です。[29]

こうした機転が利き、魅力的な人よりも、もっとゆっくりと深く物事を考えるメッセンジャーのほうがずっと叡知《えいち》に富んでいるということもあります。物知りな質問者から簡単に答えられない質問をされて窮地に陥り（たとえば、「アインシュタインの相対性理論を説明してほしい」など）、機転自慢の魅力的なメッセンジャーのメッキが剝がれるということもあります。

カリスマ性のハード面とソフト面

カリスマ性の基礎をなすとされる特徴が多岐にわたることと、カリスマ性を結果によって定義しようとする傾向とが、カリスマ性の正体を厳密に説明する明確な理論的枠組の構築を難しくしています。少なくとも最近まではそうでした。しかし、コンスタンティン・ツハイ博士の論文は、ある基本パターンを示唆しています。ツハイの研究が指摘するのは、カリスマ性が二つの要因の組み合わせからなるということであり、それらの要因は本書で説明している二つのメッセンジャー効果と重なっています[30]（ハード型メッセンジャー効果の「支配力《ドミナンス》」と、ソフト型メッセンジャー効果の「温かみ」）。ツハイによれば、カリスマ性を備えたメッセンジャーは自己主張を行い、集団を導き、存在感を発揮しますが（支配力《ドミナンス》）、同時にほかの人と仲よくやったり、受け手をリラックスさせ、好感を伝えもします（温かみ）。要するに、カリスマ的メッセンジャーは注意を引きつけ、話を聞かせるだけの支配力《ドミナンス》を持ちつつも、攻撃的だとか横柄だと思われるほど支配的ではない、ということです。強制によって従わせるのではなく、魅力によって支配するのです。ツハイのアンケート調査を使えば（支配力《ドミナンス》と温かみの評価からカリスマ性を測るように設計されたものです）、あるメッセンジャーがカリスマ性と説得力を備えていると見られるかどうかを高い確率で言い当てることができます。たとえば、メッセンジャーがほかの発電方式（ガスやオイルなど）よりも風力発電を支持する説得力のある（もしくはあまりない）主張を行った場合、ツハイの総合的カリスマ性測定尺度で高得点を出していた人々は、メッセージの内容自体や風力発電の支持理由がしっかりしているかどうかと無関係に、受け手に強い説得力を感じさせました。つまり、受け手は主張の説得力に注目しようとはしたものの、彼らをより納得させたのは、メッセージをカリスマ性のあるやり方で表現した人の言葉だった、というわけです。

もちろん、歴史上のカリスマ的人物たちがみな、温かみを示したわけではありません。一例として、ヒトラーが思い浮かびます。しかしだからといって、カリスマ性に必要とされる性質の組み合わさり方に関するツハイの重要な洞察の妥当性は変わりません。ヒトラーは、たいていの人がそう理解しているように、温かみに欠けていたかもしれませんが、つながりの感覚を効果的に与えることはできました。ローレンス・リースのドキュメンタリー『ダーク・カリスマ・オブ・アドルフ・ヒトラー』では、ヒトラーを見たときに突然感じた絆について、ユッタ・リュディガーがこう説明しています。「私自身はこう感じました。この人は自らの私利私欲なんてまったく問題にせず、ただひたすら、ドイツ民族の利益だけを考えている」。一九二〇年に酒場でヒトラーの演説を聞いたハンス・フランクはこう言っています。「彼はその場にいた誰もが思っていたことを言葉にした」。そして一九二〇年代にヒトラーの演説を聞いたエミール・クラインによれば、「ヒトラーは強烈なカリスマ性を放っていたので、人々は彼の言うことならなんでも信じた」のです。

通常、支配力《ドミナンス》と温かみは両立しないと考えられています。競争心旺盛で対決を辞さない人物は、温かみがあって親切で優しくもあるとは思われません。同様に、温かみのある人はあまりにも簡単に与《くみ》しやすい相手だと見られてしまう場合があります。しかしカリスマ的人物はこの二つの性質を両立させられるのです。ほとんどの場合、彼らは強い個人的つながりの感覚を利用して、支配的なメッセンジャーの特質である攻撃性と怒りを避けるか、そうできないときであっても、それらを「外集団」に向けさせます。このような形でハード型とソフト型のメッセンジャー効果を組み合わせれば、実に強力な武器となります。

カリスマ性は学んで身につくか

カリスマ性は、知性とほとんど同じように、一つの才能です。複雑な数学の問題を解く能力を生まれつき備えた人がほとんどいないのと同じく、感情を豊かに乗せて、人を引きつけるような、力強い語りでメッセージを伝える才能を持っているのは、運に恵まれた一握りの人だけです。とはいえ、誰であっても、カリスマ的メッセンジャーからいくつかのテクニックは学べます。たとえば、適切なメタファーを使い、手の動きや表情といった非言語的合図を用いて、共感や共同体意識を引き出そうと努めることで、聴衆に語りかけるやり方を改善できます。科学者たちがカリスマ性の有効な定義について意見を一致させるうえで指導的役割を果たしたジョン・アントナキス*は、カリスマ性養成トレーニングの科学的研究のパイオニアとして、そうしたトレーニング手法が実際に開発可能であることを発見した人物でもあります。[31]

本書冒頭（xv～xviページ参照）で引用した研究を思い出してください。支配力《ドミナンス》と温かみ（カリスマ性の二大要素）の合図を示す教師は生徒に好印象を与え、実験参加者から好評価を受けました。また、学期末には、生徒たちからも良い先生であると評価されました。[32]もしアインシュタインが熱力学の講義を受けもつ前に、ジョン・アントナキスのカリスマ性養成トレーニングを受けられていたら、何が起きたかを想像してみてください。講座が取りやめになる代わりに、もっとたくさんの学生がその後の講義に出席することになったかもしれません。そして、そうして燃えあがった熱意が教師から教師へ、大学から大学へ、学校から学校へと受け継がれていれば、もっと多くの今の子どもたちが「将来何になりたい？」という質問に、英国の調査に寄せられた実際の回答（「お金持ち」「有名人」「お金持ちの有名人」）ではなく、「科学者」と答えたのではないでしょうか。

本書も終わりが近くなってきたので、少し時間を取って、ここまで論じてきた内容をまとめてみましょう。第I部で扱ったのは、社会のハード型メッセンジャーでした。つまり、社会経済的地位、有能さ、支配力《ドミナンス》、外見的魅力によってステータスを獲得している人々です。第II部で扱ったのは、つながりを原動力とする特徴（認識された温かみ、弱さ、信頼性、カリスマ性）を体現するソフト型メッセンジャーです。生活のほぼすべての面で（どんな価値観を持つか、何を選ぶか、どのような政治的

＊ アントナキスはカリスマ性を「価値観に裏打ちされ象徴的で感情に彩られた、指導者にふさわしいシグナリング」と定義する。

見解に従うか、何を真実と信じ、何をフェイク、あるいは無関係と断じるか、どんな態度を選択するか、どの集団に属し、どの集団を拒絶するか、など)、私たちは受け取ったメッセージの内容からだけでなく、そのメッセージの送り手からも影響を受けている、というのが本書の主張です。メッセンジャーは社会という基本構造そのものにも、そのなかにある私たちの居場所にも欠かせない存在です。彼らは、私たちが何を考え、何を信じるかということにだけでなく、究極的には、私たちが何者であるか、私たちが何者になるかということにも信じられないほど強い影響力を発揮します。それでは、ここまでに取りあげたメッセンジャーの特質のうち、どれが私たちに最も強い影響を与えるのでしょう。どの特質が、耳を貸す相手や信じる相手を決めるときに、最も重要になるのでしょう。複数のメッセンジャー効果のあいだではどのような相互作用が起きているのでしょう。そして、これらの強力な効果が引き起こしかねない結果をより意識し、理解するためには何ができるのでしょう。

ここからはその点について考えていきます。

まとめ――耳を傾ける……信じる……なる

一九八一年、英国内務省は『民間防衛――なぜ必要か』というブックレットを発行し、核攻撃を受ける可能性に備える必要を訴えました。そして、議会でこの問題が論じられたとき、ある大臣が尋ねました。万が一、最悪の事態が起きてしまった場合、重要な情報を国民に伝える役に最適な人物は誰か。

名前の挙がった人物は二人いました。ケビン・キーガンとイアン・ボサムです。[1] 念のために言っておけば、キーガンもボサムも民間防衛の専門家ではありませんでした。どちらも核攻撃直後にすべきことや、その後に続く社会的混乱や不満に対処する方法を学んだ経験はまったくありませんでした。そしてどちらも、人心をなだめたり、不確実性を減らしたりするようなメッセージの広め方を教わったことはありませんでした。要するに、彼らはまったくもって「核戦争という事態において、重要な情報を国民に伝える役に最適な人物は誰か」という質問の答えになるような人物ではなかったのです。そうした役割には、各地の行政機関、警察、共同体のリーダーたちのほうがずっとふさわしかったでしょう。

しかしキーガンとボサムの名前が挙がった理由は、彼らが専門家かどうかとは無関係でした。理由は、二人に備わったある種のステータスにあったのです。キーガンは、当時ほぼ確実に英国一有名なサッカー選手でした。クリケット界の英雄ボサムは、その年の初めにオーストラリアとの伝統的国際試合《テストマッチ》〈ジ・アッシズ〉で、圧倒的な活躍を見せ、英国代表を勝利に導きました。

ある分野でステータスを有する人物に、その人物がほとんど何も知らない別の分野に関するメッセージを伝えさせるのは、それほど珍しい戦術ではありません。米国大統領の座を狙う人々はいつでもそうしています。一九二〇年代には、ウォレン・ハーディングがアル・ジョルソンやメアリー・ピックフォードといったハリウッド・スターの支持を取りつけ、大統領選で勝利を収めました。また、有名な話ですが、一九六〇年代のはじめには、ジョン・F・ケネディがディーン・マーティンと「シナトラ一家《ラット・パック》」の仲間たちを引き入れました。二〇〇七年にはオプラ・ウィンフリーがCNNの番組『ラリー・キング・ライブ』のインタビューでバラク・オバマ支持を表明しました。米国の経済学者二人の推定によれば、これにより一〇一万五千五百五十九人がオバマへの投票を決めたとされています。[2]

最近なされた有名人による政治的支持表明の興味深い例は、歌手のテイラー・スウィフトのものです。二〇一八年の中間選挙中、彼女は一億一千万人がフォローする自らのインスタグラム・アカウントで民主党候補二人への支持を表明しました。「私は上院議員候補のフィル・ブレデセンと下院議員候補のジム・クーパーに投票します」と書き、こう呼びかけました。「どうか、お願いです。自分の州で立候補している候補者について調べて、誰があなたの価値観に一番近いかということに基づいて投票してください。私たちの多くは、あらゆる問題で完全に同意できるような候補者も政党も見つけられないかもしれません。しかしそれでも、投票は絶対にするべきです」。それまでスウィフトが政治的な考えを明かしたことは一度もありませんでした。二〇一六年の大統領選のときには、ヒラリー・クリントンの後押しに自らの影響力を行使しなかったと批判した人もいたくらいです。そのため、二〇一八年の中間選挙について、スウィフトが自分の意見を表明したことには賛否両論がありました。多くの人は喜びました。がっかりした人たちは「彼女は国の政治《カントリー・ポリシー》ではなく、カントリー・ミュージックのことだけ考える」べきだと言いました。

テイラー・スウィフトのインスタグラムでの投稿は中間選挙の結果に影響を及ぼしたのでしょうか。あるレベルにおいて、答えはかなりはっきりとした「ノー」に見えるでしょう。結局、彼女が支持した候補は片方しか当選しませんでした。開票後の新聞には必然的に「テイラー・スウィフト、テネシーの選挙に影響与えられず」や「テイラー・スウィフト応援不発」という見出しが躍りました。[3]

しかし、さらに詳しく見てみると、実状はもっと微妙で複雑なのがわかります。

見落とすべきでない点の一つとして、スウィフトの投稿前日にCBSが発表した世論調査では、彼女が支持を表明した候補、フィル・ブレデセンは共和党のマーシャ・ブラックバーン候補に八ポイント差をつけられていました。[4]スウィフトは接戦の結果を変えようとしたわけではありませんでした。テネシー州は共和党が圧倒的に強い州で、大統領選ではそれまで四回連続で共和党候補が取っていました（二〇一六年にはドナルド・トランプが六〇％の票を獲得しました）。一人のポップ・スターがそうするべきと言ったからというだけで、すぐさま共和党支持者が投票先を変える土地柄には思えません。どちらかといえば、呼びかけは逆効果になったようでした。自分が好ましく思っている候補をスウィフトが長文で批判したことで、有権者たちはすぐに、スウィフトが攻撃の対象とした人物たちではなく、スウィフトへの見方を改めました。[5] スウィフトが考えを明らかにしたあと、共和党支持者たちはもう彼女とのつながりを感じず、彼女を見下すようになりました。彼らの目から見た、メッセンジャーとしてのスウィフトのステータスは「愛すべき地元育ちのスター」から「ハリウッドのリベラルなエリート主義者」に変わったのです。

しかし、スウィフトの言葉に耳を傾けた人もいたようです。彼女を尊敬し、どんな特定政党よりも彼女に対して親近感を持っていた人々は、突然政治的無関心をやめて有権者登録を始めました（その多くは一九八〇年代以降に生まれたいわゆるミレニアル世代でした）。投票率上昇のために活動している無党派組織〈ヴォート・オルグ〉は、スウィフトの投稿後四十八時間で二十一万二千八百七十一件の新規有権者登録を受け付けたと発表しました。これはその前の月の総新規登録者数に迫る数です。そのうちの半数以上（十三万千百六十一人）が十八〜二十九歳でした。直近四回の中間選挙で、その年代の有権者の投票率は二〇％しかありませんでした。ところが『ニューヨーク・ポスト』紙によれば、スウィフトの投稿があった直後から、中間選挙の期日前投票に行く十八〜二十九歳の数は跳ねあがり、二〇一四年と比較して六六二％も増えたのです。[6] ブレデセンは落選したかもしれませんが、現代の政治制度に幻滅しているため、それに関わろうとしないとよく言われる集団から離れ、新たに有権者登録をしたこの人たちが、今度どう行動するかは誰にもわかりません。そして、こうした、それまで選挙に行かなかった人たちの政治的変貌は、彼らがつながりを感じる高いステータスのメッセンジャーから発せられた、切実なメッセージが引き起こしたのかもしれないのです。

テイラー・スウィフトの政治への介入が示すのは、メッセンジャー効果がときとして非常に捉えにくいということです。また、この事例から明らかなように、ただ捉えにくいからというだけでは、その効果に驚くほど強い力が宿っていることは絶対にないとまでは言い切れません。ときにその力は、思いもかけない形で発揮されます。こんな想像をしてみてください。『フー・ウォンツ・トゥー・ビー・ア・ミリオネア?』(徐々に難易度があがっていく問題に連続して正解すると雪だるま式に賞金が増えていくタイプのクイズ番組†)の回答者席にジェーンが座っています。彼女は順調に正解し続け、次の問題に答えられれば、かなりの大金が手に入ります。しかし困ったことに、出題されたのは一九五〇年代の聞いたこともない映画に関する問題で、答えは見当もつきません。当てずっぽうに頼るのは危険すぎるとわかっていたので、「ライフライン」の一つを使い、答えを知っていそうな友人に電話をかけることにします。頼りになるのは誰だろうと考え、以前、二人の友人と映画についておしゃべりをしていたことを思い出しました。一人はもう一人よりもずっと映画に詳しい人物でした

† 日本でも同様の形式の番組が『クイズ$ミリオネア』のタイトルで放映されていたことがある。

が、そもそも映画に関する彼らの知識がそれぞれどの程度のものであるか、ジェーンはよく覚えていません。また、その友人の一人は、たまたまジェーンと政治に関する考え方が似ていて、もう一人は意見をまったく異にしていました。しかし今、ジェーンが考えるべきはそのことではありません。今考えるべきは、どちらの友人が映画に関する豆知識を問う問題に正解を出せそうかということです。

この『フー・ウォンツ・トゥー・ビー・ア・ミリオネア？』を使った筋書きは多くの点で、著者の一人がエロイーズ・コープランドらとともに実施した研究（第Ⅱ部の冒頭で最初に言及したもの。詳しくは一五一ページ参照）とよく似ています。私たちの研究から考えてジェーンは結局、政治的見解が近い友人に電話をかけるでしょう。たとえ、その友人が、政治的立場を異にする友人よりも映画に詳しくないという証拠があったとしてもです。[7] 感情を抜きにして考えれば、政治的見解が同じことと映画に関する知識とのあいだに何の関係もないのは、ジェーンにもわかっています。しかし彼女は感情を抜きにして考えているわけではありません。人間が誰しもやりがちな間違いに陥ろうとしています。さまざまなスキルや属性が、（それぞれに独立しているのではなく）密接不可分につながっていると思い込む間違いに。そして、友人がある分野で自分と似ているというだけで、まったく無関係な別の分野でも頼りになりそうだと考える間違いに。要するに、ジェーンの耳にはメッセンジャーの発するセイレーン[†]の声が聞こえているのです。

この声は非常に強力なので、私たちの心にとどまり続け、どこからどう考えても非論理的なつながりを頻繁に思い描かせます。たとえば、「ケビン・キーガンはサッカーの名選手で代表チームのキャプテンだった。だから、核戦争が起きたときにも信頼できる」とか、「テイラー・スウィフトは素晴らしいポップ・シンガーなので、彼女の政治的アドバイスに従うべきだ」というように。私たちの研究結果から考えて、もし十月九日に（インスタグラムに例の投稿をした翌日）、テネシー州の共和党支持者が「テイラー・スウィフトはどれくらい知的だと思いますか？」と尋ねられたとしたら、その二日前に尋ねられた場合よりもずっと低く評価したでしょう。行動主義心理学者のエドワード・ソーンダイクはこの現象に**ハロー（後光）効果**という名前をつけました。[8] ソーンダイクはいくつかの研究をするなかで（その多くは大企業を舞台に実施されました）、人がしばしばある面で優れている（あるいは劣っている）人物を別の面でも優れている（あるいは劣っている）と考えやすいことを発見しました。二つの異なる項目（たとえば「リーダーシップ」と「知性」、あるいは「頼りになること」と「決断力」）に関して、従業員を評価するよう求められた経営者たちは、一つ目の項目の評価を頼りに二つ目の、無関係なことの多い項目についての意見を決めがちでした。リーダーシップに優れていると考えられた従業員は、たいてい知性も高いと評価されました。決断力に欠けるとされた人たちは、たいていほかの項目の評価も低くなりました。知的ではあるが決断力に欠ける、あるいは頼りになるけれども知的ではないと評価された人はほとんどいませんでした。要するに、優秀な従業員とそうでない従業員の二つのグループができたわけです。どうやら人は表紙から一冊の本の評価だけでなく、その本

† ギリシア神話に登場する半人半鳥の海の精。美しい声で船員を惑わせ、船を難破させたとされる。

が置かれている図書館全体の評価まで決めてしまうようです。受け手がひとたび、あるメッセンジャーにメッセンジャー効果が一つ備わっていると考えると（たいていの場合、その根拠は、名声、温かみ、有能性、カリスマ性、あるいは魅力の存在を示すシグナル一つだけです）、強烈な「ハロー効果」が働いて、そのメッセンジャーのほかの特質に関する評価にも影響が出ます。

このような想定は個人間レベルの話にもやはりあります。たとえば会議で誰かと知り合いになり、共通の知人がいることがわかったとします。その共通の知人が親切な人であれば、あなたはたぶん、今知り合ったばかりの相手も親切だと考えるでしょう。[9] 同じように、もしその相手が、あなたの気に入らない人物の友人だったら、あなたはたぶん即座に、その相手のことも気に入らないと考えるでしょう。もちろん、この法則は、広告の世界がはっきりと示しているように、私たちが人とモノとを結びつけるときにも働きます。あるTシャツを自分の好きな人物、もしくはステータスがあると考えている人物が着ていたら、私たちはそのTシャツを好ましく思うものです。あるいは、ナイキのCMキャラクターを務めたタイガー・ウッズやランス・アームストロングの事例であったように、その商品を宣伝しているメッセンジャーがスキャンダルを起こしたというだけで、それまで好きだった商品にそっぽを向くこともあります。[10]

メッセンジャーへの先入観という罠にはまるとどんな結果が生じるかを理解するのは難しくありません。もし私たちが専門家よりも有名人の話に耳を傾けたり、魅力的な人物とのつながりがあるからというだけで何かを買ったり、友人がそう言っているからというだけで、ある政治的見解に肯定的な反応を返したりしているなら、私たちの住む世界が「フェイクニュース」と陰謀論と無益な助言であふれてしまうのも、ほとんど当然です。このようなメッセンジャーの特質と、そうした特質の存在を告げるシグナルから導かれるのは、ぞっとするような結論です。認めるのは大変かもしれませんが、私たちは間違ったメッセンジャーに耳を傾けるという危険を冒しているのです。もちろん、私たちには「私たちはそうした効果に引っかからない」と考える傾向があります。私たちはこう思っています。「ただ目立っていたりコネがあったりするだけの勉強不足なメッセンジャーが発する怪しげなメッセージに引っかかるのは、自分ではない誰かだ」「自分にはそうしたものを無効化できる抵抗力が備わっている」「自分は有名ブランドのロゴを身につけた魅力的なメッセンジャーに引っかかったり、自分と似た考えの素人を、考えは違っていてもずっと賢明な専門家よりも信用してしまうという罠にはまったりしない」「自分は相手のカリスマ性に目が曇って、調子のいい公約をたくさん掲げながら結局ほとんど実行できないような政治家を支持したりはしない」。私たちは「1」に出てきた学生たちと同じく、停まっている車のステータスが高いというだけで通行の邪魔であってもクラクションは鳴らさない、という考えを馬鹿にできると信じています。

もちろん、証拠は、その反対が正しいことを示しています。

それではどうしたらいいのでしょう。思い浮かぶ案は二つあります。

一つ目は、事実に即し、信頼できるということから利益が生まれるようにする、というものです。偽情報は知らないあいだに広まっていきます。たとえば、二〇一八年のある研究では、民間のファクトチェック企業六社を使って、ツイッターで拡散されているニュース記事（事実もしくはデマのどちらかに分類できるもの）を十二万五千本以上分析しましたが、その結果、「フェイクニュース」はフェイクでないニュースより感染力が強く、嘘を書いた記事はそうでない記事よりも速く、深く、そして広範囲に広まるということがわかりました。[11] 特にテロリズム、科学、金融、都市伝説関係の嘘や誇張を含んだ記事は、拡散される見込みがとりわけ高く、たいていの場合、嘘や誇張を含まない記事よりも「斬新」「共有すべき」と見なされます。また、多くの人の考えとは裏腹に、ボット[†]はデマも事実も同じだけ拡散しています。しかし、人間はそうではありません。悲しい真実ですが、「フェイクニュース」を製造しているのは人間で、それを広める傾向が最も強いのも人間なのです。

　この気の塞ぐような発見からわかるのは、社会の非常に重要なメッセージプラットフォームそれぞれが信頼性の向上から見返りを得られるようにするプログラムや政策を検討すべきだということです。

　ニュース記事の信頼性を伝えるニュース・ラベリング・ツール（食品のパッケージにある成分表示ラベルのようなもの）があれば便利かもしれません。また、ユーザーが信頼できると評価した情報源のコンテンツを優先的に表示するアルゴリズムを、閲覧数の多いソーシャル・メディアやニュースサイトが使用するのも有益でしょう。このようなアイデアを支持する証拠が最近の別の研究で得られています。CNN、NPR、BBC、FOXなどの大手ニュースメディアから、ブライトバートやナウ・エイト・ニュース・ドット・コムなどのより党派性の強いウェブサイトまでを含む六十の情報源を対象としたその研究では、おそらく驚くべきことに、ニュースの受け手である読者が情報源の信頼度を実にしっかりと見分けていることがわかりました。その能力は第三者視点で信頼性を評価するために雇った八人のファクトチェッカーと較べても遜色がありませんでした。[12] この結果からわかるように、嘘と真実を峻別する能力はイデオロギーとだけでなく怠惰さとも同じくらい相関しており、そうなる理由の一つは発信される情報があまりにも多すぎることにあります。[13] そのため、信頼度を示すラベルやアルゴリズムと、各メディアプラットフォームに嘘偽りのない事実や信頼できる記事の投稿を奨励する政策とは結びつくのです。一つ検討する価値があるのは、信頼度の点で第三者から高い評価を受ける報道機関やソーシャルメディア企業に対する減税措置や税金上の優遇措置です（法人税を下げるという形を取るかもしれません）。話をはっきりさせるために言っておくと、株主と重役のポケットに入るお金を増やすべしと言っているのではありません。むしろ、誰もが当事者意識を持てるように、分配は全職員に対して平等に行われるべきです。信頼性を高める行動の実践とその監視の両方の観点から考えて、そうするべきです。

税制その他の政策を通じて信頼性を守るのには複雑な手続きが必要となりますが、私たちが行える二つ目の、そしておそらくずっと簡単に始められる案は、自分自身と関係しています。本書で紹介してきたようなメッセンジャーの特質に対する私たちの心の反応への理解を深めれば、待ち受ける落とし穴をもっとはっきりと意識できるようになるでしょう。したがって、人生の（遅い段階ではなく）

† 一定の作業を自動で行うアプリケーションやプログラム。

早い段階で、私たちの脳の働き方をちゃんと学んでおくのは有益かもしれません。十六歳の時点で、ほとんどの国の生徒が受ける試験の科目は、数学、英語、科学などで、心理学はまず入っていません。実際、米国と英国を含む国々で、十六歳になるまでに二年以上地理を学んでいる生徒は四割以上なのに対し、心理学を学んでいる生徒はたったの二%です[14]。地理のほうが役に立つから人気があると考えるべきでしょうか。おそらくそうではありません。大学では心理学専攻者は地理学専攻者よりも多いようですし、ほかの学部・院のコースで必修科目になっていることもますます増えています[15]（たとえば経済学科、マーケティング学科、コミュニケーション学科、政治学科など）。とはいうものの、事実として、ほとんどの人は心理学の基本を学ぶ機会（つまり、どんなメッセンジャーのシグナルに自分たちが最も反応しやすいかを学ぶ機会）のないまま学校を卒業していきます。

教師だけでなく親もまた、社会にとって非常に重要なメッセンジャーであるのは、ほとんど確実です。彼らは私たちが日々の暮らしで直面するさまざまな疑問や問題について、自宅で話したり論じ合ったりするのを促すという重要な役割を果たしています。「信じる相手をどう決めるべきか」や「カリスマ性や自信、見た目からあまりにも強い影響を受けていないか」といった問題には、誰もが直面しますし、決してなくなりはしないのですから。私たち著者としては、本書がいくつかの答えを提供できていることを望んでいます。また、本書がハード型、およびソフト型両方の優秀なメッセンジャーから学ぶべきいくつかの実践的な教訓を示せていることも願っています。

いつも勝利するメッセンジャーはいるか

本書の準備をしているあいだ、何度か受けた質問があります。それは私たちが特定したメッセンジャーの特質八種類のなかで、特に強い、つまりほかの特質を圧倒してしまうほど強いものはあるのかという質問です。最近行われたメタ分析によれば（有名人を広告キャラクターにする効果を調べた複数の研究結果をまとめて行ったもの）、あるかもしれません。それは信頼性です。[16] 影響力に関する英国政府の報告書でも、信頼性は三大特質の一つに挙げられました（ほかの二つは専門知識と類似性です）。[17] また、世界の人々が最も重視する特質を突き止めようとした別の大規模な研究でも信頼性に高得点が入りました（日本、エクアドル、モーリシャスの過疎地の住民から、英国、米国、オーストラリア都市部までを対象としていました）。広告に関する調査では、有能さが二位に、魅力が三位に入りました。一方、重視する特質の調査で信頼性とともにリスト上位を占めたのは有能さと温かみでした。[18]

ここで絶対に見落とすべきでないのは、回答者たちが非常に具体的な質問に答えていたという点です（片方は広告に、もう片方は人の特質に関する質問）。そして、どちらの調査でも信頼性と有能さが重視されましたが、それでも二つの調査の結果には歴然たる違いが存在します。広告に関する調査では、もっともな話ですが、魅力が重視され、人の特質に関する調査では、これも同じくもっともな話ですが、温かみが重視されています。この事実だけからでも、あるメッセンジャー効果がほかのものよりもつねに強い影響力を持つと考える危うさは、はっきりわかります。むしろ、ここで示されているのは、信頼性があると見なされることが広範な状況において重要なのは間違いないにせよ、本書で説明してきたさまざまなメッセンジャー効果の有効性は、その場その場の具体的な文脈や状況にとても大きく左右されるということです。

一見二者択一に見える、ハード型とソフト型のどちらを選ぶべきかという問題が良い例です。基本的に、受け手がメッセンジャーから何か具体的なもの（資源、情報、あるいは従うべきリーダー）を求めている場合には、ハード型メッセンジャーのほうが大きな影響力を発揮します。受け手の興味があまり具体的でないメリット（個人的な絆、忠誠心、互いに対する敬意）にある場合には、ソフト型メッセンジャーのほうが相手を引きつけます。興味深いことに、ハード型のメッセンジャー効果である魅力は、ソフト型メッセンジャー向きに見える場面で有効なことがあり、それとまったく同じように、ソフト型のメッセンジャー効果であるカリスマ性は、ハード型メッセンジャー向きの状況で効果を発揮することがあります。そしてどの効果であっても、それがほかの人たちに欠けているような場面では、重要性が増します。[19]そのため一流のメッセンジャーになるには、さまざまな特質を持っていると伝えられるだけではなく、具体的な状況ごとに、どの特質がより強い影響力を発揮しそうかを意識できなくてはなりません。

例として序列のことを、より具体的には序列の頂点に位置する人々のことを考えてみましょう。

ハード型メッセンジャーは組織内の序列で地位を得たり、そのなかを上昇したりするのに長けているという傾向があります。[20] その傾向がとりわけ顕著になるのが、先行き不透明だったり紛争があったりする時期で、そうしたときには外からの脅威にさらされているという認識が非常に強くなるため、人々は支配力《ドミナンス》のような特質に対して好意的な反応を示します。

そうはいっても、リーダーがいつもステータスを前面に出さなければならないというわけではありません。台湾の軍隊内における上官と部下との力学を調べた最近の研究では、部下に対して支配・権威的な態度で接する上官は部下のパフォーマンスを引き出しづらく、結果として、自己主張すると同時に思いやりも示す上官に比較して部下に対する不満を抱えやすくなるということがわかりました。[21] 実際、ステータスがあると見なされるリーダーは、温かみ、信頼性、そして自らの弱さを示すという、ソフト型メッセンジャーのやり方から最もメリットを得やすい人たちなのです。

このことと合致する現象が心理学ではよく知られています。それは**しくじり効果**と呼ばれるもので、一時的なステータス喪失がメッセンジャーの人間らしさを強め、その結果、より好意的な反応を受けやすくなるということをあらわしています。[22] この効果を一九六〇年代にはじめて立証したのが、社会心理学者のエリオット・アロンソンでした。彼の研究では、知的で有能なメッセンジャーがへまをしでかした場合（コーヒーを自分の服にこぼしてしまう）、有能さに対する評価は変わらず、好感度だけが著しく上昇しました。対照的に、有能さに欠けるメッセンジャーが同じようなへまをした場合、たいていそれは彼らが本当に有能さに欠けていることを示すさらなる証拠だと考えられ、好感度も低下しました。高いステータスを有するメッセンジャーの場合、小さな欠点は、彼らの陽に陰を加えました。つまり、その欠点によって彼らはより円満で、より申し分のない人間に見えるようになったのです。

人間の社会には、ほかにもメッセンジャー効果に影響を与える、文脈と複雑に絡み合った特徴があります。とりわけ重要なのは、ジェンダーと文化に関係している諸特徴です。

ジェンダー

ありふれた見方で言えば、男性は社会のハード型メッセンジャーです。そのため、伝統的に女性よりも権威があり、指導者や権力者の地位にふさわしいと考えられてきました。反対に女性はソフト型メッセンジャーだと見なされてきました。思いやりがあり、合意を重視し、感情的に繊細で、か弱いとさえ見られてきました[23]（助けを待つ乙女を思い浮かべてください）。その結果、女性はハード型のメッセンジャー効果が最もよく働くさまざまな状況で、今も昔も不利をこうむっています。女性だというだけで話を聞いてもらえないこともありますし、助言や提案を不当に低く評価されています。また昇進や公職への選出が見送られることもあります。

子どものいる女性の場合、状況はさらにひどくなりがちです。調査結果によれば、子どもがいて働いている女性は、同じ立場の男性よりもずっと、仕事と子育ての両立が問題にされやすいのです。また、能力を疑問視される傾向もあります。ある研究では、実験参加者にまず経営コンサルタントのプロフィールをいくつか見せ、そこから読み取れる有能さと温かみを判定させました。そのあと、一緒に働くなら誰を選びたいかと尋ねました。全般的に見て、子どものいるコンサルタントは温かみの評価が高くなりました。しかし女性たちは二重苦に見舞われました。子どもがいなければ、有能だが冷たいと評価されました。子どもがいればいたで、温かみはあるが能力は低いと見られました。子どものいる男性には、このような、どちらに転んでも良い評価にはつながらないという状況は発生しませんでした。それどころか、子どもがいることはプラスの効果だけをもたらしていました。有能さの評価に変化はないまま、温かみの評価が上昇したのです。[24]

従来、男性には女性よりも高いステータスが授けられてきました。だからこそ、一九七〇年代の広告業者は男性を使うほうが製品が売れると考えたのです。その結果、当時の広告の七〇％までが男性を主役にしてつくられました。そして、私たちはそうした時代が終わったものと考えているかもしれませんが、実はいまだに、商品、ブランド、選挙候補者の宣伝には、男性の有名人が最適なメッセンジャーであることが、二〇一七年に四十六件の研究を対象として行われたメタ分析から明らかになっています。男性の有名人に備わっていると見なされる権力、専門知識、自信は、受け手に大きな影響を与えているのです。[25]

もちろん、ハード型メッセンジャーの特質のなかには、社会全般、特に広告業者たちが、男性よりも女性と強く結びつけているものが一つあります。魅力です。魅力は注意を引き、男性の性的関心を喚起し、ほかの女性に憧れの気持ちを抱かせるために利用される性質です（「あんなふうになりたいから、彼女が持っているものが欲しい」）。その結果、ほとんど裸の男性が広告に出ることは珍しいのに対して、半裸の女性の広告はどこでも見かけます。[26]

魅力の手がかりにつられて、それを見る側が望ましくない行動に及ぶこともあります。たとえば、女性を性的対象物として描いた広告を見た男性は、女性の外観に意識が向きがちになり、現実の女性の持つ人間としての性質を意識しにくくなることがわかっています。[27] また、このような広告のせいで、女性のなかに社会に対する固定観念が生まれることもあります。魅力に乏しいという自己イメージを持つ女性が自分には価値がないと思うようになってしまうのです。[28] この風潮に異を唱えようとする人もいます。二〇〇四年、ボディ・モイスチャー、ヘアケア製品、シャワージェル、制汗剤などのパーソナル・ケアブランド、ダヴは消費者に女性の美しさの再考を促すため、ブランド広告に（専門のモデルではなく）さまざまな体型・体格の一般女性を採用しました。批判がないわけではありませんでしたが、それがきっかけとなって、広告業者が女性に課している固定観念と重圧についての議論が始まったのは確かです。ただ、いささか気が重くなるのは、そうした広告に対する女性の反応が、男性の反応に左右されているかもしれないというところです。最近の研究で、米国サイズで8〜10の女性モデルの写真を見せられた女性が（モデルの標準的なサイズは2）、自分への評価や満足度の上昇を経験したのは、そのモデルを魅力的と考えたのが男性だと聞かされていたときだけでした。その情報を伝えられていなかったり、ほかの女性がその平均的体型の女性モデルを魅力的だと考えていると言われたときには、そうした上昇は生じませんでした。[29]

魅力の手がかりが女性にさまざまな問題を抱えさせる一方、男性と強く結びつけられてきた支配力《ドミナンス》の手がかりが昔から問題を抱えさせてきた相手は社会全体です。多くの人は（確かに異論もありますが）過去半世紀ほどの期間を人類史上最も平和な時代だったと論じています。[30] その結果、おそらくは支配的なメッセンジャーの持つ権力や影響力は、かつてほど強くはないだろうとか、現代の、結びつきがますます強まっている世界では、多くの場合、ソフト型のメッセージのほうが大きな影響力を持つだろうなどと考えたくなります。また「女性が世界を統治すれば、紛争や戦争は減るだろう」という主張がなされることもあります。これは当たっているかもしれませんが、私たちとしては違う見方を提案します。ハード型の傾向を持つ社会的メッセンジャー（特に支配的だったり権威的だったりするタイプ）が活躍するのは、概して危機、脅威、敵対的紛争という状況下であるのを考え合わせれば、主張の順番を入れ替えたほうが適切ではないでしょうか。

つまり、もし紛争や戦争が減れば、（男性よりも温かみがあり共感能力も高いとステレオタイプ化されている）女性が世界を統治するようになるだろう、というふうに。

文化

個々人の貢献よりも集団の団結に重きが置かれる相互依存的な文化では、温かみや信頼性といったソフト型メッセンジャーの特質が重視されます。自主独立的な文化では、ハード型の特質を持つメッセンジャーのほうが成功しやすくなるようです。これは組織レベルの話にも社会レベルの話にも当てはまります。[31] 基本的に集団主義が強いと考えられている南アメリカ諸国では、ソフト型メッセンジャーの特質（温かみや寛大さ）が支持されやすく、北アメリカのような個人主義的な国々では支配力《ドミナンス》や社会経済的地位などのハード型メッセンジャーの特質が重視されます。また、集団主義的な文化に暮らす人々は、個人主義的な文化で暮らす人々ほど自己宣伝や自分の価値を高めるような戦略を用いたがりません。[32] たとえば、中国の子どもには、良い行いをしたあと謙遜してみせる傾向があると、諸研究からわかっています。反対にカナダの子どもには、良い行いをしたと見なされたときにそれを自慢する傾向がずっと強く見受けられます。[33]

政治に話を移せば、当選しやすいメッセンジャーの特質も文化ごとに違っています。米国では、支配的だと見られる政治家は同時に有能だとも見られやすく、したがって票が集まります。対照的に日本では、温かみがあると見なされた政治家のほうが有能だと考えられやすく、おそらくは最も票を集めます。さらに言うと、日本の文化では全般的に節度、謙遜、自己修養という理想が大変強調されています。[34]

それでは、完全に集団主義的な文化圏で、まったく支配的なリーダーが選出された多くの事例は、どう理解すればよいのでしょう（たとえば中国の習近平やベネズエラのニコラス・マドゥロ）。こうした事例では明らかに別の要因が働いています。実は、ハード型あるいはソフト型メッセンジャーの特質を強く持つメッセンジャーに国民がついていく度合いは、その文化の権力格差許容度からも影響を受けます。権力格差許容度は、オランダの社会心理学者ヘールト・ホフステードの考案した用語で、ある文化内における権力配分の不平等を、国民がどの程度予想し受け入れるつもりであるかを示すのに用いられます。[35] 権力格差許容度が高い国々（中国のスコアは八十、ベネズエラは八十一）では権力の不平等な分配が受け入れられているため、少数の指導者に権力が集中します。権力格差許容度の低い国々（米国のスコアは四十、英国は三十五、フィンランドは三十一）では、国民の主権者意識がより強く、リーダーに求めるメッセンジャーの特質は、多様でバランスの取れたものになります。必要な場合にはハード型のリーダーを求めますが、平常時には親しみとつながりを感じられるリーダーを求めるわけです。

耳を傾ける……信じる……なる

本書は、人々が最も耳を貸しやすいメッセンジャーの持つ特質を探求した諸研究の、六十年以上にわたる蓄積を、私たち著者が調査した成果です。それら大量の研究は、多彩かつ広範で、職場から政治、家庭に至るまでのあらゆる生活場面を扱い、日常会話からメディア、さらにはインターネットの世界における、さまざまな発信形式を取りあげています。私たちが論じた八つのメッセンジャー効果は（そのうちの四つは「ステータスを原動力とする」ハード型の効果で、残りの四つは「つながりを原動力とする」ソフト型の効果でした)、日々の社会的交流のあらゆる側面を支えています。そして、それらの効果によって説明しやすくなるのは三つの重要なプロセス、すなわち、私たちが誰に耳を傾けるか、誰を信じるか、そして、どんな人間になるかです。

耳を傾ける

これら八つのメッセンジャー効果の手がかりすべてが、自動的につまり考えさせることなく注意をとらえる性質を持っています。しかし、最近の研究によれば、力強く支配的(ゆえに私たちの幸福に最も大きな影響を与えられる)と見なされた人々は、ソフト型のタイプよりも短期間で耳目を集めます。[36] 同様に、魅力のある人物も、その特質が持つ進化論的・社会的価値のために、ほかのメッセンジャーよりも容易かつ迅速に注意を引きます。[37] もちろん、注目を浴びる人物であるというだけで、その後表明されるアイデア、意見、あるいは要請が必ず受け入れられたり、相手を従わせたりできるというわけではありませんが、少なくとも聞くだけは聞いてもらえます。注意を引きつけ、耳を傾けてもらえるということ自体が、彼らの話の考慮されやすさを示しているのです。

信じる

人々の注意を引くのがメッセンジャーの八種類の手がかりなら、受け取ったメッセージへの反応を決めるのは、メッセージを受け取った瞬間に、受け手がメッセージの送り手をどう考えるかということとです。命に関わるようなアドバイスが、どこからどう見ても専門家らしい人物によって伝えられれば、より説得的な響きを帯びます。消火訓練中に大声で指示を出す人物が、支配力《ドミナンス》を感じさせる声の持ち主であれば、信用される度合いは高まるでしょう。励ましや共感のメッセージを伝えるのが温かみのある人物と見なされているメッセンジャーであれば、本心からそう言ってくれていると思う気持ちが強まるでしょう。どのメッセンジャー効果であっても、人々の耳を傾ける気持ちを後押しするかもしれませんが、聞いた内容を信じる気にさせられるかどうかは、メッセンジャーの性質とメッセージの性質とが、どの程度噛み合っているかによります。

なる

受け手が注意を向け、話を受け入れる気になるにしたがって、第三の要因が動き出します。ただ潜在的にメッセンジャーを信じ始めるというだけでなく、そのメッセンジャーを信じる気持ちが、その後の行動や、どんな人物になるかということを方向づけし始めるのです。引っ込み思案のティーンエイジャーが、強引で支配的な友人に促されるまま、ドラッグに手を染めたり、不良集団に加わったりすることもあるでしょう。あるいはカリスマ性を有するクラスメートに説得されたおかげで道を踏み外さずにいられるということもあるでしょう。大人であっても、職業やパートナーを選ぶときに、とても説得力のあるメッセンジャーから影響されるということがあるかもしれません。予防接種を受けさせるかどうかという、自分の子どもの健康にだけでなく、まわりの大勢にも影響のある判断をする際にもそうしたことが起きているかもしれません。政治に無関心だった人が、有名人によって投票を欠かさない人になるかもしれません。場合によっては、投票先がその有名人自身で、その結果、必ずしもものごとに精通したメッセンジャーではない、単に目立っていて支配的なだけの人物によって、国の将来すべてが左右されてしまう可能性さえ生じるかもしれません。

私たちの基本的な性格は遺伝的に決まっていて、時間がたっても比較的変化しないのかもしれませんが、人生におけるそれ以外のほとんどすべては、私たちが耳を傾ける社会的メッセンジャーにとって絶好の標的なのです。

謝　辞

私たち筆者には、この本で果たしていただいた役割に感謝するばかりでなく、友人、同僚、協力者、そして最愛の人と呼べることが驚くべき幸運だと思えるような人々がたくさんいます。

まず名前を挙げるべきは、リンゼイ・マーティンとローレン・ポーターです。リンゼイは奥ゆかしさ、思いやり、ユーモアのある配偶者として、著者の一人と人生をともにしてくれています。その揺るぎない支えと愛の持つ価値を算出するのは不可能ですが、このうえなく貴重なものであることは、ここで明言させていただきます。ローレンは、本書の主要テーマと逸話の数々を何度も何度も聞かされることに、いつも微笑みを浮かべながら耐えてくれました。彼女は得がたい仲間であり、遭遇するほとんどすべての状況に明るさと喜びを持ち込んでくれます。

本書の計画に進んで賛同してくれただけでなく、いつも忠実な同僚として働いてくださった以下の人々一人ひとりに心からの感謝を送ります。サラ・トビット、キャサリン・スコット、アラミンタ・ネイラー、ボベット・ゴードン、エイリー・ヴァンダミア、キャラ・トレーシー、グレッグ・ニーダート、カレン・ゴンサルコレイル、クリス・ケリー、バスティアン・ブレイン、フィリップ・ゲイシャス。

また、非常に幸運なことに、私たちは、研究者グループ、知人、専門を同じくする同僚たちの個人的、および集合的な知見からさまざまな恩恵をこうむりました。彼らは本書の初期および後期の草稿を読み、嬉しくなるような、また教えられるところの多いフィードバックを返してくれました。以下の人々にお礼を申し上げます。アレックス・チェスターフィールド、アレックス・ジョーンズ、アリス・ソリアーノ、アントワーヌ・フェレール、クリスチャン・ハント、ディル・シデュ、エリック・レヴィ、フランチェスカ・グラネリ、ヘレン・マンキン、イアン・バービッジ、ジュリアン・シーワード、ジャスティン・ジャクソン、ローレン・ゴードン、マリエール・ヴィラモ、マリウス・ヴォルバーグ、マット・バターズビー、ナスリン・ハーフェズパラスト、ニール・ムラーキー、ニック・ポープ、ニコール・ブリガンディ、ポール・アダムズ、ポール・ドラン、ロブ・ブラッキー、ロブ・メトカーフ、ロバート・チャルディーニ、ルパート・ダンバー＝リー、スザンヌ・ヒル。

さらに特別な感謝をエロイーズ・コプランドに。エロイーズの細部に対する目配りは、私たちが正確に事実を把握し、発表されている証拠と合致する主張を行ううえで大変有益でした。そしてターリ・シャロットにも特別の感謝を。本書で論じた研究についてどう考え、どう伝えるかを決める際に彼女の学術的な助言がどれほど助けになったことでしょう。

ジョン・マハニーおよび、ニューヨークのパブリック・アフェアーズ社編集部にも感謝とお礼を。彼らは本書の編集と出版において非常に熱心に、そして注意深く働いてくれました。ジョンの賢明な助言と指導のおかげで本書が引き締まり、内容の最も重要な部分がはっきりとし、米国の読者が手に取りやすい形となったことには、特に感謝しています。

ジム・レバインとレバイン・グリーンバーグ・ロストン社の皆さんは今回も、著者にとって彼らが欠かせない存在であることを証明し、時宜にかなった助言や賢明な忠告をくださるとともに、粘り強い売り込み、望外の引き立てなど、ありがたいご支援を賜りました。また次の人たちにもお礼と感謝の気持ちを送ります。イザベル・ラルフス、エル・ギボンズ、キース・エドソン・アンダーソン、アレックス・マイヤーズ、カレン・ビーティー、ジョシー・アンウィン、ミゲル・セルバンテス。

そして最後にお礼を伝えたいのは、ペンギン・ランダムハウス社のナイジェル・ウィルコクソンです。ナイジェルなしに本書は存在しないので、彼にはいくら感謝しても足りません。私たちが一ページにまとめたアイデアに可能性を認めてくれただけでなく、そのアイデアを今読者の手にあるような形にするというビジョンと意欲さえ持ってくれたのです。彼は出版の世界で成功を収めるメッセンジャーの典型でもあります。有能で、信頼でき、温かみがあって、大変好感の持てる人物なのです。当然、お礼を言わないわけにはまいりません。

スティーブ・マーティン
ジョセフ・マークス

二〇一九年　ロンドン

監訳者あとがき

本書はMartin, S., & Marks, J.（2020）. *Messengers Who We Listen To, Who We Don't, and Why.* Random House Books. の全訳である。

私たちは日々、周囲の人々やメディアを通じて、膨大な数のメッセージに接しながら生活している。そして、その一部のメッセージに意識的、無意識的に注目し、さらにメッセージ内容を吟味して最終的に受け入れたり、それに基づいて行動したりする。

メッセージの発信者（メッセンジャー）の立場に立てば、自らが発したメッセージに注目してもらい、さらに納得して行動（投票や購買など）に移してもらうにはどうしたらよいのかを知らなければならない。言い換えれば「発信力」を高めるための科学的知識が必要となるはずである。一方、メッセージを受ける立場にある人々にとっては、不正確な情報や意図的に歪められた情報が氾濫する現代社会の中で安易に動かされず、信頼できる情報に基づいて正しい判断をしたいと願う。この場合も、メッセンジャーに対して注目したりメッセージ内容を受け入れたりする心理的プロセスについて知識を蓄えておくことが重要となるだろう。

本書は、心理学のさまざまな領域の新しい知見に基づいてこうした問題をわかりやすく解説するものであり、フェイクニュースや陰謀論、政治家の発信力などが話題になる現代の社会を考えると、時宜にかなった書籍と言える。読者の方々には、メッセージの発信者となる場合にも受信者となる場合にも応用可能な知識を身につけ、実践に役立てていただければと思う。

本書で著者たちは、メッセンジャーが発するシグナルに人々が注目し、メッセージ内容を受け入れ、その内容に沿った行動を取る、という基本的枠組を採用している。そのうえで、注目されるメッセンジャーの特質を四つずつ「ハード型」と「ソフト型」に分けるところに特徴があるのだが、この二分類は決して新しいものではない。これまでも心理学のさまざまな領域で、人や集団を評価する際に用いられる二つの次元の存在が指摘されてきた。名称はさまざまだが、能動性（agency）と共同性（communion）という二次元はその代表的なものである。こうした「普遍的」と思われる次元にメッセンジャーの特質を位置づけることで、本書は、ここで扱われているテーマを越えて、広く人間心理の理解を深める手がかりも提供してくれる。

さて、本書は、「人を動かす力」について扱っている点でチャルディーニ著『影響力の武器』の類書と言えるだろう。『影響力の武器』は、人間に備わる六つ（原著最新版では七つになっている）のこころの仕組みを取り上げて、それらを始動させる刺激や状況を検討している。既にお読みになっている方はご存じの「カチッ・サー」である。これに対して本書は、刺激として働くメッセンジャーの特質のほうに焦点を当てているところに特徴がある。『影響力の武器』の七つの武器のうち「権威」「好意」

などは、本書の各章と大きく関わる部分でもあり、併せて読むことで理解がさらに深まると思う。

二冊の書籍が、方向性が異なりながらうまく嚙み合っているように見えるのも当然かもしれない。チャルディーニは、コンサルティングや「チャルディーニ・メソッド」を学ぶ機会を提供する組織INFLUENCE AT WORKの代表を務めている。一方、本書の著者マーティンは、同組織の英国支社(INFLUENCE AT WORK AT UK)の代表であり、これまで、『影響力の武器 戦略編』『影響力の武器 実践編』『ポケットブック 影響力の武器』の共著者として、グループの出版活動に加わっているのである。また、本書で〝デビュー〟を飾ったマークスは、英国在住の若手研究者であり、INFLUENCE AT WORKにはアソシエートコンサルタントとして名を連ねている。これまでの書籍が米英の協同チームによるものであったのに対して、本書は「英国組」によって執筆されたことになる。こうしたことから、本書の内容が、独自の特徴を出しつつ『影響力の武器』と絶妙の距離を保っているのも頷ける。

最後になるが、今回の翻訳出版でも誠信書房編集部の中澤美穂氏と楠本龍一氏に大変お世話になった。心より感謝を申し上げたい。

二〇二二年一月

安藤清志

Princeton, NJ: Princeton University Press.〔アレクサンダー・トドロフ／作田由衣子監修（2019）．第一印象の科学――なぜヒトは顔に惑わされてしまうのか？ みすず書房〕

Veblen, T.（2007）. ***The theory of the leisure class: An economic study of institutions*****. New York, NY: Oxford University Press（original work published 1899）.**〔ソースタイン・ヴェブレン／村井章子訳（2016）有閑階級の理論．ちくま書房〕〔ソースティン・ヴェブレン／高哲男訳（2015）有閑階級の理論．講談社〕〔ヴェブレン／小原敬士訳（1961）有閑階級の理論．岩波書店〕

Hofstede, G. (1997). *Cultures and organizations: Software of the mind*. New York, NY: McGraw Hill.〔ヘールト・ホフステード，ヘルト・ヤン・ホフステード，マイケル・ミンコフ／岩井八郎，岩井紀子訳（2013）多文化世界――違いを学び未来への道を探る．有斐閣　※原書第3版を翻訳〕

Lewis, C. S. (1952). *Mere christianity*. New York, NY: Macmillan.〔C・S・ルイス／柳生直行訳（1977）．キリスト教の精髄（C. S. ルイス宗教著作集4）．新教出版社〕

Lewis, M. (2011). *The big short: Inside the doomsday machine*. New York, NY: W. W. Norton.〔マイケル・ルイス／東江一紀訳（2010）世紀の空売り――世界経済の破綻に賭けた男たち．文藝春秋〕

Milgram, S. (1974). *Obedience to Authority*. London: Tavistock Publications.〔スタンレー・ミルグラム／山形浩生訳（2012）服従の心理．河出書房新社〕

Peter, L. J., & Hull, R. (1969). *The Peter Principle*. Oxford, UK: Morrow.〔ローレンス・J・ピーター，レイモンド・ハル／渡辺伸也訳（2018）ピーターの法則――「階層社会学」が暴く会社に無能があふれる理由［新装版］．ダイヤモンド社〕

Pinker, S. (2007). *The stuff of thought: Language as a window into human nature*. New York, NY: Viking.〔スティーブン・ピンカー／幾島幸子，桜内篤子訳（2009）思考する言語――「ことばの意味」から人間性に迫る（上・中・下）．日本放送出版協会〕

Pinker, S. (2018). *Enlightenment now: The case for reason, science, humanism, and progress*. New York, NY: Viking.〔スティーブン・ピンカー／橘　明美，坂田雪子訳（2019）21世紀の啓蒙――理性，科学，ヒューマニズム，進歩（上・下）．草思社〕

Rhode, D. L. (2010). *The beauty bias: The injustice of appearance in life and law*. New York, NY: Oxford University Press.〔デボラ L. ロード／栗原泉訳（2012）キレイならいいのか――ビューティ・バイアス．亜紀書房〕

Sunstein, C. R. (2017). *#Republic: Divided democracy in the age of social media*. Princeton, NJ: Princeton University Press.〔キャス・サンスティーン／伊達尚美訳（2018）#リパブリック――インターネットは民主主義になにをもたらすのか．勁草書房〕

Todorov, A. (2017). *Face value: The irresistible influence of first impressions*.

邦訳文献

Bloom, P. (2017). *Against empathy: The case for rational compassion.* London: Penguin.〔ポール・ブルーム／高橋洋訳（2018）反共感論――社会はいかに判断を誤るか．白揚社〕

Brown, B. (2015). *Daring greatly: How the courage to be vulnerable transforms the way we live, love, parent, and lead.* London: Penguin.〔ブレネー・ブラウン／門脇陽子訳（2013）本当の勇気は「弱さ」を認めること．サンマーク出版〕

Brown, P., & Levinson, S. C. (1987). *Politeness: Some universals in language usage.* New York, NY: Cambridge University Press; Pinker, S. (2007). *The stuff of thought: Language as a window into human nature.* New York, NY: Viking.〔ペネロピ・ブラウン，スティーヴン・C・レヴィンソン／田中典子監訳（2011）ポライトネス――言語使用における，ある普遍現象．研究社〕

Carnegie, D. (1936). *How to win friends and influence people.* New York, NY: Simon & Schuster.〔D・カーネギー／東条健一訳（2016）．人を動かす［完全版］〕〔デール・カーネギー／山口博訳（1999）．人を動かす［新装版］．創元社〕

Cialdini, R. B. (2009). *Influence: The psychology of persuasion.* New York, NY: HarperCollins.〔ロバート・B・チャルディーニ／社会行動研究会訳（2014）影響力の武器――なぜ，人は動かされるのか［第三版］〕

Ekman, P. (2007). *Emotions revealed: Recognizing faces and feelings to improve communication and emotional life.* New York, NY: Henry Holt and Company.〔ポール・エクマン／菅靖彦訳（2006）顔は口ほどに嘘をつく．河出書房新社〕

Hamermesh, D. S. (2011). *Beauty pays: Why attractive people are more successful.* Princeton, NJ: Princeton University Press.〔ダニエル・S・ハマーメッシュ／望月衛訳（2015）美貌格差――生まれつき不平等の経済学．東洋経済新報社〕

33 Fu, G., Heyman, G. D., Cameron, C. A., & Lee, K. (2016). Learning to be unsung heroes: Development of reputation management in two cultures. *Child development*, **87**(3), 689-99.

34 Rule, N. O., Ambady, N., Adams Jr, R. B., Ozono, H., Nakashima, S., Yoshikawa, S., & Watabe, M. (2010). Polling the face: Prediction and consensus across cultures. *Journal of Personality and Social Psychology*, **98**, 1-15.

35 Hofstede, G. (1997). *Cultures and organizations: Software of the mind.* New York, NY: McGraw Hill.

36 Abir, Y., Sklar, A. Y., Dotsch, R., Todorov, A., & Hassin, R. R. (2018). The determinants of consciousness of human faces. *Nature Human Behaviour*, **2**(3), 194-9.

37 Tsikandilakis, M., Bali, P., & Chapman, P. (2019). Beauty is in the eye of the beholder: The appraisal of facial attractiveness and its relation to conscious awareness. *Perception*, **48**(1), 72-92.

uneven. *Journal of Social Issues*, **74**(1), 184-96; Brescoll, V. L., & Uhlmann, E. L. (2008). Can an angry woman get ahead? Status conferral, gender, and expression of emotion in the workplace. *Psychological Science*, **19**(3), 268-75; Meaux, L. T., Cox, J., & Kopkin, M. R. (2018). Saving damsels, sentencing deviants and selective chivalry decisions: Juror decisionmaking in an ambiguous assault case. *Psychiatry, Psychology and Law*, **25**(5), 724-36; Leinbach, M. D., Hort, B. E., & Fagot, B. I. (1997). Bears are for boys: Metaphorical associations in young children's gender stereotypes. *Cognitive Development*, **12**(1), 107-30.

24 Cuddy, A. J., Fiske, S. T., & Glick, P. (2004). When professionals become mothers, warmth doesn't cut the ice. *Journal of Social Issues*, **60**(4), 701-18.

25 McArthur, L. Z., & Resko, B. G. (1975). The portrayal of men and women in American television commercials. *The Journal of Social Psychology*, **97**(2), 209-20; Knoll, J., & Matthes, J. (2017). The effectiveness of celebrity endorsements: A meta-analysis. *Journal of the Academy of Marketing Science*, **45**(1), 55-75.

26 Ward, L. M. (2016). Media and sexualization: State of empirical research, 1995-2015. *The Journal of Sex Research*, **53**(4-5), 560-77; Wirtz, J. G., Sparks, J. V., & Zimbres, T. M. (2018). The effect of exposure to sexual appeals in advertisements on memory, attitude, and purchase intention: A meta-analytic review. *International Journal of Advertising*, **37**(2), 168-98.

27 Vaes, J., Paladino, P., & Puvia, E. (2011). Are sexualized women complete human beings? Why men and women dehumanize sexually objectified women. *European Journal of Social Psychology*, **41**(6), 774-85.

28 Grabe, S., Ward, L. M., & Hyde, J. S. (2008). The role of the media in body image concerns among women: A meta-analysis of experimental and correlational studies. *Psychological Bulletin*, **134**(3), 460-76.

29 Meltzer, A. L., & McNulty, J. K. (2015). Telling women that men desire women with bodies larger than the thin-ideal improves women's body satisfaction. *Social Psychological and Personality Science*, **6**(4), 391-8.

30 Pinker, S. (2018). Enlightenment now: The case for reason, science, humanism, and progress. New York, NY: Viking.

31 Fragale, A. R. (2006). The power of powerless speech: The effects of speech style and task interdependence on status conferral. *Organizational Behavior and Human Decision Processes*, **101**(2), 243-61; Torelli, C. J., Leslie, L. M., Stoner, J. L., & Puente, R. (2014). Cultural determinants of status: Implications for workplace evaluations and behaviors. *Organizational Behavior and Human Decision Processes*, **123**(1), 34-48.

32 Kitayama, S., Markus, H. R., Matsumoto, H., & Norasakkunkit, V. (1997). Individual and collective processes in the construction of the self: Self-enhancement in the United States and self-criticism in Japan. *Journal of Personality and Social Psychology*, **72**(6), 1245-67.

A mere proximity effect. *Personality and Social Psychology Bulletin*, **29**(1), 28-38.

11 Vosoughi, S., Roy, D., & Aral, S. (2018). The spread of true and false news online. *Science*, **359**(6380), 1146-51.

12 Pennycook, G., & Rand, D. G. (2019). Fighting misinformation on social media using crowdsourced judgments of news source quality. *Proceedings of the National Academy of Sciences*, **116**(7), 2521-6.

13 Pennycook, G., & Rand, D. G. (2018). Lazy, not biased: Susceptibility to partisan fake news is better explained by lack of reasoning than by motivated reasoning. *Cognition*, **188**, 39-50.

14 https://www.cambridgeassessment.org.uk/Images/518813-uptake-of-gcse-subjects-2017.pdf
https://c0arw235.caspio.com/dp/b7f930000e16c10a822c47b3baa2

15 https://www.apa.org/monitor/2017/11/trends-popular

16 Amos, C., Holmes, G., & Strutton, D. (2008). Exploring the relationship between celebrity endorser effects and advertising effectiveness: A quantitative synthesis of effect size. *International Journal of Advertising*, **27**(2), 209-34.

17 Dolan, P., Hallsworth, M., Halpern, D., King, D., Metcalfe, R., & Vlaev, I. (2012). Influencing behaviour: The mindspace way. *Journal of Economic Psychology*, **33**(1), 264-77.

18 Sznycer, D., Al-Shawaf, L., Bereby-Meyer, Y., Curry, O. S., De Smet, D., Ermer, E., & McClung, J. (2017). Cross-cultural regularities in the cognitive architecture of pride. *Proceedings of the National Academy of Sciences*, **114**(8), 1874-9; Sznycer, D., Xygalatas, D., Alami, S., An, X. F., Ananyeva, K. I., Fukushima, S., & Onyishi, I. E. (2018). Invariances in the architecture of pride across small-scale societies. *Proceedings of the National Academy of Sciences*, **115**(33), 8322-7.

19 Re, D. E., & Rule, N. (2017). Distinctive facial cues predict leadership rank and selection. *Personality and Social Psychology Bulletin*, **43**(9), 1311-22.

20 Fiske, S. T. (2010). Interpersonal stratification: Status, power, and subordination. In S. T. Fiske, D. T. Gilbert & G. Lindzey (Eds.), *Handbook of social psychology*, Hoboken, NJ: John Wiley & Sons, pp. 941-82.

21 Wang, A. C., Tsai, C. Y., Dionne, S. D., Yammarino, F. J., Spain, S. M., Ling, H. C., & Cheng, B. S. (2018). Benevolence-dominant, authoritarianism-dominant, and classical paternalistic leadership: Testing their relationships with subordinate performance. *The Leadership Quarterly*, **29**(6), 686-97.

22 Aronson, E., Willerman, B., & Floyd, J. (1966). The effect of a pratfall on increasing interpersonal attractiveness. *Psychonomic Science*, **4**(6), 227-8.

23 Brescoll, V. L., Okimoto, T. G., & Vial, A. C. (2018). You've come a long way . . . maybe: How moral emotions trigger backlash against women leaders. *Journal of Social Issues*, **74**(1), 144-64; Eagly, A. H. (2018). Some leaders come from nowhere: Their success is

are smooth talkers: Mental speed facilitates charisma. *Psychological Science*, **27**(1), 119-22.

30 Tskhay, K. O., Zhu, R., Zou, C., & Rule, N. O. (2018). Charisma in everyday life: Conceptualization and validation of the general charisma inventory. *Journal of Personality and Social Psychology*, **114**(1), 131-52. このテストは以下のアドレスで受けられる。https://www.businessinsider.com/how-to-measure-charisma-2017-11?r=US&IR=T

31 Antonakis, J., Fenley, M., & Liechti, S. (2011). Can charisma be taught? Tests of two interventions. *Academy of Management Learning & Education*, **10**(3), 374-96.

32 Ambady, N., & Rosenthal, R. (1993). Half a minute: Predicting teacher evaluations from thin slices of nonverbal behavior and physical attractiveness. *Journal of Personality and Social Psychology*, **64**(3), 431-41.

まとめ

1 https://api.parliament.uk/historic-hansard/commons/1981/nov/26/civil-defence-1

2 Garthwaite, C., & Moore, T. J. (2012). Can celebrity endorsements affect political outcomes? Evidence from the 2008 US democratic presidential primary. *The Journal of Law, Economics, & Organization*, **29**(2), 355-84.

3 https://losangeles.cbslocal.com/2018/11/06/tennessee-election-blackburn-taylor-swift/ および https://eu.tennessean.com/story/entertainment/music/2018/11/07/taylor-swift-bredesen-endorsement-tennessee-senate-race-political-post/1918440002/

4 https://eu.tennessean.com/story/news/politics/tn-elections/2018/10/07/marshablackburn-holds-8-point-lead-over-phil-bredesen-new-cbs-poll-tennessee-ussenate-race/1562109002/

5 https://www.vox.com/2018/10/9/17955288/taylor-swift-democrat-conservative-reaction-blackburn

6 https://nypost.com/2018/11/06/tennessee-voting-numbers-surge-after-taylor-swift-post/

7 Marks, J., Copland, E., Loh, E., Sunstein, C. R., & Sharot, T. (2018). Epistemic spillovers: Learning others' political views reduces the ability to assess and use their expertise in nonpolitical domains. *Cognition*, **188**, 74-84.

8 Thorndike, E. L. (1920). A constant error in psychological ratings. *Journal of Applied Psychology*, **4**(1), 25-9.

9 Wang, J. W., & Cuddy, A. J. C. (2008). Good traits travel: The perceived transitivity of traits across social networks. in *9th Annual Meeting of the Society for Personality and Social Psychology, Albuquerque, NM.*

10 Walther, E. (2002). Guilty by mere association: Evaluative conditioning and the spreading attitude effect. *Journal of Personality and Social Psychology*, **82**(6), 919-34. 以下も参照。Hebl, M. R., & Mannix, L. M. (2003). The weight of obesity in evaluating others:

16 Paharia, N., Keinan, A., Avery, J., & Schor, J. B.（2010）. The underdog effect: The marketing of disadvantage and determination through brand biography. *Journal of Consumer Research*, **37**(5), 775-90; Staton, M., Paharia, N., & Oveis, C.（2012）. Emotional marketing: How pride and compassion impact preferences for underdog and top dog brands. *Advances in Consumer Research*, **40**, 1045-6; Paharia, N., & Thompson, D. V.（2014）. When underdog narratives backfire: The effect of perceived market advantage on brand status. *Advances in Consumer Research*, **42**, 17-21.

17 Buss, D. M.（1991）. Evolutionary personality psychology. *Annual Review of Psychology*, **42**, 459-91.

18 Sy, T., Horton, C., & Riggio, R.（2018）. Charismatic leadership: Eliciting and channeling follower emotions. *The Leadership Quarterly*, **29**(1), 58-69; Wasielewski, P. L.（1985）. The emotional basis of charisma. *Symbolic Interaction*, **8**(2), 207-22; Bono, J. E., & Ilies, R.（2006）. Charisma, positive emotions and mood contagion. *The Leadership Quarterly*, **17**(4), 317-34.

19 Doherty, R. W.（1997）. The emotional contagion scale: A measure of individual differences. *Journal of Nonverbal Behavior*, **21**, 131-54; 情動伝染のしやすさを自分で診断したければ，以下のウェブサイトから情動伝染尺度をダウンロードできる。http://www.midss.org/content/emotional-contagion-scale

20 Kenny, D. A., Horner, C., Kashy, D. A., & Chu, L. C.（1992）. Consensus at zero acquaintance: Replication, behavioral cues, and stability. *Journal of Personality and Social Psychology*, **62**(1), 88-97.

21 Koppensteiner, M., Stephan, P., & Jaschke, J. P. M.（2015）. From body motion to cheers: Speakers' body movements as predictors of applause. *Personality and Individual Differences*, **74**, 182-5.

22 https://www.ted.com/talks/fields_wicker_miurin_learning_from_leadership_s_missing_manual/

23 https://www.ted.com/talks/simon_sinek_how_great_leaders_inspire_action

24 https://www.huffingtonpost.com/vanessa-van-edwards/5-secrets-of-asuccessful_b_6887472.html?guccounter=1

25 ケーシック知事の手ぶりと人気のビデオゲーム『フルーツニンジャ』を組み合わせた愉快な動画は：https://www.youtube.com/watch?v=VqgkNtYbwwM

26 Antonakis, J., Bastardoz, N., Jacquart, P., & Shamir, B.（2016）. Charisma: An ill-defined and ill-measured gift. *Annual Review of Organizational Psychology and Organizational Behavior*, **3**, 293-319.

27 https://www.nytimes.com/2018/08/25/opinion/sunday/college-professors-experts-advice.html

28 Figlio, D. N., Schapiro, M. O., & Soter, K. B.（2015）. Are tenure track professors better teachers? *Review of Economics and Statistics*, **97**(4), 715-24.

29 von Hippel, W., Ronay, R., Baker, E., Kjelsaas, K., & Murphy, S. C.（2016）. Quick thinkers

8 カリスマ性

1 ジョン・マークスについてさらに詳しく知りたければ，以下の自伝を参照。Marks, J.（2008）. *The NHS: Beginning, middle and end? the autobiography of Dr John Marks*. Oxford, UK: Radcliffe Publishing.

2 Antonakis, J., Bastardoz, N., Jacquart, P., & Shamir, B.（2016）. Charisma: An ill-defined and ill-measured gift. *Annual Review of Organizational Psychology and Organizational Behavior*, **3**, 293-319.

3 https://blogs.wsj.com/law/2007/09/27/the-origins-of-justice-stewarts-i-know-itwhen-i-see-it/

4 Tskhay, K. O., Zhu, R., Zou, C., & Rule, N. O.（2018）. Charisma in everyday life: Conceptualization and validation of the general charisma inventory. *Journal of Personality and Social Psychology*, **114**（1）, 131-52.

5 Weber, M.（1978）. *Economy and Society: An outline of interpretive sociology*.（G. Roth & C. Wittich, Eds.）, Berkeley, CA: University of California Press.

6 DeGroot, T., Kiker, D. S., & Cross, T. C.（2000）. A meta-analysis to review organizational outcomes related to charismatic leadership. *Canadian Journal of Administrative Sciences*, **17**（4）, 356-72.

7 Pillai, R., & Meindl, J. R.（1998）. Context and charisma: A "meso" level examination of the relationship of organic structure, collectivism, and crisis to charismatic leadership. *Journal of Management*, **24**（5）, 643-71.

8 Whitney, K., Sagrestano, L. M., & Maslach, C.（1994）. Establishing the social impact of individuation. *Journal of Personality and Social Psychology*, **66**（6）, 1140-53.

9 Hogg, M. A.（2010）. Influence and leadership. In S. T. Fiske, D. T. Gilbert & G. Lindzey（Eds.）, *Handbook of Social Psychology*. Hoboken, NJ: John Wiley & Sons, Vol. 2, pp. 1166-1207. 次も参照。Conger, J. A., & Kanungo, R. N.（1987）. Toward a behavioral theory of charismatic leadership in organizational settings. *Academy of Management Review*, **12**, 637-47.

10 Piff, P. K., Dietze, P., Feinberg, M., Stancato, D. M., & Keltner, D.（2015）. Awe, the small self, and prosocial behavior. *Journal of Personality and Social Psychology*, **108**（6）, 883-99.

11 https://www.nytimes.com/1993/01/21/us/the-inauguration-we-force-the-spring-transcript-of-address-by-president-clinton.html

12 https://www.nytimes.com/1996/02/19/opinion/l-cap-over-wall-joined-political-lexicon-055735.html

13 Heffer, S.（2014）. *Like the Roman: The life of Enoch Powell*, London: Faber & Faber.

14 Mio, J. S., Riggio, R. E., Levin, S., & Reese, R.（2005）. Presidential leadership and charisma: The effects of metaphor. *The Leadership Quarterly*, **16**（2）, 287-94.

15 https://www.london.gov.uk/city-hall-blog/good-relationships-are-vital-our-mental-health-and-wellbeing

Processes and boundaries. *Law and Human Behavior*, **27**(3), 267-87; Combs, D. J., & Keller, P. S. (2010). Politicians and trustworthiness: Acting contrary to self-interest enhances trustworthiness. *Basic and Applied Aocial Psychology*, **32**(4), 328-39; Fennis, B. M., & Stroebe, W. (2014). Softening the blow: Company self-disclosure of negative information lessens damaging effects on consumer judgment and decision making. *Journal of Business Ethics*, **120**(1), 109-20.

50 Hamilton, R., Vohs, K. D., & McGill, A. L. (2014). We'll be honest, this won't be the best article you'll ever read: The use of dispreferred markers in word-of-mouth communication. *Journal of Consumer Research*, **41**(1), 197-212.

51 https://www.bbc.co.uk/news/av/world-us-canada-44959340/donald-trump-whatyou-re-seeing-and-what-you-re-reading-is-not-what-s-happening

52 Scott, M. B., & Lyman, S. M. (1968). Accounts. *American Sociological Review*, **33**(1), 46-62.

53 Bruhl, R., Basel, J. S., & Kury, M. F. (2018). Communication after an integrity-based trust violation: How organizational account giving affects trust. *European Management Journal*, **36**, 161-70.

54 Schweitzer, M. E., Brooks, A. W., & Galinsky, A. D. (2015). The organizational apology. *Harvard Business Review*, **94**, 44-52.

55 https://www.theguardian.com/news/2018/mar/17/data-war-whistleblower-christopher-wylie-faceook-nix-bannon-trump

56 https://www.theguardian.com/news/2018/mar/17/cambridge-analytica-facebook-influence-us-election

57 https://www.theguardian.com/technology/2018/mar/21/mark-zuckerberg-response-facebook-cambridge-analytica; https://www.businessinsider.com/facebook-ceo-mark-zuckerberg-responds-to-cambridge-analytica-scandal?r=US&IR=T

58 https://www.bloomberg.com/news/articles/2018-07-10/facebook-faces-u-k-privacy-fine-over-cambridge-analytica-probe; https://www.independent.co.uk/news/business/news/facebook-share-price-stock-market-value-crash-bad-results-markzuckerberg-a8464831.html

59 Schweitzer, M. E., Brooks, A. W., & Galinsky, A. D. (2015). The organizational apology. *Harvard Business Review*, **94**, 44-52.

60 Haselhuhn, M. P., Schweitzer, M. E., & Wood, A. M. (2010). How implicit beliefs influence trust recovery. *Psychological Science*, **21**(5), 645-8.

61 Mallea, R., Spektor, M., & Wheeler, N. J. (2015). The origins of nuclear cooperation: A critical oral history between Argentina and Brazil. 引用は以下のアドレスから。https://www.birmingham.ac.uk/Documents/college-social-sciences/government-society/iccs/news-events/2015/critical-oral-history.pdf; https://www.americasquarterly.org/content/long-view-how-argentina-and-brazil-stepped-back-nuclear-race

36 Bohnet, I., & Zeckhauser, R. (2004). Trust, risk and betrayal. *Journal of Economic Behavior & Organization*, **55**(4), 467-84; Bohnet, I., Greig, F., Herrmann, B., & Zeckhauser, R. (2008). Betrayal aversion: Evidence from Brazil, China, Oman, Switzerland, Turkey, and the United States. *American Economic Review*, **98**(1), 294-310.

37 Fetchenhauer, D., & Dunning, D. (2012). Betrayal aversion versus principled trustfulness? How to explain risk avoidance and risky choices in trust games. *Journal of Economic Behavior and Organization*, **81**(2), 534-41; Schlosser, T., Mensching, O., Dunning, D., & Fetchenhauer, D. (2015). Trust and rationality: Shifting normative analyses of risks involving other people versus nature. *Social Cognition*, **33**(5), 459-82.

38 Sally, D. (1995). Conversation and cooperation in social dilemmas: A metaanalysis of experiments from 1958 to 1992. *Rationality and Society*, **7**, 58-92.

39 Balliet, D. (2010). Communication and cooperation in social dilemmas: A meta-analytic review. *Journal of Conflict Resolution*, **54**(1), 39-57.

40 Roghanizad, M. M., & Bohns, V. K. (2017). Ask in person: You're less persuasive than you think over email. *Journal of Experimental Social Psychology*, **69**, 223-6.

41 Oosterhof, N. N., & Todorov, A. (2008). The functional basis of face evaluation. *Proceedings of the National Academy of Sciences*, **105**(32), 11087-92.

42 Duarte, J., Siegel, S., & Young, L. (2012). Trust and credit: The role of appearance in peer-to-peer lending. *The Review of Financial Studies*, **25**(8), 2455-84；以下も参照。Linke, L., Saribay, S. A., & Kleisner, K. (2016). Perceived trustworthiness is associated with position in a corporate hierarchy. *Personality and Individual Differences*, **99**, 22-7.

43 Todorov, A. (2017). *Face value: The irresistible influence of first impressions*. Princeton, NJ: Princeton University Press.

44 Bond Jr, C. F., & DePaulo, B. M. (2006). Accuracy of deception judgments. *Personality and Social Psychology Review*, **10**(3), 214-34; Ekman, P., & O'Sullivan, M. (1991). Who can catch a liar. *American Psychologist*, **46**(9), 913-20.

45 Wilson, J. P., & Rule, N. O. (2017). Advances in understanding the detectability of trustworthiness from the face: Toward a taxonomy of a multifaceted construct. *Current Directions in Psychological Science*, **26**(4), 396-400.

46 Butler, E. A., Egloff, B., Wilhelm, F. H., Smith, N. C., Erickson, E. A., & Gross, J. J. (2003). The social consequences of expressive suppression. *Emotion*, **3**(1), 48-67.

47 Decety, J., & Chaminade, T. (2003). Neural correlates of feeling sympathy. *Neuropsychologia*, **41**(2), 127-38.

48 Van 't Veer, A. E., Gallucci, M., Stel, M., & Beest, I. V. (2015). Unconscious deception detection measured by finger skin temperature and indirect veracity judgments − results of a registered report. *Frontiers in Psychology*, **6**, 672.

49 Williams, K. D., Bourgeois, M. J., & Croyle, R. T. (1993). The effects of stealing thunder in criminal and civil trials. *Law and Human Behavior*, **17**(6), 597-609; Dolnik, L., Case, T. I., & Williams, K. D. (2003). Stealing thunder as a courtroom tactic revisited:

22 https://www.bbc.co.uk/news/world-us-canada-37982000
23 Hogg, M. A. (2010). Influence and leadership. In S. T. Fiske, D. T. Gilbert & G. Lindzey (Eds.), *Handbook of social psychology*, Hoboken, NJ: John Wiley & Sons, Vol. 2, pp. 1166-1207.
24 Swire, B., Berinsky, A. J., Lewandowsky, S., & Ecker, U. K. (2017). Processing political misinformation: Comprehending the Trump phenomenon. *Royal Society Open Science*, **4**(3), 160802.
25 https://news.gallup.com/poll/208640/majority-no-longer-thinks-trump-keeps-promises.aspx?g_source=Politics&g_medium=newsfeed&g_campaign=tiles
26 https://www.theguardian.com/commentisfree/2018/sep/05/trump-poll-ratings-macron-globalisation; https://www.ouest-france.fr/politique/emmanuel-macron/popularite-macron-son-plus-bas-niveau-en-juillet-selon-sept-instituts-de-sondage-5904008?utm_source=dlvr.it&utm_medium=twitter
27 https://www.prri.org/research/prri-brookings-oct-19-poll-politics-election-clinton-double-digit-lead-trump/
28 https://www.nbcnews.com/think/opinion/trump-s-lying-seems-be-gettingworse-psychology-suggests-there-ncna876486; Gino, F., & Bazerman, M. H. (2009). When misconduct goes unnoticed: The acceptability of gradual erosion in others' unethical behavior. *Journal of Experimental Social Psychology*, **45**(4), 708-19; 以下も参照。Garrett, N., Lazzaro, S. C., Ariely, D., & Sharot, T. (2016). The brain adapts to dishonesty. *Nature Neuroscience*, **19**(12), 1727-32.
29 スピッツァーについては以下を参照。http://www.nytimes.com/2008/03/10/nyregion/10cnd-spitzer.html?pagewanted=all&_r=0; ヴァズについては以下を参照。https://www.mirror.co.uk/news/uk-news/married-mp-keith-vaz-tells-8763805
30 Effron, D. A., & Monin, B. (2010). Letting people off the hook: When do good deeds excuse transgressions? *Personality and Social Psychology Bulletin*, **36**(12), 1618-34.
31 https://www.thecut.com/2018/11/how-did-larry-nassar-deceive-so-many-for-so-long.html
32 Cropanzano, R., & Mitchell, M. S. (2005). Social exchange theory: An interdisciplinary review. *Journal of Management*, **31**(6), 874-900.
33 Flynn, F. J. (2003). How much should I give and how often? The effects of generosity and frequency of favor exchange on social status and productivity. *Academy of Management Journal*, **46**(5), 539-53.
34 Diekmann, A., Jann, B., Przepiorka, W., & Wehrli, S. (2014). Reputation formation and the evolution of cooperation in anonymous online markets. *American Sociological Review*, **79**(1), 65-85.
35 Lount Jr, R. B., Zhong, C. B., Sivanathan, N., & Murnighan, J. K. (2008). Getting off on the wrong foot: The timing of a breach and the restoration of trust. *Personality and Social Psychology Bulletin*, **34**(12), 1601-12.

12 Chung, K. Y., Derdenger, T. P., & Srinivasan, K. (2013). Economic value of celebrity endorsements: Tiger Woods' impact on sales of Nike golf balls. *Marketing Science*, **32** (2), 271-93; Knittel, C. R., & Stango, V. (2013). Celebrity endorsements, firm value, and reputation risk: Evidence from the Tiger Woods scandal. *Management Science*, **60** (1), 21-37. または以下を参照。https://gsm.ucdavis.edu/news-release/tiger-woods-scandal-cost-shareholders-12-billion

13 Dahlen, M., & Lange, F. (2006). A disaster is contagious: How a brand in crisis affects other brands. *Journal of Advertising Research*, **46**(4), 388-97; Carrillat, F. A., d'Astous, A., & Christianis, H. (2014). Guilty by association: The perils of celebrity endorsement for endorsed brands and their direct competitors. *Psychology & Marketing*, **31**(11), 1024-39.

14 Rousseau, D. M., Sitkin, S. B., Burt, R. S., & Camerer, C. (1998). Not so different after all: A cross-discipline view of trust. *Academy of Management Review*, **23**(3), 393-404; Mayer, R. C., Davis, J. H., & Schoorman, F. D. (1995). An integrative model of organizational trust. *Academy of Management Review*, **20**(3), 709-34; Thielmann, I., & Hilbig, B. E. (2015). Trust: An integrative review from a person − situation perspective. *Review of General Psychology*, **19**(3), 249-77.

15 Ariely, D., & Loewenstein, G. (2006). The heat of the moment: The effect of sexual arousal on sexual decision making. *Journal of Behavioral Decision Making*, **19**(2), 87-98.

16 https://www.independent.co.uk/news/uk/politics/boris-johnson-put-his-politicalambition-to-lead-the-tory-party-ahead-of-uk-interests-says-david-a6890016.html

17 (プロヒューモ事件の) クリスティーン・キーラーとマンディー・ライス・デービスについてさらに知りたければ以下を参照。クリスティーン・キーラー：https://www.independent.co.uk/news/uk/politics/christine-keeler-profumo-affair-secretary-war-stephen-wardprostitute-affair-soviet-attache-cold-war-a8095576.html; マンディー・ライス・デービス：https://www.telegraph.co.uk/news/obituaries/11303169/Mandy-Rice-Davies-obituary.html

18 Knoll, J., & Matthes, J. (2017). The effectiveness of celebrity endorsements: A meta-analysis. *Journal of the Academy of Marketing Science*, **45**(1), 55-75.

19 Starmans, C., & Bloom, P. (2016). When the spirit is willing, but the flesh is weak: Developmental differences in judgments about inner moral conflict. *Psychological Science*, **27**(11), 1498-1506.

20 McNulty, J. K., Meltzer, A. L., Makhanova, A., & Maner, J. K. (2018). Attentional and evaluative biases help people maintain relationships by avoiding infidelity. *Journal of Personality and Social Psychology*, **115**(1), 76-95.

21 https://www.washingtonpost.com/politics/2019/04/01/president-trump-has-made-false-or-misleading-claims-over-days/;『プレイボーイ』誌のモデルとのスキャンダルについては以下を参照。https://www.theguardian.com/us-news/2018/jul/24/michael-cohen-trump-tape-karen-mcdougal-payment

7 信頼性

1 http://news.bbc.co.uk/onthisday/hi/dates/stories/march/22/newsid_4271000/4271221.stm

2 https://api.parliament.uk/historic-hansard/commons/1963/jun/17/security-mr-profumos-resignation

3 http://archive.spectator.co.uk/article/14th-june-1963/4/political-commentary

4 Simpson, B. & Willer, R.（2015）. Beyond altruism: Sociological foundations of cooperation and prosocial behavior. *Annual Review of Sociology*, **41**, 43-63.

5 Kim, P. H., Dirks, K. T., Cooper, C. D., & Ferrin, D. L.（2006）. When more blame is better than less: The implications of internal vs. external attributions for the repair of trust after a competence- vs. integrity-based trust violation. *Organizational Behavior and Human Decision Processes*, **99**（1）, 49-65.

6 Tov, W., & Diener, E.（2008）. The well-being of nations: Linking together trust, cooperation, and democracy. In Sullivan, B. A., Snyder, M. & Sullivan, J. L.（Eds.）, *Cooperation: The political psychology of effective human interaction*. Malden, MA: Blackwell, pp. 323-42.

7 Berg, J., Dickhaut, J., & McCabe, K.（1995）. Trust, reciprocity, and social history. *Games and Economic Behavior*, **10**（1）, 122-42; Camerer, C., & Weigelt, K.（1998）. Experimental tests of a sequential equilibrium reputation model. *Econometrica*, **56**（1）, 1-36. 以下も参照。C., Duchaine, B., Olivola, C. Y., & Chater, N.（2012）. Unfakeable facial configurations affect strategic choices in trust games with or without information about past behavior. *PloS ONE*, **7**, e34293.

8 Pillutla, M. M., Malhotra, D., & Murnighan, J. K.（2003）. Attributions of trust and the calculus of reciprocity. *Journal of Experimental Social Psychology*, **39**（5）, 448-55; Krueger, J. I., Massey, A. L., & DiDonato, T. E.（2008）. A matter of trust: From social preferences to the strategic adherence to social norms. *Negotiation and Conflict Management Research*, **1**（1）, 31-52.

9 Tov, W., & Diener, E.（2008）. The well-being of nations: Linking together trust, cooperation, and democracy. In B. A. Sullivan, M. Snyder & J. L. Sullivan（Eds.）, *Cooperation: The political psychology of effective human interaction*. Malden, MA: Blackwell, pp.323-42.

10 World Values Survey 6（2014）. アドレス：http://www.worldvaluessurvey.org/wvs.jsp; 以下も参照。https://www.bi.team/blogs/social-trust-is-one-of-the-most-important-measures-that-most-people-have-never-heard-of-and-its-moving/

11 Bachmann, R., & Inkpen, A. C.（2011）. Understanding institutional-based trust building processes in inter-organizational relationships. *Organization Studies*, **32**（2）, 281-301; Granelli, F.（2017）. Trust and Revolution: A History（未刊行博士論文）。以下も参照。Putnam, R. D.（1995）. Bowling alone: America's declining social capital. *Journal of Democracy*, **6**（1）, 65-78.

34 Strack, S., & Coyne, J. C. (1983). Social confirmation of dysphoria: Shared and private reactions to depression. *Journal of Personality and Social Psychology*, **44**(4), 798-806.

35 Vaes, J., & Muratore, M. (2013). Defensive dehumanization in the medical practice: A cross-sectional study from a health care worker's perspective. *British Journal of Social Psychology*, **52**(1), 180-90.

36 http://www.nytimes.com/2009/04/07/health/07pati.html

37 Lammers, J., & Stapel, D. A. (2011). Power increases dehumanization. *Group Processes & Intergroup Relations*, **14**(1), 113-26.

38 Fehse, K., Silveira, S., Elvers, K., & Blautzik, J. (2015). Compassion, guilt and innocence: An fMRI study of responses to victims who are responsible for their fate. *Social Neuroscience*, **10**(3), 243-52.

39 Lerner, M. J., & Goldberg, J. H. (1999). When do decent people blame victims? The differing effects of the explicit/rational and implicit/experiential cognitive systems. In S. Chaiken & Y. Trope (Eds.), *Dual-process Theories in Social Psychology*. New York, NY: Guilford Press, pp. 627-40; Harber, K. D., Podolski, P., & Williams, C. H. (2015). Emotional disclosure and victim blaming. *Emotion*, **15**(5), 603-14.

40 Harris, L. T., Lee, V. K., Capestany, B. H., & Cohen, A. O. (2014). Assigning economic value to people results in dehumanization brain response. *Journal of Neuroscience, Psychology, and Economics*, **7**(3), 151-63.

41 Kogut, T., & Ritov, I. (2007). "One of us": Outstanding willingness to help save a single identified compatriot. *Organizational Behavior and Human Decision Processes*, **104**(2), 150-7.

42 Levine, M., Prosser, A., Evans, D., & Reicher, S. (2005). Identity and emergency intervention: How social group membership and inclusiveness of group boundaries shape helping behavior. *Personality and Social Psychology Bulletin*, **31**(4), 443-53.

43 Tam, T., Hewstone, M., Cairns, E., Tausch, N., Maio, G., & Kenworthy, J. (2007). The impact of intergroup emotions on forgiveness in Northern Ireland. *Group Processes & Intergroup Relations*, **10**(1), 119-36; Capozza, D., Falvo, R., Favara, I., & Trifiletti, E. (2013). The relationship between direct and indirect cross-group friendships and outgroup humanization: Emotional and cognitive mediators. *Testing, Psychometrics, Methodology in Applied Psychology*, **20**(4), 383-97.

44 Vezzali, L., Capozza, D., Stathi, S., & Giovannini, D. (2012). Increasing outgroup trust, reducing infrahumanization, and enhancing future contact intentions via imagined intergroup contact. *Journal of Experimental Social Psychology*, **48**(1), 437-40; Vezzali, L., Stathi, S., & Giovannini, D. (2012). Indirect contact through book reading: Improving adolescents' attitudes and behavioral intentions toward immigrants. *Psychology in the Schools*, **49**(2), 148-62.

45 Harris, L. T., & Fiske, S. T. (2007). Social groups that elicit disgust are differentially processed in mPFC. *Social Cognitive and Affective Neuroscience*, **2**(1), 45-51.

16 Oberholzer-Gee, F. (2006). A market for time fairness and efficiency in waiting lines. *Kyklos*, **59**(3), 427-40.

17 Milgram, S. (1974). *Obedience to authority*. London: Tavistock.

18 Rosas, A., & Koenigs, M. (2014). Beyond "utilitarianism": Maximizing the clinical impact of moral judgment research. *Social Neuroscience*, **9**(6), 661-7.

19 Andreoni, J., Rao, J. M., & Trachtman, H. (2017). Avoiding the ask: A field experiment on altruism, empathy, and charitable giving. *Journal of Political Economy*, **125**(3), 625-53.

20 https://www.today.com/popculture/dancing-man-today-show-defies-bulliesdances-meghan-trainor-t22501

21 Jenni, K., & Loewenstein, G. (1997). Explaining the identifiable victim effect. *Journal of Risk and Uncertainty*, **14**(3), 235-57.

22 特定可能な犠牲者に備わる効果についてさらに知りたければ次を参照。Lee, S., & Feeley, T. H. (2016). The identifiable victim effect: A meta-analytic review. *Social Influence*, **11**(3), 199-215.

23 Nobis, N. (2009). The "Babe" vegetarians: Bioethics, animal minds and moral methodology. In S. Shapshay (Ed.), *Bioethics at the movies*. Baltimore, MD: Johns Hopkins University Press. 次も参照。https://www.newstatesman.com/culture/film/2016/08/babe-bfg-how-children-s-stories-promote-vegetarianism

24 https://www.veganfoodandliving.com/veganuary-launches-crowdfunding-campaign-to-place-vegan-adverts-on-the-london-underground/

25 Bloom, P. (2017). *Against empathy: The case for rational compassion*. London: Penguin.

26 Schelling, T. C. (1968). The life you save may be your own. In S. Chase (Ed.), *Problems in public expenditure analysis*, Washington, DC: The Brookings Institute.

27 Bloom, P. (2017). Empathy and its discontents. *Trends in Cognitive Sciences*, **21**(1), 24-31.

28 Fisher, R. (1981). Preventing nuclear war. *Bulletin of the Atomic Scientists*, **37**(3), 11-17.

29 Cikara, M., & Fiske, S. T. (2012). Stereotypes and schadenfreude: Affective and physiological markers of pleasure at outgroup misfortunes. *Social Psychological and Personality Science*, **3**(1), 63-71.

30 https://www.thesun.co.uk/world-cup-2018/6641079/world-cup-2018-germany/

31 Kay, A. C., & Jost, J. T. (2003). Complementary justice: Effects of "poor but happy" and "poor but honest" stereotype exemplars on system justification and implicit activation of the justice motive. *Journal of Personality and Social Psychology*, **85**(5), 823-37; Zaki, J. (2014). Empathy: A motivated account. *Psychological Bulletin*, **140**(6), 1608-47.

32 Harris, L. T., & Fiske, S. T. (2006). Dehumanizing the lowest of the low: Neuroimaging responses to extreme out-groups. *Psychological Science*, **17**(10), 847-53.

33 Haslam, N., & Loughnan, S. (2014). Dehumanization and infrahumanization. *Annual Review of Psychology*, **65**, 399-423.

predict employee well-being? *Journal of Occupational and Environmental Medicine*, **57** (11), 1141-6.

3 Brown, B. (2015). *Daring greatly: How the courage to be vulnerable transforms the way we live, love, parent, and lead.* London: Penguin.

4 Bohns, V. K., & Flynn, F. J. (2010). "Why didn't you just ask?" Underestimating the discomfort of help-seeking. *Journal of Experimental Social Psychology*, **46**(2), 402-9. 次も参照。DePaulo, B. M., & Fisher, J. D. (1980). The costs of asking for help. *Basic and Applied Social Psychology*, **1**(1), 23-35.

5 前掲；および前掲。

6 Bruk, A., Scholl, S. G., & Bless, H. (2018). Beautiful mess effect: Self? other differences in evaluation of showing vulnerability. *Journal of Personality and Social Psychology*, **115**(2), 192-205.

7 https://www.metro.news/theresa-mays-a-super-trouper-says-abbas-bjorn-ulvaeus/1325504/

8 https://www.theguardian.com/commentisfree/2018/oct/03/theresa-may-conference-speech-verdict-conservative-birmingham

9 Gray, K., & Wegner, D. M. (2011). To escape blame, don't be a hero — Be a victim. *Journal of Experimental Social Psychology*, **47**(2), 516-19.

10 http://news.bbc.co.uk/1/hi/entertainment/8077075.stm

11 Collins, N. L., & Miller, L. C. (1994). Self-disclosure and liking: A meta-analytic review. *Psychological Bulletin*, **116**(3), 457-75; Moore, D. A., Kurtzberg, T. R., Thompson, L. L., & Morris, M. W. (1999). Long and short routes to success in electronically mediated negotiations: Group affiliations and good vibrations. *Organizational Behavior and Human Decision Processes*, **77**(1), 22-43; Vallano, J. P., & Compo, N. S. (2011). A comfortable witness is a good witness: Rapport-building and susceptibility to misinformation in an investigative mock-crime interview. *Applied Cognitive Psychology*, **25**(6), 960-70; Stokoe, E. (2009). "I've got a girlfriend": Police officers doing "self-disclosure" in their interrogations of suspects. *Narrative Inquiry*, **19**(1), 154-82.

12 Davidov, M., Zahn-Waxler, C., Roth-Hanania, R., & Knafo, A. (2013). Concern for others in the first year of life: Theory, evidence, and avenues for research. *Child Development Perspectives*, **7**(2), 126-31.

13 Bartal, I. B. A., Decety, J., & Mason, P. (2011). Empathy and pro-social behavior in rats. *Science*, **334**(6061), 1427-30.

14 Crockett, M. J., Kurth-Nelson, Z., Siegel, J. Z., Dayan, P., & Dolan, R. J. (2014). Harm to others outweighs harm to self in moral decision making. *Proceedings of the National Academy of Sciences*, **111**(48), 17320-5.

15 Grant, A. M., & Hofmann, D. A. (2011). It's not all about me: Motivating hand hygiene among health care professionals by focusing on patients. *Psychological Science*, **22**(12), 1494-9.

account of bystanders' feelings and actions. 以下も参照：Klein, N., & Epley, N. (2014). The topography of generosity: Asymmetric evaluations of prosocial actions. *Journal of Experimental Psychology: General*, **143**(6), 2366-79.

33 Minson, J. A., & Monin, B. (2012). Do-gooder derogation: Disparaging morally motivated minorities to defuse anticipated reproach. *Social Psychological and Personality Science*, **3**(2), 200-7.

34 Kraus, M. W., & Keltner, D. (2009). Signs of socioeconomic status: A thin-slicing approach. *Psychological Science*, **20**(1), 99-106.

35 Zebrowitz, L. A., & Montepare, J. M. (2005). Appearance DOES matter. *Science*, **308**(5728), 1565-6.

36 Todorov, A., Mandisodza, A. N., Goren, A., & Hall, C. C. (2005). Inferences of competence from faces predict election outcomes. *Science*, **308**(5728), 1623-6.

37 Keating, C. F., Randall, D., & Kendrick, T. (1999). Presidential physiognomies: Altered images, altered perceptions. *Political Psychology*, **20**(3), 593-610.

38 Zebrowitz, L. A., Kendall-Tackett, K., & Fafel, J. (1991). The influence of children's facial maturity on parental expectations and punishments. *Journal of Experimental Child Psychology*, **52**(2), 221-38.

39 Zebrowitz, L. A., & McDonald, S. M. (1991). The impact of litigants' baby-facedness and attractiveness on adjudications in small claims courts. *Law and Human Behavior*, **15**(6), 603-23.

40 Perrett, D. (2010). *In your face: The new science of human attraction*. New York, NY: Palgrave Macmillan.

41 Willer, R. (2009). Groups reward individual sacrifice: The status solution to the collective action problem. *American Sociological Review*, **74**(1), 23-43.

42 Restivo, M., & Van De Rijt, A. (2012). Experimental study of informal rewards in peer production. *PloS ONE*, **7**, e34358.

43 Hardy, C. L., & Van Vugt, M. (2006). Nice guys finish first: The competitive altruism hypothesis. *Personality and Social Psychology Bulletin*, **32**(10), 1402-13.

44 Yoeli, E., Hoffman, M., Rand, D. G., & Nowak, M. A. (2013). Powering up with indirect reciprocity in a large-scale field experiment. *Proceedings of the National Academy of Sciences*, **110**(2), 10424-9.

45 https://www.nytimes.com/2007/07/04/business/04hybrid.html

46 Griskevicius, V., Tybur, J. M., & Van den Bergh, B. (2010). Going green to be seen: Status, reputation, and conspicuous conservation. *Journal of Personality and Social Psychology*, **98**(3), 392-404.

6 弱さ

1 https://hbr.org/2014/12/what-bosses-gain-by-being-vulnerable

2 Clausen, T., Christensen, K. B., & Nielsen, K. (2015). Does group-level commitment

18 Laustsen, L.（2017）. Choosing the right candidate: Observational and experimental evidence that conservatives and liberals prefer powerful and warm candidate personalities, respectively. *Political Behavior*, **39**(4), 883-908.

19 https://www.seattletimes.com/business/in-person-costco-president-craig-jelinek-keeps-a-low-profile/

20 Roberts, J. A., & David, M. E.（2017）. Put down your phone and listen to me: How boss phubbing undermines the psychological conditions necessary for employee engagement. *Computers in Human Behavior*, **75**, 206-17.

21 Ashford, S. J., Wellman, N., Sully de Luque, M., De Stobbeleir, K. E., & Wollan, M.（2018）. Two roads to effectiveness: CEO feedback seeking, vision articulation, and firm performance. *Journal of Organizational Behavior*, **39**(1), 82-95.

22 Newcombe, M. J., & Ashkanasy, N. M.（2002）. The role of affect and affective congruence in perceptions of leaders: An experimental study. *The Leadership Quarterly*, **13**(5), 601-14.

23 Van Kleef, G. A., De Dreu, C. K., & Manstead, A. S.（2010）. An interpersonal approach to emotion in social decision making: The emotions as social information model. in *Advances in Experimental Social Psychology.* Oxford, UK: Academic Press, Vol. 42, pp.45-96.

24 Ariely, D.（2016）. *Payoff: The hidden logic that shapes our motivations*. London: Simon and Schuster.

25 Grant, A. M., & Gino, F.（2010）. A little thanks goes a long way: Explaining why gratitude expressions motivate prosocial behavior. *Journal of Personality and Social Psychology*, **98**(6), 946-55.

26 https://www.govinfo.gov/content/pkg/PPP-1995-book2/pdf/PPP-1995-book2-doc-pg1264-3.pdf

27 Brooks, A. W., Dai, H., & Schweitzer, M. E.（2014）. I'm sorry about the rain! Superfluous apologies demonstrate empathic concern and increase trust. *Social Psychological and Personality Science*, **5**(4), 467-74.

28 公式謝罪の全文：https://www.australia.gov.au/about-australia/our-country/our-people/apology-to-australias-indigenous-peoples; ケビン・ラッドの最高支持率は歴代首相のなかで最も高い：https://www.theaustralian.com.au/national-affairs/newspoll

29 Cialdini, R. B., & de Nicholas, M. E.（1989）. Self-presentation by association. *Journal of personality and social psychology*, **57**(4), 626-31.

30 Weidman, A. C., Cheng, J. T., & Tracy, J. L.（2018）. The psychological structure of humility. *Journal of Personality and Social Psychology*, **114**(1), 153-78.

31 Van Kleef, G. A., De Dreu, C. K. W., & Manstead, A. S. R.（2006）. Supplication and appeasement in conflict and negotiation: The interpersonal effects of disappointment, worry, guilt, and regret. *Journal of Personality and Social Psychology*, **91**(1), 124-42.

32 Marks, J., Czech, P., & Sharot, T.（準備中）. Observing others give & take: A computational

45; Gottman, J. (1995). *Why marriages succeed or fail: And how to make yours last*. New York, NY: Simon & Schuster.

6 Hamlin, J. K., Wynn, K., & Bloom, P. (2007). Social evaluation by preverbal infants. *Nature*, **450**(7169), 557-9; Van de Vondervoort, J. W., & Hamlin, J. K. (2018). The early emergence of sociomoral evaluation: Infants prefer prosocial others. *Current Opinion in Psychology*, **20**, 77-81.

7 Brown, P., & Levinson, S. C. (1987). *Politeness: Some universals in language usage*. New York, NY: Cambridge University Press; Pinker, S. (2007). *The stuff of thought: Language as a window into human nature*. New York, NY: Viking.

8 Pinker, S. (2007). *The stuff of thought: Language as a window into human nature*. New York, NY: Viking.

9 Zerubavel, N., Hoffman, M. A., Reich, A., Ochsner, K. N., & Bearman, P. (2018). Neural precursors of future liking and affective reciprocity. *Proceedings of the National Academy of Sciences*, **115**(17), 4375-80.

10 Francis, D., Diorio, J., Liu, D., & Meaney, M. J. (1999). Nongenomic transmission across generations of maternal behavior and stress responses in the rat. *Science*, **286**(5442), 1155-8.

11 Luecken, L. J., & Lemery, K. S. (2004). Early caregiving and physiological stress responses. *Clinical Psychology Review*, **24**(2), 171-91.

12 Rogers, C. R. (1957). The necessary and sufficient conditions of therapeutic personality change. *Journal of Consulting Psychology*, **21**(2), 97-103; Rogers, C. R., Gendlin, E. T., Kiesler, D., & Truax, C. (1967). *The therapeutic relationship and its impact: A study of psychotherapy with schizophrenics*. Oxford, UK.

13 Ambady, N., LaPlante, D., Nguyen, T., Rosenthal, R., Chaumeton, N., & Levinson, W. (2002). Surgeons' tone of voice: A clue to malpractice history. *Surgery*, **132**(1), 5-9.

14 Alison, L. J., Alison, E., Noone, G., Elntib, S., Waring, S., & Christiansen, P. (2014). The efficacy of rapport-based techniques for minimizing counter-interrogation tactics amongst a field sample of terrorists. *Psychology, Public Policy, and Law*, **20**(4), 421-30.

15 Seiter, J. S., & Dutson, E. (2007). The effect of compliments on tipping behavior in hairstyling salons. *Journal of Applied Social Psychology*, **37**(9), 1999-2007; Seiter, J. S. (2007). Ingratiation and gratuity: The effect of complimenting customers on tipping behavior in restaurants. *Journal of Applied Social Psychology*, **37**(3), 478-85; Grant, N. K., Fabrigar, L. R., & Lim, H. (2010). Exploring the efficacy of compliments as a tactic for securing compliance. *Basic and Applied Social Psychology*, **32**(3), 226-33.

16 Laustsen, L., & Bor, A. (2017). The relative weight of character traits in political candidate evaluations: Warmth is more important than competence, leadership and integrity. *Electoral Studies*, **49**, 96-107.

17 Chozick, A. (2018). *Chasing Hillary: Ten years, two presidential campaigns, and one intact glass ceiling*. New York, NY: HarperCollins.

5 Stenseng, F., Belsky, J., Skalicka, V., & Wichstrom, L. (2014). Preschool social exclusion, aggression, and cooperation: A longitudinal evaluation of the needto-belong and the social-reconnection hypotheses. *Personality and Social Psychology Bulletin*, **40**(12), 1637-47; Ren, D., Wesselmann, E. D., & Williams, K. D. (2018). Hurt people hurt people: Ostracism and aggression. *Current Opinion in Psychology*, **19**, 34-8.

6 Leary, M. R., Kowalski, R. M., Smith, L., & Phillips, S. (2003). Teasing, rejection, and violence: Case studies of the school shootings. *Aggressive Behavior: Official Journal of the International Society for Research on Aggression*, **29**(3), 202-14; Sommer, F., Leuschner, V., & Scheithauer, H. (2014). Bullying, romantic rejection, and conflicts with teachers: The crucial role of social dynamics in the development of school shootings ? A systematic review. *International Journal of Developmental Science*, **8**(1-2), 3-24.

7 Finch, J. F., & Cialdini, R. B. (1989). Another indirect tactic of (self-) image management: Boosting. *Personality and Social Psychology Bulletin*, **15**(2), 222-32.

8 Cialdini, R. B. (2001). *Influence: Science and practice*. New York, NY: Harper Collins; McPherson, M., Smith-Lovin, L., & Cook, J. M. (2001). Birds of a feather: Homophily in social networks. *Annual Review of Sociology*, **27**, 415-44.

9 Del Vicario, M., Bessi, A., Zollo, F., Petroni, F., Scala, A., Caldarelli, G., Stanley, H. E., & Quattrociocchi, W. (2016). The spreading of misinformation online. *Proceedings of the National Academy of Sciences*, **113**(3), 554-9; Sunstein, C. R. (2017). *#Republic: Divided democracy in the age of social media*. Princeton, NJ: Princeton University Press.

10 Marks, J., Copland, E., Loh, E., Sunstein, C. R., & Sharot, T. (2019). Epistemic spillovers: Learning others' political views reduces the ability to assess and use their expertise in nonpolitical domains. *Cognition*, **188**, 74-84.

11 https://www.marketingweek.com/2016/01/12/sport-englands-this-girl-can-campaign-inspires-2-8-million-women-to-get-active/

12 Department for International Development (2009). Getting braids not AIDS: How hairdressers are helping to tackle HIV in Zimbabwe.: https://reliefweb.int/report/zimbabwe/getting-braids-not-aids-how-hairdressers-are-helping-tackle-hiv-zimbabwe

5 温かみ

1 https://www.nytimes.com/1985/12/19/business/how-texaco-lost-court-fight.html

2 http://articles.latimes.com/1986-01-19/business/fi-1168_1_ordinary-people

3 Cuddy, A. J., Fiske, S. T., & Glick, P. (2008). Warmth and competence as universal dimensions of social perception: The stereotype content model and the bias map. *Advances in Experimental Social Psychology*, **40**, 61-149.

4 Carnegie, D. (1936). *How to win friends and influence people*. New York, NY: Simon & Schuster.

5 Gottman, J. M., & Levenson, R. W. (2000). The timing of divorce: Predicting when a couple will divorce over a 14-year period. *Journal of Marriage and Family*, **62**(3), 737-

looking-pretty-Why-women-hate-beautiful.html

40 Oreffice, S., & Quintana-Domeque, C. (2016). Beauty, body size and wages: Evidence from a unique data set. *Economics & Human Biology*, **22**, 24-34. 以下も参照：Elmore, W., Vonnahame, E. M., Thompson, L., Filion, D., & Lundgren, J. D. (2015). Evaluating political candidates: Does weight matter? *Translational Issues in Psychological Science*, **1**(3), 287-97.

41 Whipple, T. (2018). *X and why: The rules of attraction: Why gender still matters*. London: Short Books Ltd.

42 Buss, D. M. (1989). Sex differences in human mate preferences: Evolutionary hypotheses tested in 37 cultures. *Behavioral and Brain Sciences*, **12**(1), 1-14; Li, N. P., Bailey, J. M., Kenrick, D. T., & Linsenmeier, J. A. (2002). The necessities and luxuries of mate preferences: Testing the tradeoffs. *Journal of Personality and Social Psychology*, **82**(6), 947-55; McClintock, E. A. (2011). Handsome wants as handsome does: Physical attractiveness and gender differences in revealed sexual preferences. *Biodemography and Social Biology*, **57**(2), 221-57.

43 Trivers, R. L. (1972). Parental investment and sexual selection. In B. Campbell (Ed.), *Sexual selection and the descent of man*. Chicago, IL: Aldine, pp. 136-79.

44 Baumeister, R. F., Catanese, K. R., & Vohs, K. D. (2001). Is there a gender difference in strength of sex drive? Theoretical views, conceptual distinctions, and a review of relevant evidence. *Personality and Social Psychology Review*, **5**(3), 242-73.

45 Downey, G. J. (2002). *Telegraph messenger boys: Labor, communication and technology, 1850–1950*. New York, NY: Routledge.

第II部：ソフト型メッセンジャー

1 Smith, D. (2016). *Rasputin: Faith, power, and the twilight of the Romanovs*. New York, NY: Farrar, Straus and Giroux.

2 Baumeister, R. F., & Leary, M. R. (1995). The need to belong: Desire for interpersonal attachments as a fundamental human motivation. *Psychological Bulletin*, **117**, 497-529.

3 Powdthavee, N. (2008). Putting a price tag on friends, relatives, and neighbours: Using surveys of life satisfaction to value social relationships. *The Journal of Socio-Economics*, **37**(4), 1459-80; Helliwell, J. F., & Putnam, R. D. (2004). The social context of well-being. *Philosophical Transactions of the Royal Society B: Biological Sciences*, **359**(1449), 1435-46.

4 Cacioppo, J. T., Hawkley, L. C., Ernst, J. M., Burleson, M., Berntson, G. G., Nouriani, B., & Spiegel, D. (2006). Loneliness within a nomological net: An evolutionary perspective. *Journal of Research in Personality*, **40**(6), 1054-85; Lauder, W., Mummery, K., Jones, M., & Caperchione, C. (2006). A comparison of health behaviours in lonely and non-lonely populations. *Psychology, Health & Medicine*, **11**(2), 233-45.

Shtudiner, Z. E. (2014). Are good-looking people more employable? *Management Science*, **61**(8), 1760-76.

26 Hosoda, M., Stone-Romero, E. F., & Coats, G. (2003). The effects of physical attractiveness on job-related outcomes: A meta-analysis of experimental studies. *Personnel Psychology*, **56**(2), 431-62.

27 Berggren, N., Jordahl, H., & Poutvaara, P. (2010). The looks of a winner: Beauty and electoral success. *Journal of Public Economics*, **94**(2), 8-15.

28 Mazzella, R., & Feingold, A. (1994). The effects of physical attractiveness, race, socioeconomic status, and gender of defendants and victims on judgments of mock jurors: A meta-analysis. *Journal of Applied Social Psychology*, **24**(3), 1315-38.

29 Jacob, C., Gueguen, N., Boulbry, G., & Ardiccioni, R. (2010). Waitresses' facial cosmetics and tipping: A field experiment. *International Journal of Hospitality Management*, **29**(1), 188-90.

30 Gueguen, N. (2010). Color and women hitchhikers' attractiveness: Gentlemen drivers prefer red. *Color Research & Application*, **37**(1), 76-8; Gueguen, N., & Jacob, C. (2014). Clothing color and tipping: Gentlemen patrons give more tips to waitresses with red clothes. *Journal of Hospitality & Tourism Research*, **38**(2), 275-80.

31 Beall, A. T., & Tracy, J. L. (2013). Women are more likely to wear red or pink at peak fertility. *Psychological Science*, **24**(9), 1837-41.

32 Kayser, D. N., Agthe, M., & Maner, J. K. (2016). Strategic sexual signals: Women's display versus avoidance of the color red depends on the attractiveness of an anticipated interaction partner. *PloS ONE*, **11**(3), e0148501.

33 Ahearne, M., Gruen, T. W., & Jarvis, C. B. (1999). If looks could sell: Moderation and mediation of the attractiveness effect on salesperson performance. *International Journal of Research in Marketing*, **16**(4), 269-84.

34 https://www.independent.ie/world-news/shoppers-think-smiles-are-sexual-26168792.html

35 https://www.npr.org/2008/10/09/95520570/dolly-partons-jolene-still-hauntssingers

36 Maner, J. K., Gailliot, M. T., Rouby, D. A., & Miller, S. L. (2007). Can't take my eyes off you: Attentional adhesion to mates and rivals. *Journal of Personality and Social Psychology*, **93**(3), 389-401.

37 Leenaars, L. S., Dane, A. V., & Marini, Z. A. (2008). Evolutionary perspective on indirect victimization in adolescence: The role of attractiveness, dating and sexual behavior. *Aggressive Behavior*, **34**(4), 404-15. 以下も参照：Vaillancourt, T., & Sharma, A. (2011). Intolerance of sexy peers: Intrasexual competition among women. *Aggressive Behavior*, **37**(6), 569-77.

38 https://www.psychologytoday.com/gb/blog/out-the-ooze/201804/why-pretty-girls-may-be-especially-vulnerable-bullying

39 http://www.dailymail.co.uk/femail/article-2124246/Samantha-Brick-downsides-

Snyder, J. K., Kirkpatrick, L. A., & Barrett, H. C. (2008). The dominance dilemma: Do women really prefer dominant mates? *Personal relationships*, **15**(4), 425-44; Said, C. P., & Todorov, A. (2011). A statistical model of facial attractiveness. *Psychological Science*, **22**(9), 1183-90.

14 Bruch, E., Feinberg, F., & Lee, K. Y. (2016). Extracting multistage screening rules from online dating activity data. *Proceedings of the National Academy of Sciences*, **113**(38), 10530-5. 以下も参照。http://www.dailymail.co.uk/femail/article-2524568/Size-matters-online-dating-Short-men-taller-counterparts.html

15 Pollet, T. V., Pratt, S. E., Edwards, G., & Stulp, G. (2013). The golden years: Men from the Forbes 400 have much younger wives when remarrying than the general US population. *Letters on Evolutionary Behavioral Science*, **4**(1), 5-8.

16 Toma, C. L., & Hancock, J. T. (2010). Looks and lies: The role of physical attractiveness in online dating self-presentation and deception. *Communication Research*, **37**(3), 335-51.

17 https://www.today.com/news/do-high-heels-empower-or-oppress-womenwbna32970817; 以下も参照。Morris, P. H., White, J., Morrison, E. R., & Fisher, K. (2013). High heels as supernormal stimuli: How wearing high heels affects judgements of female attractiveness. *Evolution and Human Behavior*, **34**(3), 176-81.

18 Epstein, J., Klinkenberg, W. D., Scandell, D. J., Faulkner, K., & Claus, R. E. (2007). Perceived physical attractiveness, sexual history, and sexual intentions: An internet study. *Sex Roles*, **56**(2), 23-31.

19 Dion, K. K. (1974). Children's physical attractiveness and sex as determinants of adult punitiveness. *Developmental Psychology*, **10**(5), 772-8; Dion, K. K., & Berscheid, E. (1974). Physical attractiveness and peer perception among children. *Sociometry*, **37**(1), 1-12.

20 Maestripieri, D., Henry, A., & Nickels, N. (2017). Explaining financial and prosocial biases in favor of attractive people: Interdisciplinary perspectives from economics, social psychology, and evolutionary psychology. *Behavioral and Brain Sciences*, **40**, e19.

21 Hamermesh, D. S. (2011). *Beauty pays: Why attractive people are more successful*. Princeton, NJ: Princeton University Press.

22 Hamermesh, D. S., & Abrevaya, J. (2013). Beauty is the promise of happiness? *European Economic Review*, **64**, 351-68.

23 Rhode, D. L. (2010). *The beauty bias: The injustice of appearance in life and law*. New York, NY: Oxford University Press.

24 Busetta, G., Fiorillo, F., & Visalli, E. (2013). Searching for a job is a beauty contest. *Munich Personal RePEc Archive*, Paper No. 49825.

25 アルゼンチンの研究およびイスラエルの研究は，それぞれ以下を参照：Boo, F. L., Rossi, M. A., & Urzua, S. S. (2013). The labor market return to an attractive face: Evidence from a field experiment. *Economics Letters*, **118**(1), 170-2; Ruffle, B. J., &

65 Kramer, R. S. (2016). The red power (less) tie: Perceptions of political leaders wearing red. *Evolutionary Psychology*, **14**(2), 1-8.

66 Galbarczyk, A., & Ziomkiewicz, A. (2017). Tattooed men: Healthy bad boys and good-looking competitors. *Personality and Individual Differences*, **106**, 122-5.

4 魅力

1 https://www.mirror.co.uk/news/world-news/actress-demands-pay-less-tax-9233636

2 Bertrand, M., Karlan, D., Mullainathan, S., Shafir, E., & Zinman, J. (2010). What's advertising content worth? Evidence from a consumer credit marketing field experiment. *The Quarterly Journal of Economics*, **125**(968), 263-306.

3 Maestripieri, D., Henry, A., & Nickels, N. (2017). Explaining financial and prosocial biases in favor of attractive people: Interdisciplinary perspectives from economics, social psychology, and evolutionary psychology. *Behavioral and Brain Sciences*, **40**, e19.

4 Langlois, J. H., Kalakanis, L., Rubenstein, A. J., Larson, A., Hallam, M., & Smoot, M. (2000). Maxims or myths of beauty? A meta-analytic and theoretical review. *Psychological Bulletin*, **126**(3), 390-423.

5 Langlois, J. H., Roggman, L. A., Casey, R. J., Ritter, J. M., Rieser-Danner, L. A., & Jenkins, V. Y. (1987). Infant preferences for attractive faces: Rudiments of a stereotype. *Developmental Psychology*, **23**(3), 363-9.

6 Langlois, J. H., Roggman, L. A., & Rieser-Danner, L. A. (1990). Infants' differential social responses to attractive and unattractive faces. *Developmental Psychology*, **26**(1), 153-9.

7 Langlois, J. H., Ritter, J. M., Casey, R. J., & Sawin, D. B. (1995). Infant attractiveness predicts maternal behaviors and attitudes. *Developmental Psychology*, **31**(3), 464-72.

8 ハイネケンに改変された画像の出典は https://www.snopes.com/factcheck/heineken-beer-ad-babies/ オリジナルの画像は『ライフ』誌に掲載された：Pepsico (12 September 1955). Nothing does it like Seven-up! [Advertisement]. *Life*, **39**(11), 100.

9 Langlois, J. H., & Roggman, L. A. (1990). Attractive faces are only average. *Psychological Science*, **1**(2), 115-21; Langlois, J. H., Roggman, L. A., & Musselman, L. (1994). What is average and what is not average about attractive faces? *Psychological Science*, **5**(4), 214-20.

10 Rhodes, G. (2006). The evolutionary psychology of facial beauty. *Annual Review of Psychology*, **57**(1), 199-226; Little, A. C. (2014). Facial attractiveness. *Wiley Interdisciplinary Reviews: Cognitive Science*, **5**(6), 621-34.

11 Burley, N. (1983). The meaning of assortative mating. *Ethology and Sociobiology*, **4**(4), 191-203.

12 Laeng, B., Vermeer, O., & Sulutvedt, U. (2013). Is beauty in the face of the beholder? *PloS ONE*, **8**(7), e68395.

13 Sadalla, E. K., Kenrick, D. T., & Vershure, B. (1987). Dominance and heterosexual attraction. *Journal of Personality and Social Psychology*, **52**(4), 730-8. 以下も参照。

51 Salmivalli, C. (2010). Bullying and the peer group: A review. *Aggression and Violent Behavior*, **15**(2), 112-20.

52 Van Ryzin, M., & Pellegrini, A. D. (2013). Socially competent and incompetent aggressors in middle school: The non-linear relation between bullying and dominance in middle school. *British Journal of Educational Psychology Monograph Series II* (9), 123-38.

53 Laustsen, L., & Petersen, M. B. (2015). Does a competent leader make a good friend? Conflict, ideology and the psychologies of friendship and followership. *Evolution and Human Behavior*, **36**(4), 286-93.

54 Safra, L., Algan, Y., Tecu, T., Grezes, J., Baumard, N., & Chevallier, C. (2017). Childhood harshness predicts long-lasting leader preferences. *Evolution and Human Behavior*, **38**(5), 645-51.

55 Muehlheusser, G., Schneemann, S., Sliwka, D., & Wallmeier, N. (2016). The contribution of managers to organizational success: Evidence from German soccer. *Journal of Sports Economics*, **19**(6), 786-819. 以下も参照。Peter, L. J., & Hull, R. (1969). *The Peter Principle*. Oxford, UK: Morrow.

56 Faber, D. (2008). *Munich: The 1938 appeasement crisis*, New York, NY: Simon & Schuster.

57 Laustsen, L., & Petersen, M. B. (2016). Winning faces vary by ideology: How nonverbal source cues influence election and communication success in politics. *Political Communication*, **33**(2), 188-211.

58 Laustsen, L., & Petersen, M. B. (2017). Perceived conflict and leader dominance: Individual and contextual factors behind preferences for dominant leaders. *Political Psychology*, **38**(6), 1083-1101.

59 Nevicka, B., De Hoogh, A. H., Van Vianen, A. E., & Ten Velden, F. S. (2013). Uncertainty enhances the preference for narcissistic leaders. *European Journal of Social Psychology*, **43**(5), 370-80.

60 Ingersoll, R. (1940), *Report on England, November 1940*, New York, NY: Simon and Schuster.

61 Price, M. E., & Van Vugt, M. (2015). The service-for-prestige theory of leader? follower relations: A review of the evolutionary psychology and anthropology literatures. In R. Arvey & S. Colarelli (Eds.), *Biological Foundations of Organizational Behaviour*, Chicago: Chicago University Press, pp. 169-201.

62 Zebrowitz, L. A., & Montepare, J. M. (2005). Appearance DOES matter. *Science*, **308**(5728), 1565-6.

63 Bagchi, R., & Cheema, A. (2012). The effect of red background color on willingness-to-pay: The moderating role of selling mechanism. *Journal of Consumer Research*, **39**(5), 947-60.

64 Hill, R. A., & Barton, R. A. (2005). Psychology: Red enhances human performance in contests. *Nature*, **435**(7040), 293.

Preverbal infants mentally represent social dominance. *Science*, **331**(6016), 477-80.
36 Lukaszewski, A. W., Simmons, Z. L., Anderson, C., & Roney, J. R. (2016). The role of physical formidability in human social status allocation. *Journal of Personality and Social Psychology*, **110**(3), 385-406.
37 Judge, T. A., & Cable, D. M. (2004). The effect of physical height on workplace success and income: Preliminary test of a theoretical model. *Journal of Applied Psychology*, **89**(3), 428-41.
38 Klofstad, C. A., Nowicki, S., & Anderson, R. C. (2016). How voice pitch influences our choice of leaders. *American Scientist*, **104**(5), 282-7.
39 Tigue, C. C., Borak, D. J., O'Connor, J. J., Schandl, C., & Feinberg, D. R. (2012). Voice pitch influences voting behavior. *Evolution and Human Behavior*, **33**(3), 210-16.
40 Klofstad, C. A., Anderson, R. C., & Nowicki, S. (2015). Perceptions of competence, strength, and age influence voters to select leaders with lower-pitched voices. *PloS ONE*, **10**(8), e0133779.
41 Laustsen, L., Petersen, M. B., & Klofstad, C. A. (2015). Vote choice, ideology, and social dominance orientation influence preferences for lower pitched voices in political candidates. *Evolutionary Psychology*, **13**(3), 1-13.
42 Banai, I. P., Banai, B., & Bovan, K. (2017). Vocal characteristics of presidential candidates can predict the outcome of actual elections. *Evolution and Human Behavior*, **38**(3), 309-14.
43 Kipnis, D., Castell, J., Gergen, M., & Mauch, D. (1976). Metamorphic effects of power. *Journal of Applied Psychology*, **61**(2), 127-35.
44 Bickman, L. (1974). The social power of a uniform. *Journal of Applied Social Psychology*, **4**(4), 47-61.
45 Brief, A. P., Dukerich, J. M., & Doran, L. I. (1991). Resolving ethical dilemmas in management: Experimental investigations of values, accountability, and choice. *Journal of Applied Social Psychology*, **21**(5), 380-96.
46 https://www.nytimes.com/2007/05/10/business/11drug-web.html
47 https://www.moneymarketing.co.uk/im-like-a-whores-drawers-what-rbs-traders-said-over-libor/
48 Braver, S. L., Linder, D. E., Corwin, T. T., & Cialdini, R. B. (1977). Some conditions that affect admissions of attitude change. *Journal of Experimental Social Psychology*, **13**(6), 565-76.
49 Schwartz, D., Dodge, K. A., Pettit, G. S., & Bates, J. E. (1997). The early socialization of aggressive victims of bullying. *Child Development*, **68**(4), 665-75.
50 Rodkin, P. C., Farmer, T. W., Pearl, R., & Acker, R. V. (2006). They're cool: Social status and peer group supports for aggressive boys and girls. *Social Development*, **15**(2), 175-204; Juvonen, J., & Graham, S. (2014). Bullying in schools: The power of bullies and the plight of victims. *Annual Review of Psychology*, **65**(1), 159-85.

Evidence for biologically innate nonverbal displays. *Proceedings of the National Academy of Sciences*, **105**(33), 11655-60.

22 Tracy, J. L., & Robins, R. W. (2007). The prototypical pride expression: development of a nonverbal behavior coding system. *Emotion*, **7**(4), 789-801.

23 Shariff, A. F., & Tracy, J. L. (2009). Knowing who's boss: Implicit perceptions of status from the nonverbal expression of pride. *Emotion*, **9**(5), 631-9.

24 Tracy, J. L., Shariff, A. F., Zhao, W., & Henrich, J. (2013). Cross-cultural evidence that the nonverbal expression of pride is an automatic status signal. *Journal of Experimental Psychology: General*, **142**(1), 163-80.

25 Tracy, J. L., Cheng, J. T., Robins, R. W., & Trzesniewski, K. H. (2009). Authentic and hubristic pride: The affective core of self-esteem and narcissism. *Self and Identity*, **8**(2), 196-213.

26 Martin, J. D., Abercrombie, H. C., Gilboa-Schechtman, E., & Niedenthal, P. M. (2018). Functionally distinct smiles elicit different physiological responses in an evaluative context. *Scientific Reports*, **8**(1), 3558.

27 Sell, A., Cosmides, L., Tooby, J., Sznycer, D., Von Rueden, C., & Gurven, M. (2009). Human adaptations for the visual assessment of strength and fighting ability from the body and face. *Proceedings of the Royal Society of London B: Biological Sciences*, **276**(1656), 575-84.

28 Carre, J. M., & McCormick, C. M. (2008). In your face: Facial metrics predict aggressive behaviour in the laboratory and in varsity and professional hockey players. *Proceedings of the Royal Society B: Biological Sciences*, **275**(1651), 2651-6.

29 Zilioli, S., Sell, A. N., Stirrat, M., Jagore, J., Vickerman, W., & Watson, N. V. (2015). Face of a fighter: Bizygomatic width as a cue of formidability. *Aggressive Behavior*, **41**(4), 322-30.

30 Haselhuhn, M. P., Wong, E. M., Ormiston, M. E., Inesi, M. E., & Galinsky, A. D. (2014). Negotiating face-to-face: Men's facial structure predicts negotiation performance. *The Leadership Quarterly*, **25**(5), 835-45.

31 画像は Creative Commons Attribution Licence の条件下で利用可能であり，出典は Kramer, R. S., Jones, A. L., & Ward, R. (2012). A lack of sexual dimorphism in width-to-height ratio in white European faces using 2D photographs, 3D scans, and anthropometry. *PloS ONE*, **7**(8), e42705.

32 Cogsdill, E. J., Todorov, A. T., Spelke, E. S., & Banaji, M. R. (2014). Inferring character from faces: A developmental study. *Psychological Science*, **25**(5), 1132-9.

33 Little, A. C., & Roberts, S. C. (2012). Evolution, appearance, and occupational success. *Evolutionary Psychology*, **10**(5), 782-801.

34 Stulp, G., Buunk, A. P., Verhulst, S., & Pollet, T. V. (2015). Human height is positively related to interpersonal dominance in dyadic interactions. *PloS ONE*, **10**(2), e0117860.

35 Thomsen, L., Frankenhuis, W. E., Ingold-Smith, M., & Carey, S. (2011). Big and mighty:

7 Fiske, S. T. (2010). Interpersonal stratification: Status, power, and subordination. In S. T. Fiske, D. T. Gilbert & G. Lindzey (Eds.), *Handbook of social psychology*, Hoboken, NJ: John Wiley & Sons, pp. 941-82; Henrich, J., & Gil-White, F. J. (2001). The evolution of prestige: Freely conferred deference as a mechanism for enhancing the benefits of cultural transmission. *Evolution and Human Behavior*, **22**(3), 165-96.

8 Deaner, R. O., Khera, A. V., & Platt, M. L. (2005). Monkeys pay per view: Adaptive valuation of social images by rhesus macaques. *Current Biology*, **15**(6), 543-8. 次も参照のこと。Shepherd, S. V., Deaner, R. O., & Platt, M. L. (2006). Social status gates social attention in monkeys. *Current Biology*, **16**(4), R119-R120.

9 Hare, B., Call, J., & Tomasello, M. (2001). Do chimpanzees know what conspecifics know? *Animal Behaviour*, **61**(1), 139-51.

10 Mascaro, O., & Csibra, G. (2014). Human infants' learning of social structures: The case of dominance hierarchy. *Psychological Science*, **25**(1), 250-5.

11 Gazes, R. P., Hampton, R. R., & Lourenco, S. F. (2017). Transitive inference of social dominance by human infants. *Developmental science*, **20**(2), e12367.

12 Enright, E. A., Gweon, H., & Sommerville, J. A. (2017). "To the victor go the spoils": Infants expect resources to align with dominance structures. *Cognition*, **164**, 8-21.

13 Vacharkulksemsuk, T., Reit, E., Khambatta, P., Eastwick, P. W., Finkel, E. J., & Carney, D. R. (2016). Dominant, open nonverbal displays are attractive at zero-acquaintance. *Proceedings of the National Academy of Sciences*, **113**(15), 4009-14.

14 https://www.huffingtonpost.com/2013/05/12/worl-photo-caption-contestshirtless-putin_n_3263512.html

15 Tiedens, L. Z., & Fragale, A. R. (2003). Power moves: Complementarity in dominant and submissive nonverbal behavior. *Journal of Personality and Social Psychology*, **84**(3), 558-68; Hall, J. A., Coats, E. J., & LeBeau, L. S. (2005). Nonverbal behavior and the vertical dimension of social relations: A meta-analysis. *Psychological Bulletin*, **131**(6), 898-924.

16 Mauldin, B., & Novak, R. (1966). *Lyndon B. Johnson: The exercise of power*, New York, NY: New American Library.

17 Mast, M. S., & Hall, J. A. (2004). Who is the boss and who is not? Accuracy of judging status. *Journal of Nonverbal Behavior*, **28**(3), 145-65.

18 Charafeddine, R., Mercier, H., Clement, F., Kaufmann, L., Berchtold, A., Reboul, A., & Van der Henst, J. B. (2015). How preschoolers use cues of dominance to make sense of their social environment. *Journal of Cognition and Development*, **16**(4), 587-607.

19 Lewis, C. S. (1952). *Mere christianity*. New York, NY: Macmillan.

20 Shariff, A. F., Tracy, J. L., & Markusoff, J. L. (2012). (Implicitly) judging a book by its cover: The power of pride and shame expressions in shaping judgments of social status. *Personality and Social Psychology Bulletin*, **38**(9), 1178-93.

21 Tracy, J. L., & Matsumoto, D. (2008). The spontaneous expression of pride and shame:

2191.
16 Karmarkar, U. R., & Tormala, Z. L. (2010). Believe me, I have no idea what I'm talking about: The effects of source certainty on consumer involvement and persuasion. *Journal of Consumer Research*, **36**(6), 1033-49.
17 Sezer, O., Gino, F., & Norton, M. I. (2018). Humblebragging: A distinct — and ineffective — self-presentation strategy. *Journal of Personality and Social Psychology*, **114**(1), 52-74.
18 Godfrey, D. K., Jones, E. E., & Lord, C. G. (1986). Self-promotion is not ingratiating. *Journal of Personality and Social Psychology*, **50**(1), 106-15.
19 Lewis, M. (2011). *The big short: Inside the doomsday machine*. New York, NY: W.W. Norton.
20 Pfeffer, J., Fong, C. T., Cialdini, R. B., & Portnoy, R. R. (2006). Overcoming the self-promotion dilemma: Interpersonal attraction and extra help as a consequence of who sings one's praises. *Personality and Social Psychology Bulletin*, **32**(10), 1362-74.
21 Wright, L. A. (2016). *On behalf of the president: Presidential spouses and White House communications strategy today*, Connecticut, CT: Praeger.
22 Tormala, Z. L., Jia, J. S., & Norton, M. I. (2012). The preference for potential. *Journal of Personality and Social Psychology*, **103**(4), 567-83.
23 https://www.theguardian.com/technology/2017/apr/10/tesla-most-valuable-car-company-gm-stock-price
24 https://www.nytimes.com/video/us/politics/100000004564751/obama-says-trump-unfit-to-serve-as-president.html

3 支配力《ドミナンス》

1 https://www.vox.com/policy-and-politics/2016/9/27/13017666/presidential-debatetrump-clinton-sexism-interruptions
2 Cheng, J. T., Tracy, J. L., Foulsham, T., Kingstone, A., & Henrich, J. (2013). Two ways to the top: Evidence that dominance and prestige are distinct yet viable avenues to social rank and influence. *Journal of Personality and Social Psychology*, **104**(1), 103-25.
3 Henrich, J., & Gil-White, F. J. (2001). The evolution of prestige: Freely conferred deference as a mechanism for enhancing the benefits of cultural transmission. *Evolution and Human Behavior*, **22**(3), 165-96.
4 Altemeyer, R. (2006). *The authoritarians*. 以下のアドレスから入手できる。https://theauthoritarians.org/Downloads/TheAuthoritarians.pdf
5 Halevy, N., Chou, E. Y., Cohen, T. R., & Livingston, R. W. (2012). Status conferral in intergroup social dilemmas: Behavioral antecedents and consequences of prestige and dominance. *Journal of Personality and Social Psychology*, **102**(2), 351-66.
6 Sidanius, J., & Pratto, F. (2004). Social dominance: An intergroup theory of social hierarchy and oppression, Cambridge, UK: Cambridge University Press.

Michigan, MI: George F. Stickley.

2 Cialdini, R. B. (2009). *Influence: The psychology of persuasion*. New York, NY: HarperCollins.

3 Henrich, J., & Gil-White, F. J. (2001). The evolution of prestige: Freely conferred deference as a mechanism for enhancing the benefits of cultural transmission. *Evolution and Human Behavior*, **22**(3), 165-96.

4 Engelmann, J. B., Capra, C. M., Noussair, C., & Berns, G. S. (2009). Expert financial advice neurobiologically "offloads" financial decision-making under risk. *PloS ONE*, **4**, e4957.

5 Milgram, S. (1974). *Obedience to Authority*. London: Tavistock Publications.

6 Mangum, S., Garrison, C., Lind, C., Thackeray, R., & Wyatt, M. (1991). Perceptions of nurses' uniforms. *Journal of Nursing Scholarship*, **23**(2), 127-30; Raven, B. H. (1999). Kurt Lewin address: Influence, power, religion, and the mechanisms of social control. *Journal of Social Issues*, **55**(1), 161-86.

7 Leary, M. R., Jongman-Sereno, K. P., & Diebels, K. J. (2014). The pursuit of status: A self-presentational perspective on the quest for social value. In J. T. Cheng, J. L. Tracy & C. Anderson (Eds.), *The Psychology of Social Status*, New York, NY: Springer, pp. 159-78.

8 Ekman, P. (2007). *Emotions revealed: Recognizing faces and feelings to improve communication and emotional life*. New York, NY: Henry Holt and Company.

9 Rule, N. O., & Ambady, N. (2008). The face of success: Inferences from chief executive officers' appearance predict company profits. *Psychological Science*, **19**(2), 109-11.

10 Rule, N. O., & Ambady, N. (2009). She's got the look: Inferences from female chief executive officers' faces predict their success. *Sex Roles*, **61**(9-10), 644-52.

11 Ballew, C. C., & Todorov, A. (2007). Predicting political elections from rapid and unreflective face judgments. *Proceedings of the National Academy of Sciences*, **104**(46), 17948-53.

12 Antonakis, J., & Dalgas, O. (2009). Predicting elections: Child's play! *Science*, **323**(5918), 1183.

13 Pulford, B. D., Colman, A. M., Buabang, E. K., & Krockow, E. M. (2018). The persuasive power of knowledge: Testing the confidence heuristic. *Journal of Experimental Psychology: General*, **147**(10), 1431-44.

14 Anderson, C., Brion, S., Moore, D. A., & Kennedy, J. A. (2012). A Status-enhancement account of overconfidence. *Journal of Personality and Social Psychology*, **103**(4), 718-35.

15 Bayarri, M. J., & DeGroot, M. H. (1989). Optimal reporting of predictions. *Journal of the American Statistical Association*, **84**(405), 214-22; Hertz, U., Palminteri, S., Brunetti, S., Olesen, C., Frith, C. D., & Bahrami, B. (2017). Neural computations underpinning the strategic management of influence in advice giving. *Nature Communications*, **8**(1),

theory of social hierarchy and oppression, New York, NY: Cambridge University Press.

25 Van Vugt, M., Hogan, R., & Kaiser, R. B. (2008). Leadership, followership, and evolution: Some lessons from the past. *American Psychologist*, **63**(3), 182-96.

26 Lerner, M. J. (1980). *The Belief in a Just World: A fundamental delusion*, New York, NY: Plenum Press.

27 Furnham, A. F. (1983). Attributions for affluence. *Personality and Individual Differences*, **4**(1), 31-40.

28 Sloane, S., Baillargeon, R., & Premack, D. (2012). Do infants have a sense of fairness? *Psychological Science,* **23**(2), 196-204.

29 Jonason, P. K., Li, N. P., & Madson, L. (2012). It is not all about the Benjamins: Understanding preferences for mates with resources. *Personality and Individual Differences*, **52**(3), 306-10.

30 Van de Ven, N., Zeelenberg, M., & Pieters, R. (2009). Leveling up and down: The experiences of benign and malicious envy. *Emotion*, **9**(3), 419-29.

31 Lefkowitz, M., Blake, R. R., & Mouton, J. S. (1955). Status factors in pedestrian violation of traffic signals. *Journal of Abnormal and Social Psychology*, **51**(3), 704-6.

32 Maner, J. K., DeWall, C. N., & Gailliot, M. T. (2008). Selective attention to signs of success: Social dominance and early stage interpersonal perception. *Personality and Social Psychology Bulletin*, **34**(4), 488-501.

33 https://www.scmp.com/news/hong-kong/health-environment/article/2132545/experts-denounce-canto-pop-stars-claim-harmful-flu

34 Knoll, J., & Matthes, J. (2017). The effectiveness of celebrity endorsements: A meta-analysis. *Journal of the Academy of Marketing Science*, **45**(1), 55-75.

35 http://fashion.telegraph.co.uk/news-features/TMG8749219/Lacoste-asks-Norway-police-to-ban-Anders-Behring-Breivik-wearing-their-clothes.html

36 https://www.cbsnews.com/news/kanye-im-the-voice-of-this-generation/

37 https://www.wmagazine.com/story/kanye-west-on-kim-kardashian-and-his-new-album-yeezus

38 https://www.nytimes.com/2013/06/16/arts/music/kanye-west-talks-about-his-career-and-album-yeezus.html

39 Campbell, W. K., Rudich, E. A., & Sedikides, C. (2002). Narcissism, self-esteem, and the positivity of self-views: Two portraits of self-love. *Personality and Social Psychology Bulletin*, **28**(3), 358-68; Campbell, W. K., Brunell, A. B., & Finkel, E. J. (2006). Narcissism, interpersonal self-regulation, and romantic relationships: An agency model approach. In K. D. Vohs & E. J. Finkel (Eds.), *Self and Relationships: Connecting intrapersonal and interpersonal processes*, New York, NY: Guilford Press, pp. 57-83.

2 有能さ

1 Davis, N. M., & Cohen, M. R. (1981). *Medication errors: Causes and prevention*,

York, NY: Oxford University Press (original work published 1899).
10 Nelissen, R. M., & Meijers, M. H. (2011). Social benefits of luxury brands as costly signals of wealth and status. *Evolution and Human Behavior*, **32**(5), 343-55.
11 Zahavi, A. (1975). Mate selection: A selection for a handicap. *Journal of Theoretical Biology*, **53**(1), 205-14.
12 Van Kempen, L. (2004). Are the poor willing to pay a premium for designer labels? A field experiment in Bolivia. *Oxford Developmental Studies*, **32**(2), 205-24.
13 Bushman, B. J. (1993). What's in a name? The moderating role of public self-consciousness on the relation between brand label and brand preference. *Journal of Applied Psychology*, **78**(5), 857-61.
14 Ward, M. K., & Dahl, D. W. (2014). Should the devil sell Prada? Retail rejection increases aspiring consumers' desire for the brand. *Journal of Consumer Research*, **41**(3), 590-609.
15 Scott, M. L., Mende, M., & Bolton, L. E. (2013). Judging the book by its cover? How consumers decode conspicuous consumption cues in buyer? seller relationships. *Journal of Marketing Research*, **50**(3), 334-47.
16 Solnick, S. J., & Hemenway, D. (2005). Are positional concerns stronger in some domains than in others? *American Economic Review*, **95**(2), 147-51.
17 Lafargue, P. (1883). *The Right to be Lazy.* 英訳 Charles Kerr. 英文の引用元：https://www.marxists.org/archive/lafargue/1883/lazy/
18 Kraus, M. W., Park, J. W., & Tan, J. J. (2017). Signs of social class: The experience of economic inequality in everyday life. *Perspectives on Psychological Science*, **12**(3), 422-35.
19 Becker, J. C., Kraus, M. W., & Rheinschmidt-Same, M. (2017). Cultural expressions of social class and their implications for group-related beliefs and behaviors. *Journal of Social Issues*, **73**, 158-74.
20 Bjornsdottir, R. T., & Rule, N. O. (2017). The visibility of social class from facial cues. *Journal of Personality and Social Psychology*, **113**(4), 530-46.
21 Blease, C. R. (2015). Too many "friends," too few "likes"? Evolutionary psychology and "Facebook depression". *Review of General Psychology*, **19**(1), 1-13; Kross, E., Verduyn, P., Demiralp, E., Park, J., Lee, D. S., Lin, N., Shablack, H., Jonides, J., & Ybarra, O. (2013). Facebook use predicts declines in subjective well-being in young adults. *PloS ONE*, **8**(8), e69841.
22 Kraus, M. W., & Keltner, D. (2009). Signs of socioeconomic status: A thin-slicing approach. *Psychological Science*, **20**(1), 99-106.
23 Berger, J., Rosenholtz, S. J., & Zelditch, M. (1980). Status organizing processes. *Annual Review of Sociology*, **6**, 479-508.
24 Anderson, C., Hildreth, J. A. D., & Howland, L. (2015). Is the desire for status a fundamental human motive? A review of the empirical literature. *Psychological Bulletin*, **141**(3), 574-601; Sidanius, J., & Pratto, F. (2001). *Social Dominance: An intergroup*

第Ⅰ部：ハード型メッセンジャー

1 Gangadharbatla, H., & Valafar, M.（2017）. Propagation of user-generated content online. *International Journal of Internet Marketing and Advertising*, **11**（3）, 218-32.

2 https://www.washingtonpost.com/news/the-fix/wp/2017/08/15/obamas-response-to-charlottesville-violence-is-one-of-the-most-popular-in-twitters-history/?utm_term=.4d300c2e83aa

3 Kraus, M. W., Park, J. W., & Tan, J. J.（2017）. Signs of social class: The experience of economic inequality in everyday life. *Perspectives on Psychological Science*, **12**（3）, 422-35.

1　社会経済的地位

1 Dubner, S. J.（22 July 2015）. *Aziz Ansari Needs Another Toothbrush* [Audio podcast]. 引用部分の出典：http://freakonomics.com/podcast/aziz-ansari-needs-another-toothbrush-a-new-freakonomics-radio-episode/

2 Chan, E., & Sengupta, J.（2010）. Insincere flattery actually works: A dual attitudes perspective. *Journal of Marketing Research*, **47**（1）, 122-33; Fogg, B. J., & Nass, C.（1997）. Silicon sycophants: The effects of computers that flatter. *International Journal of Human-Computer Studies*, **46**（5）, 551-61.

3 Gordon, R. A.（1996）. Impact of ingratiation on judgments and evaluations: A meta-analytic investigation. *Journal of Personality and Social Psychology*, **71**, 54-70.

4 https://eu.desertsun.com/story/life/entertainment/movies/film-festival/2016/12/30/want-red-carpet-autograph-try-these-tricks/95963304/; また，有名人にサインが欲しいという手紙を出す際のテンプレートを提供するウェブサイトもある。ここでもやはり，まず褒めてからお願いをするという原則が明瞭明確に打ち出されている：https://www.wikihow.com/Write-an-Autograph-Request-Letter

5 英国で実施された，10歳の子どもたちの将来なりたいものを調べた二つの調査は，https://www.taylorherring.com/blog/index.php/tag/traditional-careers/ および http://www.telegraph.co.uk/news/newstopics/howaboutthat/11014591/One-inf-ive-children-just-want-to-be-rich-when-they-grow-up.html

6 Berger, J., Cohen, B. P., & Zelditch, M.（1972）. Status characteristics and social interaction. *American Sociological Review*, **37**（3）, 241-55.

7 Doob, A. N., & Gross, A. E.（1968）. Status of frustrator as an inhibitor of hornhonking responses. *Journal of Social Psychology*, **76**（2）, 213-18.

8 Gueguen, N., Meineri, S., Martin, A., & Charron, C.（2014）. Car status as an inhibitor of passing responses to a low-speed frustrator. *Transportation Research Part F: Traffic Psychology and Behaviour*, **22**, 245-8.

9 Veblen, T.（2007）. *The theory of the leisure class: An economic study of institutions*. New

文　献

はじめに

1　カサンドラの物語は *Agamemnon of Aeschylus* より。

2　Buffett, W.（2000）. Letter to the Shareholders of Berkshire Hathaway Inc., p.14. アドレス：http://www.berkshirehathaway.com/letters/2000pdf.pdf; Dukcevich, D.（2002）. Buffett's Doomsday Scenario. アドレス：https://www.forbes.com/2002/05/06/0506buffett.html#3b3635e046a5

3　Lewis, M.（2011）. *The big short: Inside the doomsday machine*, New York, NY: W. W. Norton.

4　Schkade, D. A., & Kahneman, D.（1998）. Does living in California make people happy? A focusing illusion in judgments of life satisfaction. *Psychological Science*, **9**（5）, 340-6.

5　Meindl, J. R., Ehrlich, S. B., & Dukerich, J. M.（1985）. The romance of leadership. *Administrative Science Quarterly*, **30**（1）, 78-102.

6　John, L. K., Blunden, H., & Liu, H.（2019）. Shooting the messenger. *Journal of Experimental Psychology: General*, **148**（4）, 644-66.

7　http://news.bbc.co.uk/local/bradford/hi/people_and_places/arts_and_culture/newsid_8931000/8931369.stm

8　Ambady, N., & Rosenthal, R.（1992）. Thin slices of expressive behavior as predictors of interpersonal consequences: A meta-analysis. *Psychological Bulletin*, **111**（2）, 256-74. 以下も参照。Rule, N. O., & Sutherland, S. L.（2017）. Social categorization from faces: Evidence from obvious and ambiguous groups. *Current Directions in Psychological Science*, **26**, 231-6; Tskhay, K. O., & Rule, N. O.（2013）. Accuracy in categorizing perceptually ambiguous groups: A review and meta-analysis. *Personality and Social Psychology Review*, **17**（1）, 72-86.

9　Ambady, N., & Rosenthal, R.（1993）. Half a minute: Predicting teacher evaluations from thin slices of nonverbal behavior and physical attractiveness. *Journal of Personality and Social Psychology*. **64**（3）, 431-41.

10　Todorov, A., Pakrashi, M., & Oosterhof, N. N.（2009）. Evaluating faces on trustworthiness after minimal time exposure. *Social Cognition*, **27**（6）, 813-33; Willis, J., & Todorov, A.（2006）. First impressions: Making up your mind after 100ms exposure to a face. *Psychological Science*, **17**（7）, 592-8.

11　Jones, E. E., & Pittman, T. S.（1982）. Toward a general theory of strategic self-presentation. In J. Suls（Ed.）, *Psychological Perspectives on the Self*, Hillsdale, NJ: Erlbaum, Vol. 1, pp. 231-62.

監訳者紹介

安藤清志（あんどう　きよし）

1979年　東京大学大学院人文科学研究科博士課程満期退学
　　　　東京女子大学文理学部教授を経て，
現　在　東洋大学名誉教授
　　　　（専門　社会心理学）
編著書　『社会心理学研究入門 補訂新版』（共編著）東京大学出版会 2017年，『自己と対人関係の社会心理学――「わたし」を巡るこころと行動』（編著）北大路書房 2009年，『対人行動学研究シリーズ6　自己の社会心理』（共編）誠信書房 1998年，他
訳　書　N.ゴールドスタイン他『ポケットブック影響力の武器――仕事と人間関係が変わる21の心理学』（監訳）誠信書房 2020年，N. ゴールドスタイン他『影響力の武器 実践編［第二版］――「イエス！を引き出す60の秘訣」』（監訳）誠信書房 2019年，R.B.チャルディーニ『PRE-SUASION――影響力と説得のための革命的瞬間』（監訳）誠信書房 2017年，R.B.チャルディーニ『影響力の武器［第三版］――なぜ，人は動かされるのか』（共訳）誠信書房 2014年，他

訳者紹介

曽根寛樹（そね　ひろき）

現　在　翻訳家
訳　書　N.ゴールドスタイン他『ポケットブック影響力の武器――仕事と人間関係が変わる21の心理学』（訳）誠信書房 2020年，N.ゴールドスタイン他『影響力の武器 実践編［第二版］――「イエス！を引き出す60の秘訣」』（訳）誠信書房 2019年，R.B.チャルディーニ『PRE-SUASION――影響力と説得のための革命的瞬間』（訳）誠信書房 2017年，S.マーティン他『影響力の武器 戦略編――小さな工夫が生み出す大きな効果』（訳）誠信書房 2016年，他

S. マーティン，J. マークス
情報発信者《メッセンジャー》の武器
——なぜ，人《ひと》は引《ひ》き寄《よ》せられるのか

2022年 3 月10日　第 1 刷発行
2023年 4 月28日　第 2 刷発行

監訳者　安藤清志
発行者　柴田敏樹
印刷者　田中雅博

発行所　株式会社　誠信書房
〒112-0012 東京都文京区大塚 3-20-6
電話 03（3946）5666
https://www.seishinshobo.co.jp/

印刷／製本：創栄図書印刷　落丁・乱丁本はお取り替えいたします
検印省略　無断で本書の一部または全部の複写・複製を禁じます

Printed in Japan
ISBN978-4-414-30428-2　C0011